幸運

心靈學 180課？

銀河七號◆著

白象

推薦序

請我寫序的人很多，一般我都不會輕易答應，尤其是有關修身勵志的書。因為坊間這類的書可說汗牛充棟，多半拾人牙慧，並沒有什麼真知灼見，而且有的還具有商業動機甚或某些政治目的。我當然不願意為這類的作品背書。

但是當本書的作者寄來他的作品，我瀏覽之後立刻答應寫序，因為我感覺得到這本書和坊間修身勵志的書不大一樣。正如本書的作者在前言所指出，幸運心靈學課程主要特點是方法簡單有效，而且架構清晰完整。這顯示作者是個受過嚴格科學訓練、懂得邏輯思考的人。而且作者的目的是為了幫助大家透過簡單的快樂練習來得到真正的快樂和幸運，而不是傳教或說教。

作者思想的基本精髓是二元合一論：所有生命是創造者也是被創造者，是神也是神子，是佛也是眾生。這二元合一論幾乎是所有高等宗教的共同信念，只是有的明說、有的暗喻，總之是無可駁斥的。從這中心思想出發，本書所強調的各種觀念的確具有能改變你生命的強大威力。而且作者將這些觀念簡約成為讀者很容易理解掌握的少數歐威爾式的口號，例如：幸運來自快樂，快樂需要練習，重複就是力量。

這樣的歐威爾式的口號是否有用，當然見仁見智。好在

本書不只闡明瞭幸運心靈學的理論架構，也提出了具體操練方法。書的編排分為導論、練習、理論和補充等四大部分。導論部分是針對幸運心靈學的引導簡介，練習部分是包含180課主題的具體操練，理論部分則是幸運心靈學的詳細論述，補充部分是運用幸運心靈學生活智慧的補充說明。這樣詳盡有系統的幸運心靈學理論和具體操練方法，是本書的一大特色，幾乎可以令我斷言，作者是理工科出身的人。

當然，我必須說明我並沒有實際具體操練過這幸運心靈學180課，但是我相信幸運心靈學對於學習者應該會有幫助，至少不會有太大的害處。作者的主張都是正面的、助人為善的、邁向世界大同的。所以我樂意推薦這本小書。我唯一的意見是作者說的「幸運」似乎指的是「幸福」。因此「幸運心靈學」似乎就是「幸福心靈學」。但是作者強調「幸運」而非「幸福」，一定有他的用意，這就要依賴讀者細細體會了。

張系國　2009年5月30日

前言

　　本書是廣受歡迎的幸運心靈學課程。主要特點有二，一是架構清晰完整，二是方法簡單有效。

　　書中系統化整理了心靈學、宗教學及科學的整合課題。人類現在已經面臨到心靈學、宗教學及科學等三大領域整合研究的關鍵時刻，在這21世紀的關鍵時刻中，需要一本架構清晰完整的思想指引書籍，本書的產生就是為了協助人們跨入新時代，並幫助大家透過簡單的快樂練習來得到真正的快樂和幸運。

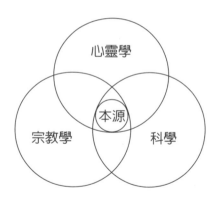

〈圖1〉心靈學、宗教學、科學的關聯架構圖

你如果發現你正在讀這本書，就代表了你潛意識願意恢復快樂幸運的本性，成為新時代的先知先驅，地球目前正經歷輝煌的轉化階段，已經吸引了上千個宇宙外星文明來旁觀見證。人類需要協力轉化，才能進入心靈文明新時代。

本書是很奇特的書，但也是很重要的書。之所以奇特，是因為本書所強調的各種觀念看起來似乎有點特殊。之所以重要，是因為這些觀念具有能改變你生命的強大威力。歷史上已發展出許多宗教學、哲學、心理學、心靈學、勵志學等來探討心靈本源的課題，本書採用了較適合現代人理解的清晰架構來重述生命真理，看了本書就等於吸收浩瀚精華，直指無上心法。

我們常會問自己，我從那兒來？又到那兒去？死後有沒有生命？世界上有沒有神？為什麼會有戰爭？怎樣才能心想事成？怎樣才能幫助別人？怎樣才能真正快樂？怎樣才能減少痛苦煩惱？怎樣才能自由解脫？書中將提供以上問題的解答。

本書不只論述了幸運心靈學的理論架構，也提出了具體操練方法，書的編排分為導論、練習、理論和補充等四大部分。導論部分是針對幸運心靈學的引導簡介，練習部分是包含180課主題的具體操練，理論部分是幸運心靈學的詳細論述，補充部分則是運用幸運心靈學生活智慧的補充說明。

書中之所以將練習排在理論之前，是因為練習本身才是最重要的，也是對你最有幫助的。快樂和幸運需要具體操

練才能自然湧現，正如同畫家必須持續練習才能畫出好畫一樣，只知道理論是不夠的。

幸運來自快樂，快樂需要練習，重複就是力量。

建議您立刻由180課觀念開始練習。

具體練習的方式也是很簡單的，只需要重複地抄寫默念或出聲念某些特定的句子觀念即可，花費的時間不多，效果卻很驚人。千萬不要小看觀念的力量，觀念是種種現象的根本原因，也是宇宙最強大的力量。信念的威力足以徹底改變你和全世界，從觀念下手才是正本清源之道。由於本書中的觀念，並非所有的人都能立刻接受，所以才有詳細的理論論述。

不要因為方法簡單就懷疑其效果，最簡單的方法往往是最容易堅持而且最有效的。

180課練習中的每個主題句子都有清楚的文字解說，你如果不太理解，想進一步深入了解理論架構，也可以在導論、理論和補充中找到相關章節參考。

你可以不按照課程的編號順序來進行學習，而由你理解認同的狀況來自由決定當天想練習的課程。但是一天不能練習超過一課（可以一天自由閱讀多課，但一天不能實際練習超過一課），這是為了要使實際練習在潛意識有時間醞釀強化，以發揮最佳效果。

決定練習順序的權力在你手上，只要180課中的每課都能練習過至少一遍就好了。

幸運心靈學的目標是快樂和幸運，鼓勵大家快樂地來實證心靈真理，不需要歷經磨難挑戰、也不需要放棄喜樂來追求超脫悟道。這種快樂修法，可能會適合某些人，但不見得會適合每一個人。讀者可把本書視為觀念的實驗遊戲，發揮獨立思考精神，不必照單全收，要研究找出最適合自己的方法。尊重你自己的經驗感受，不要完全相信任何權威或書本文字。實踐是檢驗真理的唯一標準。

讀者若能融會貫通且實際操練180課的快樂主題，則將減少痛苦煩惱，安然渡過虛幻困境，並能增加快樂、充滿幸運，對個人、家人、朋友、社會乃至全人類的平安幸福都有極大幫助。你不需感覺本書理論過於玄妙，只要單純地嘗試練習，自然就會有意外的驚喜，尤其是在各種危機風暴發生時，本書更是加強心靈建設、進而扭轉命運的必讀書。

人類過去的許多生命真理書，都是從已悟道者的觀點來寫出的，本書則是以人間芸芸眾生的角度來探討如何實證生命真理。作者本身只是以開放彈性、實事求是、誠實實驗的基本態度，單純地提出對幸運心靈學的理論及可操作方法。作者和大家一樣，也在生命演化的路途上，正在學習中，並無任何特殊之處。只是作者熱愛研究生命課題，故為大家整理出清晰完整的架構及簡單有效的方法，希望對大家有所助益。

最後，就用兩句話來總結本書的主旨精神：

幸運，可以練習；幸福，不曾遠離。

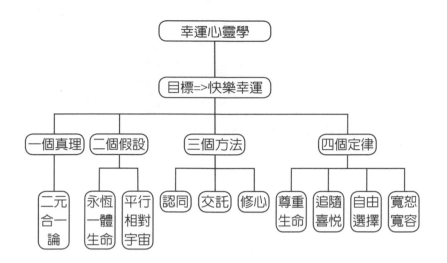

〈圖2〉幸運心靈學的主要架構圖

CONTENTS

幸運心靈學
180課

前言 9

PART 1 導論

第1章　為什麼我們需要幸運心靈學？　18
第2章　幸運來自快樂　23
第3章　快樂需要練習　25
第4章　重複就是力量　27
第5章　幸運心靈學是什麼？　29
第6章　幸運心靈學的兩大特點　34
第7章　幸運心靈學的主要架構　35
第8章　幸運心靈學的實驗練習方式　39
第9章　幸運心靈學的簡明三觀點和自問三問題　45
第10章　幸運心靈學的效果　48
第11章　幸運心靈學和其他學說的不同之處　50

PART ❷ 快樂練習180課

第1章　快樂練習導言　58

第2章　快樂練習須知　60

第3章　基本練習　62

第4章　選修練習　66

第5章　本源、本性、神、佛、真如、上天是什麼？　70

第6章　快樂練習180課　72

　　　　書寫練習範例頁　72

　　　　書寫練習空白頁　74

｜課程一｜生命真理、清除成見（第1課～第22課）　75

｜課程二｜永恆一體生命（第23課～第30課）　96

｜課程三｜平行相對宇宙（第31課～第38課）　106

｜課程四｜認同（第39課～第72課）　113

｜課程五｜交託（第73課～第76課）　149

｜課程六｜修心（第77課～第85課）　154

｜課程七｜尊重生命、避免痛苦煩惱（第86課～第106課）　161

｜課程八｜追隨喜悅（第107課～第125課）　179

｜課程九｜自由選擇（第126課～第138課）　192

｜課程十｜寬恕寬容（第139課～第158課）　200

｜課程十一｜生活智慧（第159課～第180課）　214

PART **3** 理論

第1章 二元合一論 232

第2章 永恆一體生命 240

第3章 平行相對宇宙 248

第4章 認同 258

第5章 交託 265

第6章 修心 269

第7章 心靈四大定律 277

第8章 心靈第一定律：尊重生命定律 280

第9章 心靈第二定律：追隨喜悅定律 297

第10章 心靈第三定律：自由選擇定律 311

第11章 心靈第四定律：寬恕寬容定律 325

第12章 以心靈四大定律開上快樂大道 349

第13章 恢復幸運心靈法力 353

第14章 如何渡過虛幻困境風暴 354

第15章 真正的信心、善心和愛心 358

第16章 自然輕鬆 370

第17章 對各種學說的深入思考 380

第18章 奇蹟淨化法 388

PART **4** 補充生活智慧

第1章 心靈層面 394

第2章 實用層面 407

第3章 超然層面 439

第4章 社會層面 447

第5章 智慧啓發 455

第6章 美麗新時代 463

PART *1* 導論

第1章
為什麼我們需要幸運心靈學？

什麼才是真正的寶藏

現在，請你閉上眼睛，深呼吸5個來回，然後捫心自問，當有一天你離開人世時，你現在努力追求的金錢、地位、名望、親人、朋友、美貌、學歷，你可以帶得走嗎？

答案是以上這些全都帶不走，唯一帶得走的是你的心靈智慧。

好好地開發你的心靈智慧吧！因為只有心靈智慧才是你最真實的寶藏，當你一無所有時，唯一不能從你那裏搶走的就是心靈智慧。

心靈智慧將使得你有改變命運的能力，有重新創造的能力，有選擇快樂的能力，因此，沒有任何惡劣環境或凶神惡煞能對你構成威脅，心靈智慧可以將恐懼轉化成快樂，危機轉化成幸運。

您也可能看過很多電視、電影、知識性書籍、小說性書籍，但請您誠實反思，這一大堆表面華麗的新聞、戲劇、知識，對你根本的快樂或尊嚴，是否真有幫助？你內心是否還是深藏著對生命真理的渴望？

生命眞理能滿足你內心最狂野的快樂夢想。生命眞理能帶給你無量無邊的自然狂喜。領悟生命眞理而實現夢想是人生最大的成就享受。

您再想想看，傳統的宗教、哲學或勵志學是否眞能滿足您對生命眞理的渴望？如果不能，是否到了該建立嶄新觀點的時候了？

你是否還記得自己那古老久遠的許諾？你曾經許下堅定的諾言，要讓自己快樂幸福，也要讓別人因而也感到快樂幸福，現在是你實踐自己諾言的時候了。

幸運心靈學對生命眞理的分析架構清晰完整，其快樂的練習方式也簡單有效，它是幫助你快樂幸福的有力工具。

現在就是改變的時機

我是誰？我爲什麼會在這裡？我正在往哪裡去？

我們從小開始，對宇宙人生就有一大堆疑問，但這些疑問鮮少有令人滿意的解答，這是因爲目前人類社會太過局限，也有太多扭曲的價值觀和信念，許多人不然是乾脆不去想這些問題，不然就是追隨某種世俗或宗教的價值觀，藉以安身立命。

其實，你不需要讓別人來告訴你要如何生活，而是自己要選擇如何生活。當你發現有些教條信仰對你產生困擾時，

就要毅然丟棄。

也許你已經有自己習以為常的一套人生觀，但是你還是需要虛心面對疑問，願意嘗試新方法，才有機會創造人生新境界。現在請你問問自己下列問題：

◎你是否感到自己應該具有永恆價值，而不只是一具肉體？

◎你是否覺得自己需要更加快樂幸運？

◎你是否隱隱感到你的人生似乎有重大使命？

◎你是否想實現一些特定願望？希望家人幸福平安？希望身體健康？希望學業事業順利？希望財源廣進？希望人際關係良好？

◎你是否在傳統宗教中尋找真理，想全盤依附特定宗教，卻總感到有些教義不太適合？

◎你是否讀了一堆勵志書籍，嘗試了許多心想事成的方法，卻感覺成效不大？

◎你是否遭遇困境，卻找不到突破方法？

◎你是否迷失了人生方向，懷疑人活著是為了什麼？讀書就學是為了什麼？努力賺錢是為了什麼？每天辛苦又是為了什麼？

◎你是否已經厭煩每天和別人比來比去？比成績？比財富？比人緣？比美貌？比子女？

◎你是否感覺缺乏人生熱情，提不起勁？

◎你是否想去除掉內心中的各種心理壓力和罪惡感？

◎你是否需要合乎科學又不迷信的生命眞理？

◎你是否想擁有比哈利波特魔法更神奇的心靈法力？

◎你是否想接觸具高等精神力的外星文明？

如果你有以上的疑問或需求，就代表你需要下定決心改變舊有的人生觀。幸運心靈學將幫助您開創生命新境界，現在就是改變的時機。

務實的幸運心靈學

有些人一聽到探討心靈的課題時，就會覺得過於虛無縹緲，無法解決現實問題。

其實任何人就算自認完全不認同心靈層次的東西，在日常生活中，都還是會有自己習慣的一套人生觀、宇宙觀及價值觀，這些觀念在現實生活，如同船舵和指南針一樣，來引導你的做人處事方法，足以深深影響你的現實命運。所有人都有他自己一套的現實生活觀念。

就算有些人現在身處吃不飽或極艱難的窘境，他除了在現實層面上應該不屈不饒去尋求出路外。他在心靈觀念上的改變提升，更將大大有助於其脫離困境，這在人類歷史上多有明證。

我們可以這麼說，越是在困境，就反而越需要去反省改變舊有的人生觀。

所以，所謂的心靈學只是對現實生活觀念的反省革新，其目的就是讓你在現實生活中幸福快樂、心想事成，而不是只探討一些玄妙虛無的哲學理論。

　　不是所有人都需要哲學，但是所有人都需要心靈學。

　　有人認為所謂的心靈道德只有聖人才做得到，對平常人而言是遙不可及的。其實，由於過去假道德禮教的束縛本性錯誤觀念，才造成很難做到的假象，只要能理解幸運心靈學的清晰架構，並且依照其簡單務實做法來練習，人人都可以快樂地實踐生命真理。

第2章
幸運來自快樂

　　幸運是每個人都喜歡的，有些人認為幸運純屬偶然機率，無規則可循，有些人則認為命理風水足以影響運氣。其實決定運氣的因素，就在於你的情緒。

　　英國赫特福郡大學（Hertfordshire University）的心理學家懷斯曼（Richard Wiseman），在一項針對運氣的長期研究中發現，人的思想情緒，常常是好運與否的主要原因。當一個人比較悲觀時，常常會錯過稍縱即逝的時機，因為他們的心思都專注在負面的東西。而運氣好的人一般來說比較心情愉快、不固執己見，所以眼光更為敏銳遠大，容易注意到機會所在。

　　懷斯曼也發現幸運的人更能夠信賴自己的直覺靈感，對於未來也多有更幸運的預期心理。在面臨變化危機時，幸運的人多能將其視為轉機，而不幸運的人則怨天尤人。

　　所以如果你能保持愉快的心情，做任何事都追隨你最自然喜悅的選擇，事情的發展就會順利。你周遭所遇到的人或事其實都是你自己潛意識下的投射，都是你心靈的鏡子。若是你身邊有令你討厭的人或事，那就表示你的心中還有想不開或看不慣的地方，只要你的心靈改變了，你自然會遠離

這些困擾你的人或事。任何事都是反映你的心靈狀態而發生的。如果你先振奮了心情，自然就會遇到好事或貴人。如果你希望幸運降臨，就得先讓你自己快樂喜悅。

要達到真正的快樂喜悅，就得透過重複練習的方式，將正確觀念打入到你的潛意識中，如此，你在日常生活中，就可以自然地流露出愉快開朗。例如：

◎常常心懷感謝欣賞，不再嫉妒埋怨。

◎體貼別人，助人助己。

◎具有充實的成就感。

◎領悟到自己具有自由選擇的權利與責任。

◎感到自己充滿了喜悅幸福。

平常就能隨時隨地感到喜悅快樂的人，一定會受到幸運女神的眷顧。

第3章
快樂需要練習

　　最近科學家開始運用腦波測量等技術，對人的情緒世界加以研究，得出了「快樂也需要練習」的結論。一般人會認為快樂的原因，是由於外面有值得慶幸的事發生，例如金榜題名、競賽得獎、締結良緣或升官發財等，但是科學家的研究結果指出，每個人似乎都有一個「快樂基本水平」，當有外在快樂事件刺激時，會暫時更加快樂，但過一段時間後，又會回到「快樂基本水平」。有許多中彩券大獎的人在興奮一些日子後，又回到原來的情緒狀態，不快樂的人還是繼續不快樂，中了彩券只是讓他們更加煩惱錢要怎麼用才好。

　　科學家的研究也發現，一些經過如靜坐、冥想或激勵課程等長期心靈訓練的人的「快樂基本水平」明顯高於一般人，也就是說快樂是可以訓練出來的一種習慣，就如同鋼琴家可以訓練其彈奏水平一樣。

　　至於現代人最重視的物質財富，研究指出，尚未滿足生理基本需求的人的「快樂基本水平」偏低，但在滿足生理基本需求後，快樂和物質財富的相關度並不大。也就是說，只要我們吃得飽、穿得暖，就不見得是越有錢就越快樂，這裏有個明顯的例子，近50年來美國的人均收入提高了4倍，但是

快樂指數反而下降，目前美國憂鬱症的患病率比1960年代高出了將近10倍。但是像不丹這樣的經濟不發達國家，人民卻有很高的快樂指數。

要知道，快樂是需要練習的。但是當我們心中充滿煩惱時，卻常常把解決煩惱的希望寄託在外在事物上，而很難真心地去嘗試改變自己的舊觀念。許多人就是不相信快樂可以練習，他們總是以為快樂是很難得到的事，需要很多的財富和很圓滿的生活才能獲得。其實，快樂是每個人的真實本性，只是我們的本性受到了太多的污染，所以我們需要練習來回憶起快樂本性。

練習的方法越簡單，就越容易堅持。如果你只看一大堆宗教心靈勵志書籍，卻不運用簡單的方法去親身練習，那對你的助益就不會太大，你會感覺看了很多書卻還是感到事事不順。

幸運心靈學主張親身練習才是快樂的關鍵。

第4章
重複就是力量

PÁRT
①
導論

　　任何事情如果你簡單重複地去做，持續地去進行，只要方向是正確的，就會產生神奇的效果。這就是重複的力量。所謂的「滴水穿石」、「磨鐵成針」，都不是不可能的事，而是重複力量的最佳見證。

　　宋代有個神射手名叫陳堯咨，箭術是百步穿楊而出神入化，有一天他在練箭時，正好有一個賣油翁路過，停下來看他練箭，陳堯咨箭無虛發，本來以為賣油翁會鼓掌叫好，沒想到他一副沒什麼大不了的表情，陳堯咨就問賣油翁：「你懂射箭嗎？看你好像不以為然的樣子。」

　　賣油翁回道：「我不懂射箭，但是這也什麼了不起，只要反覆練習，就可以熟練了。」

　　陳堯咨很生氣地說：「你怎麼可以輕視我的箭術！」

　　賣油翁解釋說：「我雖不會射箭，但我會賣油，就讓我用倒油的技巧來說明射箭的道理吧。」

　　賣油老頭取出一個油葫蘆，又將一個帶孔銅錢放在葫蘆嘴上，然後舀起油通過小小的錢孔眼往油葫蘆裏灌，灌的速度非常快，卻不曾有一滴油沾到銅錢。陳堯咨看的是目瞪口呆，大大稱奇。

賣油翁笑著說：「這就是熟能生巧的道理啊！」

其實，不只是技能和知識需要反覆練習，我們快樂的心態也需要不斷地重複強化。所有快樂幸運的人，一定是把快樂幸運的信念，在自己心中重複放映了無數遍。如果你無法明確你的方向，那你就永遠不可能到達目的地，如果你想改變你的觀念，就必須透過言語不斷重複新的觀念。任何思想，只要我們重複告訴自己那是真的，就會深深影響我們。在重複的過程中，你將會對新觀念越來越明確，也會在周遭環境中找到越來越多令你信服的證據，最後你將會自然地完全接受新觀念，這就是重複的力量。

由於人類的觀念形成頗為依賴語言文字，所以最適合人類的簡單方法，就是用心重複地抄寫或默念或出聲念某些特定觀念句子。這也是幸運心靈學所建議採用的練習方法，這個方法雖然簡單，但卻是有效而容易堅持的。

舉個例子，在《零極限》這本書中也是建議我們不斷重複「我愛你、對不起、寬恕我、謝謝你」這幾句話，來淨化內心，以達成化解問題和回歸神性的功效。重複地念出淨化口訣，對於交託淨化你的問題將有奇蹟般的功效。（請參考本書第三部分理論的〈奇蹟淨化法〉）

有人會問，一直重複會不會感到無聊乏味，其實當你每次重複時，隨著你心靈層次的漸次提升，雖然是同一個句子，你也可以有全新的角度和領悟，到最後就自然不需重複，什麼都不需要去做，全然解脫，進入難以描述的美妙境界。

第5章
幸運心靈學是什麼？

幸運心靈學的定義

所謂幸運心靈學就是以快樂幸運為目標的心靈學課程。「心靈學」和「心理學」雖只有一字之差，意義頗不相同。「心理學」中有一個「理」字，所以含有「理性」的意思。而人真正的心靈世界是遠比狹窄理性範疇還要寬廣的。

心理學是現代科學的一個分支，所以可能也會落入狹義物質科學的陷阱。狹義物質科學的陷阱在於將人無情的割裂成身和心兩個部分。心理學就是以心為客觀的研究對象，而常會拋棄了人的直觀靈性。

那麼心靈學又是什麼呢？心靈學主要建立在個人的體驗靈性的基礎之上，而不是只局限在理性上。心靈學的基本態度應該是以開放彈性、實事求是、誠實實驗的精神，來親身實證生命規律及生命真理。而不只是迷信書本教條。所謂「盡信書，不如無書」，過去人類在追求生命真理時，有過度仰賴權威及書本的現象。

心靈學的研究特性為直觀性、階段性及實用性。這和目前狹義物質科學的研究方法特性有很大的不同，所以不能

用狹義物質科學的研究準則來研究心靈學，應該運用開放彈性、實事求是和誠實實驗的廣義科學精神來研究心靈學。

　　幸運心靈學的主要架構是一個真理，兩個假設，三個方法，四個定律。主要架構圖如〈圖2〉所示。透過這「一二三四」的清晰架構，我們可以建立完整的理論。

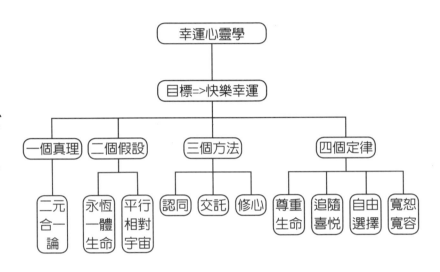

〈圖2〉幸運心靈學的主要架構圖

一個眞理是指「所有的生命是創造者也是被創造者」的眞理。

兩個假設是指「永恆一體生命」和「平行相對宇宙」。

三個方法是指認同、交託及修心。

四個定律是指尊重生命定律、追隨喜悅定律、自由選擇定律和寬恕寬容定律。

幸運心靈學的目標

任何理論體系都有其目標。在這裏要強調的是，「幸運心靈學」的目標就是快樂幸運。快樂是指自然輕鬆地感覺喜悅興奮；幸運就是幸福的命運，也就是充滿幸福好運的感覺。

幸運心靈學不但能使你心情快樂，更能爲你帶來好運，所以它不只是快樂心理學。一般快樂心理學大多著重在理性分析，探討如何調整自己情緒以適應環境。

幸運心靈學不只是爲了追求知識，所以不是人生哲學，而具有極強的實用性。如果你發現本書對增進你的快樂幸運沒有幫助，而只是講一堆很抽象很玄的理論知識，那你就可以把這本書丟到垃圾桶中。

當一個人被一支箭射傷時，他的當務之急應該是找到能拔出箭頭和治療箭傷的實用方法，而不是一直想研究射傷他

的人是誰，製造箭頭的人又是誰。同樣的道理，我們在這充滿煩惱幻覺的世界上，應該以實用主義的精神來去除痛苦、增進快樂，不要一味沉浸在哲學眞理的研究辯論上。

幸運心靈學也不是爲了建立眞理的外在權威，所以也不是宗教。本書鼓勵你開放彈性，獨立思考。

幸運心靈學是一門全新的學問。

研究心靈學的基本態度

研究心靈學的的基本態度是開放彈性、實事求是、誠實實驗，這也就是廣義的科學精神。

所謂的開放彈性就是不先入爲主，不故步自封，也不被自己過去的經驗所僵化誤導，保持開放寬容的心胸，維持對各種可能性的彈性思考態度。

所謂的實事求是就是不要被情緒激昂的意識形態所主導，凡事是有用處或沒用處的，並不是由外在權威教條來決定，而是由事實來決定的。不管是名狗土狗，只要能看好家的，就是好狗。

所謂的誠實實驗就是，以誠實的態度，針對自己有興趣的課題來親身實驗，然後忠實地描述歸納實驗效果，不要摻雜自己的主觀情緒和迷信態度。

開放彈性的重要性

1

導論

人常因自己的偏見或慾望而去扭曲事實，或因自己的經驗而只看到了一部分的事實。所以開放彈性是所有智者應有的基本態度。不要只相信自己看到的東西，對於目前還無法證實的東西，我們可以用實驗的態度，先假設再檢驗。

在追求真理的過程中，實驗性描述比權威性說教還好。因為人常常有盲從權威的毛病，喜歡依附在特定人、特定文字、或特定觀念上。

全盤接受心目中權威的一切教導，是非常危險的，容易陷在某個框框出不來。實驗性描述的態度就比較好，所謂實驗性描述，就是針對一些值得驗證的課題，來親身實驗，並誠實地描述實驗的結果。也不要因為是眼睛看不到的，就不願去實驗看看，很多真理都是常識無法理解，非肉眼可見的。

所有的方法沒有所謂的對錯之分，只有合不合用的差別。在本書中針對觀念模式所謂的對錯判斷，主要是以達成快樂幸福為前提下，去判斷其觀念模式到底實不實用，而不是用對錯的意識形態來扣別人大帽子。

人們過去有太多似是而非的觀念，想快樂卻是在招引痛苦，要和平卻會引發戰爭，本書需要去一一清楚剖析這些錯誤觀念，這樣才會對大家有真正幫助。

第6章
幸運心靈學的兩大特點

幸運心靈學有兩大特點，一是架構清晰完整，二是方法簡單有效。

其「一二三四」（一個眞理，兩個假設，三個方法，四個定律）的主架構頗爲清晰完整。

快樂的練習方式是越簡單有效越好。幸運心靈學直接針對180課的主題觀念加以重複地抄寫默念或出聲念，練習的方式簡單有效。

幸運來自快樂，快樂需要練習，重複就是力量。

在其他種心靈練習方法中，有的可能叫你打坐冥想，有的可能叫你反思問題，但這些方法都略嫌複雜，讓人們較難去身體力行，較簡單的方法，反而容易實行。

第7章
幸運心靈學的主要架構

幸運心靈學的一個真理

一個真理就是二元合一論：「所有的生命是創造者也是被創造者，是神也是神子，是佛也是眾生」

用最簡單的話來說就是：「你創造出你自己的世界，你自己就是你命運的主宰」。

生命真理要我們相信每個生命是創造者也是被創造者，而且相信每個人都可主宰自己的命運。但這些觀念，簡直不可思議，看起來太好了，以至於不像是真的（too good to be true）。

我們反而傾向於相信，我們只是渺小的一具肉體，受到物質環境的支配擺弄。

或者我們會想像出有個外在的神創造了我們，因而受到了神旨意的控制。

但生命真理是「我們就是自己的主人」。

生命真理常常令人感覺超越現實，是目前階段的我們所難以置信的。如果我們故步自封，不去理會，那可能會錯過生命真理。但如果我們過度迷信不可知的事物，則又會偏向

於怪力亂神。

較好的態度，是以生命實證的態度，大膽假設，小心求證，看看新觀念對自己和別人是否眞有幫助。如果新觀念能讓自己和別人更加快樂，更加美好，那我們就可以繼續實驗下去。如果實驗結果，反而使自己和別人更不開心，那就可毅然放棄實驗。

在實驗過程中，也可能會有一時的矛盾和想不通，這是很正常的，此時可以暫時跳過，先加強對自己有用的部分

幸運心靈學的兩大基本假設

一、第一大假設：生命是永恆且一體的

就我們的肉眼來看，生命是短暫而分隔的。但要知道，短暫存在的只是肉體生命而已，我們的精神生命是永恆的。而彼此分隔的生命狀態，只是在尚未完全開悟時的幻覺而已，如夢幻泡影一般，當徹底覺醒時，將會豁然發現，原來我們同爲一體。

我們的心靈生命絕對不是僅僅存在於我們此生的出生死亡間的短短數十年中，我們的靈魂生命是永恆的。

二、第二大假設：宇宙是平行且相對的

以我們目前局限的眼光來看，宇宙具絕對唯一性，但

量子力學已經證實平行宇宙存在的可能性，該是我們開放心胸，來重新思考什麼是宇宙的這個問題了。

幸運心靈學的三個方法

幸運心靈學有認同、交託以及修心等三個方法。

所謂的認同就是能夠真正體悟到自己一直具有的百害不侵、快樂幸運的真實本性，並且不會被受局限的幻覺所蒙蔽。

所謂的交託就是以一體生命本源為最高的嚮導及支持。所謂一體生命本源也就是我們的真實本性，最值得我們交託依靠。如果能選擇生命本源來做為我們在這人生大夢中的嚮導及靠山，將比我們自己單打獨鬥，要輕鬆快樂的多。但千萬不要把一體生命本源來當作神佛偶像來崇拜。

所謂的修心就是重複加強正確觀念。觀念是種種現象的根本原因，從觀念下功夫著手，才是由根本做起，如果只做些真理上的思維爭辯，而不去實證修心，那麼對自己的幫助並不大。

心靈四大定律

　　心靈四大定律是指尊重生命定律、追隨喜悅定律、自由選擇定律和寬恕寬容定律。心靈四大定律是生命的基本原理。

　　如果你想避免痛苦，就得遵循尊重生命定律。如果你想導向快樂，就得遵循追隨喜悅定律。如果你想發揮潛能，就得遵循自由選擇定律。如果你想掃除障礙，就得遵循寬恕寬容定律。

幸運心靈學
180課

第8章
幸運心靈學的實驗練習方式

幸運心靈學的實驗練習方式
就是重複加強

　　幸運心靈學的實驗練習方式非常簡單，就只是重複加強一些主題觀念而已。重複加強的形式主要是抄寫或默念或出聲念。重複就是力量，當你不斷重複某個觀念時，你自然就會受到這觀念很大的影響。

　　幸運來自快樂，快樂需要練習，重複就是力量。

　　舉例而言，如果你在某個陰雨天中一直重複告訴自己，「我的心情和今天天氣一樣鬱悶」，那你今天的心情多半會處於低谷。反之，如果你一直重複提醒自己的心中充滿陽光希望，那你自然就會較有活力。

　　你也可以在晚上睡覺前做個簡單實驗，在臨睡前你重複用心默念「我明天一定要在早上Ｘ點起床」，那麼多半你會準時起床，不需要鬧鐘來叫醒你。意念的重複能夠影響潛意識的運作，而讓你自動準時起床。對於你覺得很重要而不可遺忘的事情，你也可以透過重複加強來提醒自己。

　　所謂的催眠學、激勵學以及念經、持咒等方法中也都運

39

用了重複加強的力量原理，在這些練習方式中，有些可能架構不夠深入完整，有些可能較不適合現代人。而幸運心靈學正是透過對包含「一二三四」（一個真理，兩個假設，三個方法，四個定律）完整主架構的180課主題觀念的重複加強練習，來幫助你回憶起快樂幸運的真實本性，最適合現代人來實際運用。

在實驗的過程中，如果沒有立即的明顯效果，也許你就會喪失了信心，但這可能只是時機未到，不要心急自責，急躁會造成自我攻擊的惡性循環，要氣定神閑，慢慢來。你要抱持著有效果那很好、沒效果也無所謂的自然心態。只要持之以恆，保持耐心，時機一到，自然就會有令你感到滿意的效果出現。

要求「立即效果」是狹義物質科學的特色，而真理卻往往具有直觀性、階段性與實用性等三大特色，以下將會詳細解釋。

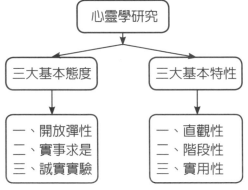

〈圖3〉心靈學研究的基本態度及基本特性架構圖

狹義物質科學的研究特性：
客觀性、立即性與絕對可重複性

心靈學和目前狹義物質科學的研究特性有很大不同。

狹義物質科學強調客觀性、立即性與絕對可重複性，心靈學則重視直觀性、階段性及實用性。

狹義物質科學中客觀性的假設，是假設觀察者不會影響實驗結果。立即性是指物質定律可立即隨時加以驗證。而絕對可重複性則來自於假設實驗者可掌握所有影響變因，因此，每次均可完美地不斷重複相同的實驗結果。舉個例子來說，當你將手上的東西放開時，就必然往下掉落，百試不爽。

大家要知道，物質科學的模型假設，只是對我們極其複雜的真實宇宙的簡單化假設而已，因此，只能完美地適用於部分物質法則，其他如經濟學、社會學、心理學等，均具有部分的直觀性、階段性及非絕對重複性的特性。舉個例子來說，影響精神疾病的因素可能相當複雜，不能單純地用兒時創傷或內分泌失調來解釋。

如果我們想試圖用狹窄而局限的狹義物質科學法則，去探討生命真理，那正有如以管窺天，很難得窺宇宙真理的全貌。

研究心靈學要運用廣義的科學精神，不能運用狹義的物質科學研究方法。廣義的科學精神就是開放彈性、實事求是、誠實實驗的精神。

心靈學的研究特性：
直觀性、階段性與實用性

心靈學中的三大研究特性為直觀性、階段性及實用性。

直觀性是說，心靈學的實驗驗證重視直觀感受，如人飲水，冷暖自知。不要一直試圖從客觀現象來證明生命真理，這將是緣木求魚，徒勞而無功的。

所謂的客觀就是假設在我們直觀感受之外，有一個完全不受主觀影響的世界。然而宇宙最高真理的真相，卻可能是，整個世界如同夢中世界一樣，是我們自己想像出來的。所謂的各種物質法則，也只是大家在這世界中暫時互相同意的遊戲規則而已。因此，如果我們一直忽略相對直觀的真實性及重要性，就有可能本末倒置，無法找到生命真理的根源。

所謂的客觀穩定，不過是我們所設定的特殊限制，範圍有限。直觀實證的多樣性及變化性才是能最廣泛適用的真理。

階段性也是心靈學的特點之一，階段性是說，在驗證生命真理的過程中，因著領悟生命真理深淺程度的不同階段，而各有不同的實證效果。我們不要因為在目前階段層次上看不到立即的效果，就直接否認。也不需要強求自己一步登天，快速進步。只要老老實實地，運用各種適合自己的方法，來實驗操練各種觀念的威力。我要再度強調的是，觀念

是宇宙間最強大的力量，從觀念著手，才是根本之道。

而在生命實證的過程中，也不要苛求完美絕對的可重複性。這是由於影響變因太廣，實在無法全部掌握。只要可重複性能令自己感到滿意，並具實用性即可，這就是實用的可重複性。

所謂的絕對可重複性，只能適用在複雜世界的小小局部的單純物質法則中。要求絕對可重複性，等於要求能掌握所有影響變因，這在綜合過去現在未來，種種心念物質影響的真實複雜的世界中，是完全不可能的。生命真理是無法數學公式化的。

如果我們因為生命真理的可重複性無法像物質科學法則一樣的單純絕對，同時也無法數學公式化，就不屑於研究生命真理，或對生命真理失去信心，那就是如同強迫讓大人穿上小孩的衣服，徹底搞錯了研究特性。

階段性也是一種幻相

從最高真理來看，層次階段性的概念本身也是一種幻相，在不同的時期，由於你對幻相有不同的看法認知，從這個角度上來說，你可以說幻相有層次的差別。

但以最高實相來看，你要嘛是完全覺醒在實相中，要嘛就是迷失在幻相中，這兩種狀態之間幾乎不存在任何距離，

只在一念之間。

　　如果我們尚未完全覺醒悟道，則階段性是合理的幻相，我們在逐步實證時，就要考慮到階段性的特性，心平氣和，穩紮穩打，不要試圖立刻悟道。

第9章
幸運心靈學的
簡明三觀點和自問三問題

幸運心靈學的理論架構看似複雜，其實極爲簡明易懂，其主要的簡明觀點只有三點：

一、心念決定命運

所有人的心念都可以百分百地決定他自己的命運。

二、人性本樂

所有人都具有快樂幸運的眞實本性。所謂的痛苦煩惱只是一時的錯誤幻覺。

三、重複加強正確觀念，可以回憶起快樂幸運的本性。

透過對正確觀念的重複加強，所有人都可以回憶起快樂幸運的眞實本性。其實我們之所以會喜歡看一些很好的勵志書或感人故事，是因爲這和我們的眞實本性相呼應，起到了加強正確觀念的作用。每個人喜歡的加強方式都不一樣，應該要選擇最適合自己的方法，不要盲從別人。

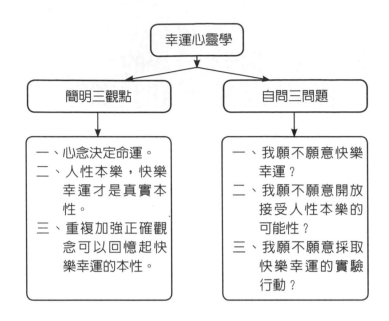

〈圖4〉幸運心靈學的簡明三觀點及自問三問題架構圖

現在真正的重點是，你要自己問自己三個問題：

一、我願不願意快樂幸運？

這個問題的答案不見得每個人都是肯定的。有些人可能會偏愛痛苦激情的戲劇性。

二、我願不願意開放接受人性本樂的可能性？

這個問題的答案也不見得每個人都是肯定的。有些人可能會覺得人性本惡或認為人性哪有這麼好，其實你不需要強迫自己相信人性本樂，只要你願意開放接受有這個可能性就

好了。

三、我願不願意採取實驗行動來回憶起真實本性？

　　有些人願意達到快樂，也可以開放接受人性本樂的可能性，但卻可能會懶於實踐，不肯採取實驗行動，如此就會受益有限。本書提供了最簡單的快樂練習方式，你只要把第二部分快樂練習中的180課標題句子，重複抄寫默念或出聲念九遍，並且一天不超過一課，一天花不了你5分鐘，就可以親身實驗了。

　　你不需要完全理解認同幸運心靈學的理論架構，任何理論都在邏輯上都不可能十全十美，重點是要採取實驗行動才會對你真正有益。

第10章
幸運心靈學的效果

　　幸運心靈學將會使你感到煩惱變少，心情更加愉快，進而影響到外在環境的實質變化，那麼幸福好運就會自然降臨，於是你就可以實現心中最渴望的夢想。

　　傳統心理學或勵志學大多只著重在調整自己情緒以適應環境，只能使自己心情好一些，但是幸運心靈學足以完全改變你的人生命運。

　　其實心情會直接影響到外在環境的命運變化，這是屬於超然層面的潛在效果，目前在現實層面的我們較難理解。我們會誤以為心理面和物質面互不相干，其實兩者同為一體，息息相關，有眼睛看不見的秩序力量在神奇地運作中。

　　所謂的現實層面是指目前生命潛能深受限制的我們，平常能直接感受理解的物質層面。而超然層面則是指目前超越我們了解的更深層面。所謂的物質法則是屬於現實層面，所謂的心靈力量是屬於超然層面。

　　人類潛在意識中，覺得自己應該不只是處處受限的物質生命，於是就發展出各種宗教來解答生命真理。但在發展宗教的過程中，人類又過度迷信權威及書本，以至於衍生許多弊端。近代人類又走向另一個極端，積極發展物質文明，只

承認物質生命，視精神生命爲迷信。

其實，追求生命眞理的最佳態度是開放彈性、實事求是、誠實實驗的態度，不崇拜權威，不迷信教條。這也就是廣義的科學精神。

我們不要封閉己見，誤認爲宇宙就只有現實層面的物質生命而已。那在超然層面的眞理，也許現在超越我們的理解，但在親身實證下，有一天我們將會實證其眞實性。

除非你先承認自己的局限，才有可能跳離這個局限。

有一個井底之蛙的寓言，那只井底蛙一直以爲井內就是全世界，所以牠根本不會嘗試去接觸井外的寬廣天地，直到有一天牠開始開放思考各種可能性時，並努力實驗突破的方法時，牠才有機會跳向全新的世界。

今天，讓我們開放心胸，嘗試從全新角度，來看待自己和別人吧。讓我們對自己和別人更有信心一點，也讓我們對自己和別人更寬容一點，這樣，也許我們會發現一個嶄新的世界。

第11章
幸運心靈學和其他學說的不同之處

幸運心靈學和佛學的不同處

佛學強調的是斷絕慾望和脫離輪迴，幸運心靈學強調的是快樂和幸運。

佛學認為俗世是虛幻妄心所幻化成的。所謂的成佛，就是實證到真如佛性。佛性不在外面，就在心中，只要斷絕慾望，以般若智慧觀照化解各種幻覺，最後就能脫離生死輪迴、悟道成佛。

幸運心靈學雖然也清楚分析了脫離輪迴的可能性，但是不刻意斷絕慾望和脫離輪迴，只強調快樂和幸運的目標。也就是說，幸運心靈學認為是否斷絕慾望並不重要，是否脫離輪迴也不重要，重要的是心靈快不快樂，感覺幸不幸運。

對有些人來說，也許脫離生死輪迴才快樂；對有些人來說，也許覺得有生死輪迴才好玩，這都很好。當你真正快樂時，也許要不要拋棄生死輪迴的問題就不太重要了。

幸運心靈學和傳統神學的不同處

傳統神學強調神的救恩，其神的形象較為至高無上，獨立於被創造者之外，救恩的獲得必須靠特定的信仰或行為，並非所有人都可以無條件得救。

幸運心靈學的神是對於最高真實本性的統稱，與被創造者本為一體，任何生命不管其思想行為如何，只要掃除錯誤的幻覺，則均可體驗到本來就有的百害不侵、快樂幸運的無條件救恩。

幸運心靈學和新時代思想的不同處

新時代思想強調提升靈性、心想事成等，重視生命進化和發揮潛能。一般新時代思想多著重在單一的法則定律，例如，吸引力法則、積極思想法則、不抱怨法則、歸零法則等，對真理的整體架構較為忽略，也較少深入探討唯觀如幻的寬恕寬容定律，如此，很多新時代思想學員在實踐的過程中，就可能會遇到障礙。

幸運心靈學均衡闡述了心靈四大定律，對真理架構有清晰完整的分析，並提供了簡單有效的練習方法，是屬於全面性的課程。但是在單一法則的例證發揮上可能就不如新時代思想。

幸運心靈學和與神對話的不同處

與神對話這本書強調的是對於神定義的大解放，與神對話的神非常自由寬容，也認同所有生命百害不侵、快樂幸運的本質，但是也許有些人不只需要了解什麼是神，更需要積極的學習目標和實踐方法。

幸運心靈學的目標明確，而且有具體的快樂練習來協助實踐，但是在神的描述上也許就不如與神對話精彩。

幸運心靈學和奇蹟課程的不同處

奇蹟課程強調的是消滅小我而回歸上主，幸運心靈學強調的是快樂和幸運。

奇蹟課程認為上主是唯一的真實，其他皆為虛幻的幻覺。其實我們一直都在天堂家中，只不過小我分裂的幻覺使我們營造了這個虛幻世界，這個虛幻世界基本上只是小我分裂心靈的投射，我們卻誤以為真實，還常常怪罪埋怨這個世界。

奇蹟課程認為我們只要交託給聖靈，並修習真寬恕，消滅小我的存在感，就可以化解各種分裂幻覺，最後由上主幫忙最後一步，回歸上主。

幸運心靈學雖然也清楚分析了回歸上主的可能性，但

是不刻意追求消滅小我和回歸上主，只強調快樂和幸運的目標。也就是說，幸運心靈學認為是否消滅小我並不重要，是否回歸上主也不重要，重要的是心靈快不快樂，感覺幸不幸運。

對有些人來說，也許回歸上主才快樂，對有些人來說也許，覺得在人世間才好玩，這都很好。當你真正快樂時，也許要不要回歸上主的問題就不太重要了

奇蹟課程直指真實本性，以真寬恕來清除分裂幻覺，的確符合最高生命真理。或許修到最後，快樂幸運與回歸上主兩者其實是殊途而同歸。

幸運心靈學和傳統心理學的不同處

傳統心理學，常假設煩惱真實存在，或者浮現在表面意識，或者潛藏在潛意識，而心理治療的主要目的，就是想辦法分析找出這些煩惱的產生脈絡，然後運用各種心理學的技巧方法來消除這些煩惱。

傳統心理學對於超乎目前能了解的議題，採取了敬而遠之的態度，其優點在於誠實、不迷信、不盲從，但若畫地自限，則可能會低估人類的真正潛能。

幸運心靈學強調生命的無限潛能，直指無上心法，並提供完整架構和快樂練習，其效果恢宏。不管信或不信，大家

都可以自己親身實證。但對於只肯相信理智分析的人而言，傳統心理學就會比較有效。

要遠離有爭議的學說

以上如佛學、神學、奇蹟課程、新時代思想和心理學等學說課程，都是具有正面智慧的，只不過方法形式有所不同。

但是其他有些具爭議性的學說雖然嘴上的理論說得很漂亮，也強調要提升向上，而其實際做法卻是有爭議的，例如，強調金錢捐獻、違背善良風俗、破壞和諧社會、激發鬥爭意識、排除異己、言語攻擊、塑造偶像、編造危言聳聽的預言等等，不管這些學說的理論包裝再精美，看起來多偉大，只要有違反生命定律的嫌疑，就應該要遠離為佳。

要想判斷一個學說是否會產生弊端，可以用心靈四大定律來做為檢驗標準：

一、任何有關宗教、哲學、道德、國家、人民或社會的理論信仰，若以各種名義為藉口（例如為了信仰真理、國家人民、大眾福祉、鏟除邪惡、清除異己、消滅敵人、維護正義和過度自衛等藉口），來強迫或傷害任何人，那就違反了尊重生命定律。

二、若鼓勵大家犧牲受苦，那就違反了追隨喜悅定律。

三、若貶低了每個生命自由選擇的權利和能力，那就違反了自由選擇定律。

四、若無法平等寬容其他的看法學說，那就違反了寬恕寬容定律，幸運心靈學強調快樂和諧，不認同各種違背善良風俗或破壞和諧社會的言語行為。

選擇當下最適合自己的修法

我們不要勉強自己去運用任何一種修法，各種修法之間，沒有什麼好壞之分，只有適合不適合的問題。事實上，100兆個生命就會有100兆個修法，不可能有兩種完全相同的修法，而每個生命合適自己的修法本身也是隨時在調整改變的，甚至可能修到最後的終點形式也是有100兆種（也許至善本質只有一個，但終點的形式也可能有無限個）。

每個人都應該去選擇當下最適合自己的修法，別人的修法只能做為觸發提示，你可以加以修改變化，以求最適合自己，不要完全依循別人的方法，盲目遵從別人的修法，猶如削足適履，容易引起矛盾掙扎。

人類常喜歡找到一套能普遍適用的修法，但這是不可能的，適合你的修法不見得適合別人。

幸運心靈學和其他學說一樣，都有各自適合的學生，不見得適合每一個人，我們應該要找到適合自己的修法，不要

全盤接受任何學說。

PART 2 快樂練習
180課

第1章
快樂練習導言

　　有關幸運心靈學的理論架構可以幫助你領會真理，但是你必須親自操練實驗這些觀念，才可能真正受益。幸運來自快樂，快樂需要練習，重複就是力量。第二部分的快樂練習180課為大家提供了快樂的簡單練習方法。

　　具體操練的方式其實是很簡單的，只是重複抄寫或默念或出聲念某些句子觀念，花費的時間不多，效果卻很驚人。千萬不要小看觀念的力量，信念的威力足以徹底改變你和全世界。

　　練習的目的是開發你最大的潛能。使你達到最高的幸福快樂。這也是想直接提醒你，你具有無限潛能，你是你自己命運的主宰。練習中所謂的神、佛、本源、本性、上天等，並不是在你之外的獨立主宰，其實就是你的大我，也就是你現在暫時被幻覺蒙蔽的偉大真實本性。

　　所練習的這些觀念可能聽起來太好，讓你感到不好意思或覺得不太可能，而看來不像是真的，但我向你保證，真實的你比你現在所認定的你，還要好上幾千萬倍。

　　這些實驗練習非常簡單，不會花費你太多的時間，可以在任何地方進行，不受任何拘束。加強觀念的練習方法，有

很多種方式。你也可以有創意地找出適合自己的練習方式，你可以修改課程，甚至可以自定課程，只要能讓你自己感到煩惱減少、心情愉快、環境順利，都是有用的課程。總之，要以自然輕鬆、心情愉快爲最重要的基準指標。

最後，作者希望讀者發揮獨立思考精神，不必照單全收，找出最適合自己的方法。尊重你自己的經驗感受，不必盲目相信任何文字，你的生命將因這些實驗練習而充滿無上快樂。

本練習部分受到奇蹟課程、東西方哲學宗教和新時代思想很深的啓發，謹此致謝。同樣的生命眞理，可以有各種不同的描述風格，許多宗教或心靈學說都是殊途而同歸，建議讀者可以多多參考其他學說。

第2章
快樂練習須知

　　本快樂練習的目的是運用有系統的方法，來訓練你的心靈，讓你能從不同角度來看待這世上所有的一切人與事。

　　人類傳統的思考角度，未必符合生命真理，該是我們從另種角度，來建立正確心態的時候了。這些練習可一體運用在所有人與事上。

　　在正知見的訓練中，要注意到，這些觀念必須全面應用在所有的狀況上。不可保留某些無法應用這些觀念的例外狀況。也就是說，這些觀念都是具普遍性的，你不可以告訴自己，有些情況，這些觀念並不成立。千萬不可擅自判斷，某些觀念在某些狀況下是沒有用的，這會影響到正知見的無限開展性，而無限開展性是正知見的本質。

　　練習中有些觀念，可能會令現階段的你感到難以置信、無法接受，但這都無妨，你只要抱持實驗的態度，假想自己具有這些觀念即可，就好比一種假想遊戲一樣。在練習這些觀念時，你不用強迫自己相信這些觀念，甚至心存抗拒都無所謂，你只要老老實實地想像這些觀念的普遍運用性，就會有極佳的練習效果。你自己的直觀感受是練習效果唯一的檢視標準，不須再把外在的權威教條當作自己應遵循的規範。

如果實驗一時無明顯效果，可能只是時機未到，不要心急自責，急躁會造成自我攻擊的惡性循環，要氣定神閑，慢慢來。你要抱持著有效果那很好、沒效果也無所謂的自然心態。只要持之以恆，保持耐心，時機一到，自然就會有令你感到滿意的效果出現。

第3章
基本練習

本書提供了最簡單的基本練習方式——**重複抄寫**。

練習中共有180課，你只要把每課的主標題句子，重複抄寫九遍，並用全心全意去感受句子的力量，抄寫速度的快慢由你自己決定，快或慢都可以，重點是抄寫時必須全心投入。這樣一天也許花不了你5分鐘，就可以親身實驗了。其實，到底要抄寫幾遍並不重要，重要的是要有重複加強的效果，「九」是個位數字中最大的，所以重複九遍就可以達到效果了。

不要因為這個方法太簡單而懷疑其效果，最簡單的方法往往是最容易堅持而且最有效的辦法。

在180課的主標題句子中，就已經包含了幸運心靈學的一個真理、兩個假設、三個方法和四個定律等主要架構。其中：

第1課到第22課是有關「生命真理」和清除成見的課題；

第23到第30課是有關兩個假設中「永恆一體生命」的課題；

第31到第38課是有關兩個假設中「平行相對宇宙」的課題；

第39課到第72課是有關三個方法中「認同」的課題；

第73課到第76課是有關三個方法中「交託」的課題；

第77課到第85課是有關三個方法中「修心」的課題；

第86到第106課是有關四個心靈定律中「尊重生命」的課題；

第107到125課是有關四個心靈定律中「追隨喜悅」的課題；

第126到138課是有關四個心靈定律中「自由選擇」的課題；

第139到158課是有關四個心靈定律中「寬恕寬容」的課題；

第159到180課是有關一些「生活智慧」的補充。

如果你對標題句子的一些代名詞不太習慣，也可以換成你覺得最自然的文字，不一定要完全照抄，例如，你可以將「本源」二字置換成「神」或「佛」或「眞如」或「上天」等。「本源」、「神」、「佛」、「眞如」或「上天」等代名詞都是代表一體生命本源。而「本源之子」、「神子」等則是代表被創造者。

180課中的每個主題句子都有清楚的文字解說，你如果想進一步深入了解理論，本書也提供了在導論、理論和補充中的相關資料。你也可以不按照課程的編號順序來進行學習，而由你理解認同的狀況來自由決定當天想練習的課程，決定練習順序的權力在你手上，只要180課中的每課都至少練習過

一遍就好了。

你可以花好幾天練習一課，或者休息幾天後再繼續練習，但要特別強調的是，為了不要操之過急，**一天不能練習超過一課**，也就是說一天之內最多只能抄寫一種主題句子，不可跨越兩種以上，這樣你才能有時間在潛意識內醞釀強化每課的主題，以發揮最佳效果。你可以一天自由閱讀多課，但一天不能實際練習超過一課。

最快的話，只要180天（約半年）就能完成所有基本練習了，本書附有練習書寫的範例頁和空白頁，你可以影印這些空白頁或自己找到空白筆記本來練習。

完成基本練習後，你一定可以感受到很明顯的生命轉變。你此生只需要完成過一遍基本練習，就足夠為你打下領悟真理的堅固根基。之後你可以再重複基本練習幾遍，也可以自由設計自己喜愛的練習。

如果你覺得重複抄寫的方式不適合你，不妨採取多次閱讀、默念或出聲念課文的方式來重複加強。練習的外表形式並不重要，重點是要練習到能夠自然且反射性地湧現正確觀念。

你不需要完全了解認同幸運心靈學的理論架構，就可以立刻練習，甚至可以跳過不讀導論和理論部分。任何理論都在邏輯上都不可能十全十美，不需花太多精力在研究理論上，要採取實際行動才會對你真正有益。

這每天短短的5分鐘，將是你此生最值得做的事情，也是

投資效率最大的事情。每天5分鐘就足以改變你的一生。

　　你一天要浪費多少時間在對你生命無益的事情上？如今只要5分鐘，短短的5分鐘，就可以讓你實現最渴望的夢想。

　　你已經回憶起快樂幸運的眞實本性。

第4章
選修練習

除了直接抄寫每日主題句子的基本練習外，以下還有一些其他的選修練習方法。

要明白的是，直接抄寫主題句子的基本練習是必修的練習，雖然簡單但威力強大。其他練習方法則只是選修的練習，隨你高興去安排設計，也可以完全不安排任何選修練習。

基本必修練習必須遵守一天不能超過一課的原則，選修練習則由你完全自由發揮。你可以第一天開始就同時進行基本練習和選修練習，可以中途加入選修練習，也可以在修完180課基本練習後再進行選修練習。

不要拘泥在任何的練習方法上，時間長短、次數多寡及方式並不重要，不見得複雜就好，重要的是你的信心。你練習時感覺越自然愉快，練習的效果就越好。以下是一些選修練習的可能選擇：

一、強化練習

除了直接抄寫主題句子的基本練習外，平日若忽然想起每課的主題句子時，每次想起就默念或出聲念1遍以上，出

66

聲念能讓自己聽到，口耳相應的效果很好。如果情況允許的話，可以在清醒時，每一小時念主題句子1遍以上，但不必強求每小時都要念。

為了加深觀念，也可以針對每課主題，進行較長時間的主題專注冥想。冥想時間可以從10分鐘到1小時，隨你高興。

其他如禪定、身印、手印、培養熱情爲等種種方式，也都可用來強化深化主題句子的觀念。

閒暇時自由閱讀書中文字也是很好的加強方法。

二、組合練習

在每日的主題句子練習之外，你也可以找出其他喜歡的一些觀念句子，來額外做一些組合句子的練習。組合中句子的數量不拘，來源也不拘，自己設計句子也可以，只要能使你的心情快樂就行。

舉例來說，你可以每天都默念：「我爲別人的幸福感到快樂」和「我天生就有好運氣」的2個觀念句子，你也可以將數量擴大到20個觀念。句子可以來自宗教經典、勵志格言、智慧諺語或自行設計，重點是這些觀念要能夠使你的心情愉快，不能違反心靈四大定律。

三、心想事成練習

每天你也可以選擇一些自己很喜歡的具體願望，然後去生動地去感謝享受完成願望後的快樂感覺，這樣可以協助你

心想事成。你可用類似「我明確選擇並感謝ＸＸＸＸ」的句子來作練習。這些願望可以是任何你想具體實現的事情，例如財富、事業、健康或人際關係等。你天生就有實現願望的無限潛能。

四、感謝祝福練習

感謝和祝福是能讓你感到更快樂，並能吸引美好事物的極佳心態。所以，你可以專門針對感謝和祝福的情緒來加以練習。你可以對自己覺得值得感謝的人事物，心中表達祝福。舉例來說，假設你在商店購物排隊當中，你可以這樣想：「這個商店感覺真清爽，我祝福商店的主人」；「感謝這個服務人員的友好態度，我祝福他」；「我真幸運找到了我要的商品，我祝福我自己」。

不要把注意力放在你不喜歡之處，要加強你感謝欣賞之處，並且要多運用祝福的力量來幫助別人。

五、助人助己練習

幫助別人將對你的快樂有很大助益，所以，可以針對為善最樂的心態加以練習。舉例來說，你可以常常默念，「幫助別人讓我感到快樂」；「真高興我又發現了助人的大好良機」；「幫助別人就等於幫助自己」。

六、認同練習

　　每天你可以針對認同真實本性的心態來加強練習，例如，你可以常常默念：「我認同我快樂幸運的真實本性。」，「我本來就有無限神威」等這些話。

七、交託練習

　　每天你也可以學習如何真正地放手交託，例如，你可以常常默念：「我交託給本源，放手讓祂來引導一切。」這句話。

第5章
本源、本性、神、佛、眞如、上天是什麼？

在本書中所寫出的本源、本性、神、佛、眞如、上天、創造者、上主、涅槃、最高力量、絕對眞實境界、眞實本源等代名詞，都是指一體生命本源，也就是我們的快樂眞實本性。而一體生命本源所創造出的眞實生命可用本源之子或神子等代名詞來代表。

由於神和佛這兩個代名詞，在人類歷史上已被賦予太多的特殊宗教色彩，爲避免各種的混淆不清和不必要的成見，本書主要以「本源」二字代表一體生命本源。

你不必急著排斥拒絕所謂「本源」、「本性」、「神」、「佛」、「上天」的名詞，你可以將這些代名詞理解成你自己具最高智慧的大我層面，那就是你現在暫時被幻覺蒙蔽的快樂眞實本性。

有許多人會仰首問天，神啊！祢眞的存在嗎？如果祢眞的存在，那祢爲何要冷眼旁觀人世間的種種苦難呢？爲什麼不立刻來拯救世人呢？其實生命眞理是，人世間的種種苦難是來自於我們的自尋煩惱，神既然已經賜給我們自由的選擇意志，祂就不可能強迫我們改變現狀，但是祂會不斷派出眞

理的使者來提醒我們什麼是生命眞理。

第6章
快樂練習180課

【書寫練習範例】

第1課　我願開放自己來親身驗證真理。

我願開放自己來親身驗證真理

我願開放自己來親身驗證真理

我願開放自己來親身驗證真理

我願開放自己來親身驗證真理

我願開放自己來親身驗證真理

我願開放自己來親身驗證真理

我願開放自己來親身驗證真理

我願開放自己來親身驗證真理

我願開放自己來親身驗證真理

第2課　我要安靜下來用心感受生命真理。

我要安靜下來用心感受生命真理

我要安靜下來用心感受生命真理

我要安靜下來用心感受生命真理

我要安靜下來用心感受生命真理

我要安靜下來用心感受生命真理

我要安靜下來用心感受生命真理

我要安靜下來用心感受生命真理

我要安靜下來用心感受生命真理

我要安靜下來用心感受生命真理

【書寫練習空白】

第＿＿＿課 ＿＿＿＿＿＿＿＿＿＿＿＿＿＿＿＿＿＿＿＿

課程一 生命真理、清除成見

第1課
我願開放自己來親身驗證真理

　　本課之所以列為快樂練習180課中的第一課，是因為開放的心態是追求真理的根本。有史以來，人類文明在每階段的突破進步都是來自於願意開放心胸來驗證嶄新真理，如果人們一直都被傳統觀念所束縛，那就無法向前邁進。

　　生命真理是需要你親身驗證的，你不可能在故步自封的心態下來接受真理，你也不可能靠著盲從權威來得到真理。

　　一個不開放的心，就如同裝滿茶水的茶杯，很難再接納新的事物。

　　一天，有一位名人來向南隱禪師請問禪理，名人一直高談闊論自己對禪理的看法，南隱則安靜無語，只是繼續沏茶，他將茶水注入名人的杯子，滿了也不停，還是繼續倒茶。結果茶水開始溢出杯外，名人大喊道：「茶水滿出來了，不要再倒了！」南隱禪師用含意深遠的眼神望著名人說：「你就像這只杯子一樣，裝滿了舊有的觀點和想法。如果你不先把杯子倒空，你豈能接受真理呢？」

　　也許你會說，我本來就很開明了，不需要什麼特別練習，但是開放的心態也是需要練習的，當你不斷地告訴自己

願意開放心態的同時，你的虛心誠懇將慢慢滲透進潛意識中，你將感到自己的心胸變得越來越廣闊坦蕩，生命真理因此就可以彰顯給你，使你得到極大助益。

請你告訴你自己，從今天開始，你願開放自己來驗證真理。你將不再被你的成見所捆綁束縛。你將迎向自由快樂的新未來。

第2課
我要安靜下來用心感受生命真理

你若能先掃除自己一切的成見，安靜感受生命真理，那你就會直覺領會到，原來這宇宙所有的生命、秩序都來自於肉眼看不到的生命真理。真理雖然無法用肉眼看到，但具有偉大的力量，你可以去實踐真理，證實真理，使自己充滿無上喜樂。

生命真理不是靠著理性知識來得到的，生命真理是要用你真誠的心去體會感受的。

也許有人會覺得，生命真理太過於無形飄渺，我每天應付日常生活都來不及了，那有這個閒工夫去安靜體會什麼生命真理？但是我可以明白地告訴你，所謂生命真理就是在你背後主宰你日常命運的那股無形力量，你可以選擇渾渾噩噩地去過日子，你也可以選擇直接和那股無形力量感應連結，

去取得那無限充沛的生命能量。

也許你現在每天抱怨諸事不順，卻又無能為力，但只要你願意開放接受生命真理，你的日常生活也將轉變成快樂無比而且幸運連連。

你所需要的，只是一點小小的實驗之心，願意拋開那種覺得自己無力改變的想法，願意用各種方法來改變自己的陳舊觀念，願意接受這寧靜有力的生命真理。改變的力量就在你內。

敞開心胸去實踐真理吧！生命真理能帶來的禮物，將比你所能夢想渴望的一切，還要美妙千萬倍。

第3課
我不再執著形式，也不再先入為主

什麼叫做執著形式？執著形式就是在心中緊緊抓著外在形式不放，誤以為只有外在形式是真實而有價值的，誤以為只有特定形式才能使自己快樂。

例如，如果你只願意相信肉眼看到的有形東西，完全排拒看不到的無形真理，那你就很容易錯過真理，因為真理是造就環境的幕後無形力量，只有當你願意先開放認同這個力量，你才能從外在環境的變化來驗證真理的正確性。如果你一開始就拒絕相信這個力量，那你還是很容易被外在環境所

擺弄。

又例如，假設你一直執著在如財富、名聲、感情或美貌等特定外在形式上，受其牽制，那你也容易迷失了自己的眞實本性。

那什麼又叫做先入爲主？先入爲主就是受到自己過去教育、經驗等先前觀念的影響，直接否定拒絕新事物，不願開放心胸，來給予眞理驗證的機會。其實，現代人類的一些生命觀和價值觀在數百年後將大幅改變。正如同數百年前人類堅信的許多觀念，時到今日也大不相同。如果，我們一直先入爲主，那又如何去驗證嶄新眞理呢？

今天，讓你自己告訴自己，過去你只相信肉眼看到的表面現象，如今你不再執著形式，你要用心體會宇宙潛在的生命秩序。你也願意拋空過去一切，不再先入爲主、拒絕眞理。

第4課
生命真理會修正我內心的所有錯誤

生命眞理本身就具有偉大的修正力量。

所謂的錯誤，只不過是忘記自己完美眞實本質的一種幻覺，如果沒人相信這些幻覺，那這些幻覺就毫無力量可言。只有眞理永遠實存，等待你的重新憶起。凡是眞心尋求眞理

的人，將會得到真理所賜予的修正錯誤的力量，你內心的所有錯誤，在真理之前，將煙消雲散、毫無蹤跡。

在現代人類的生活中，其實有許多習以為常卻錯誤的觀念，導致了我們的痛苦煩惱。

例如，我們誤以為自己只是一具肉體生命，壽命短暫、終日奔波、不知為誰辛苦為誰忙。

例如，我們誤以為一定要攻擊邪惡才能消滅邪惡，把許多攻擊殺人的行為合理正當化。

例如，我們誤以為一定要經過許多的痛苦磨難，才有資格享受快樂成功的果實。

例如，我們誤以為所謂的愛心，就是要主動為對方擔心煩惱。

例如，我們誤以為為了對方的好，可以強迫對方去做我們認為正確的事情。

為什麼這些錯誤觀念，會帶給你痛苦煩惱？那只是因為你相信了它們。其實，在你的內心最深處，有最高的生命力量，只要你真心尋求真理的協助，生命真理會和你一起來修正這些錯誤的幻覺，讓你重新回憶起你百害不侵、無限快樂的真實本性。

第5課
光明早已經來到

　　光明早已經來到，你本來就已經得救，你也能拯救這個世界。舊世界的幻覺已不復存在，光明的新世界重現。你希望什麼，就會看到什麼，你若想看到光明，光明就會立刻出現，因爲光明從未遺失，光明早已來到。

　　也許你不太能理解「光明早已經來到」的這種觀念，你會覺得，明明還有許多痛苦煩惱的事情，怎麼可以說「光明早已經來到」？其實，宇宙的本性是溫情慈愛的，生命的本性是無限快樂的。這些溫情快樂一直都充滿在這世界上，早已經來到，只不過我們自己用錯誤的幻覺來蒙蔽了自己。

　　正如同，就算你在一個大放光明的房間中，如果你選擇戴上一個深黑墨鏡，你還是會誤以爲房間太陰暗了。所謂的深黑墨鏡就是我們心中的一些會帶來痛苦煩惱的錯誤觀念

　　現在的重點是，我們許多人並不知道自己戴了一個深黑墨鏡（如同隱形眼鏡般不被察覺），還以爲房間本身就不明亮。只要我們願意脫下這幅深黑墨鏡，我們將看到一個光明的新世界。

第6課
一切事物和觀念對我的意義，都是我所賦予的

任何事物和觀念的意義都是每個人自己所賦予上去的，同樣一件事對不同的人來說，意義可能會完全不同，這可以運用在所有的事物以及觀念上。

我們平常對一些事物常會貼上一些好壞、美醜的各種標籤，卻沒深思這些意義都是自己所賦予的，結果常常讓自己被這些標籤搞得很不快樂。

例如，如果現代人較崇尚苗條的身材，許多現代人就開始辛苦減肥。而過去非洲土著卻崇尚豐滿的身材，因為豐滿代表健康富足和生育能力，他們嫁女兒時，是以女孩的體重，來決定收取聘禮的多寡，越重就越值錢。

我們常會在無形中認同多數人的價值觀。

例如，如果現代多數人認同財富代表成功，一旦我們出生在現代，卻又賺錢不如人，就會感到挫折。

又例如，元朝時蒙古人認為暴力劫掠代表成功，如果我們正好是那時的蒙古人，一旦蠻力不如人，殺敵殺得不夠多，我們也會感到沮喪。

如果你想從這些根深蒂固的價值觀中解放出來，就得時時提醒自己，所有事物的意義都是你自己賦予的，別人的看法那是他們的看法，沒必要受其困擾，你之所以會覺得大家的看法重要，那也是你自己賦予其意義。

本練習的主要目的就是要透過強化的方式，來讓你從各種外在價值觀的漩渦中解脫出來，使你得到真正的自由快樂。

其實，上面所說的這些道理，也許你以前都曾聽過，但卻發現自己仍然無法超脫，這其中的關鍵就在於，光是閱讀理解沒有太大用處。你需要有系統地來訓練自己。本書的練習方法，就是為了幫助你訓練自己。

你除了可以用心地抄寫默念本課的主題句子外，你也可以慢慢環視四周一遍，就目光所及處開始默念：

「這身體對我所具的意義，完全是我自己所賦予的。」

「這桌子對我所具的意義，完全是我自己所賦予的。」

「這道門對我所具的意義，完全是我自己所賦予的。」

然後檢視你心中浮現的一些價值觀，不管想到什麼價值觀，開始默念：

「這價值觀對我所具的意義，完全是我自己所賦予的。」

最後檢視自己的念頭，每當有念頭浮起時，不管是什麼念頭，開始默念：

「這念頭對我所具的意義，完全是我自己所賦予的。」

第7課
我並不真的了解我所看到的一切

　　這個練習的目的是為了幫你清理內心的一切成見,而能按照事物的中性原貌去看待它們,使你不會被自己的成見理解所牽絆。因此,在應用此觀念時,最重要的是保持一顆完全開放的心,不受成見之累。這個觀念對一切事物,都普遍適用,沒有例外。

　　有人會問,如果我抱持著「不了解一切」的觀念,那我平常的工作及生活要如何運行呢?要知道,此觀念的目的是為了擺脫成見的情緒性羈絆,而不是叫你不運用理智,腦袋空空,你照樣可以很精明能幹地處理日常事務,只要保持開放彈性,不要過度僵化,心中很清楚地不被成見所困。

　　你除了可以用心地抄寫默念本課的主題句子外,你也可以慢慢環視四周一遍,就目光所及處開始默念:

　　「我並不真的了解我看到的電視。」

　　「我並不真的了解我看到的檯燈。」

　　「我並不真的了解我看到的椅子。」

　　你也可以將本課應用在一切事物和觀念上:

　　「我並不真的了解我看到的這個事件。」

　　「我並不真的了解我自以為理解的這個觀念。」

第8課
我不固化預期、不僵化結論

　　所謂固化預期就是用過去的知識經驗，來固定對預期事情的發展判斷。所謂僵化結論就是只依照表面現象，來僵化最後結論。人類很容易用目前已知的一切，對未來做預期，以至於常會僵化結論。

　　舉個例子，如果你叫一個500年前明朝的智者來對500年後的世界做預測，他很可能會猜測，在500年後明君將統治中國，人人豐衣足食、路不拾遺，男女各安其分。他很難想像得到，500年後的民主思想和科學發展。

　　同樣地，現代許多科幻小說在對未來世界做預言時，常常不脫離科技發達和星際大戰的設想。但是500年後的人類文明型態，可能完全超乎現代人的想像，那時也許已經完全沒有戰爭，出生率大降，人口減少，自然環境優美，人的精神體可以自由進出肉體，和所有動物和諧相處，甚至可以不用語言文字，直接用心電感應溝通。

　　固化預期和僵化結論將使你無法認清生命真理。

第9課
我的念頭及我所看到的一切，不具任何意義

不具任何意義，並不是無聊、厭世、無價值感等負面情緒，而是真正體認自己大我的無上價值，正因為能看破超脫俗世的各種意義枷鎖，所以心靈能得到充分自由和無限喜悅。

要知道，這世界之所以會困擾你，是因為你以幻當真，執著太多意義在這世界上，不具任何意義的世界，是完全無法困擾你的。

第10課
過去心不可得，現在心不可得，未來心不可得

人的心靈一直都被過去的經驗和對未來的擔心所影響，以至無法真實地觀察。當一大堆虛幻念頭塞滿你的心靈時，真理自然也就被擋在外面。讓自己的心靈，先脫離時間幻覺的束縛，在這一片空靈中，自然會湧現真實的慧見。

過去已不存在，未來尚未發生，現在瞬間即逝，三者皆為虛無縹緲。

領悟到你的心靈原本情淨，不被時間幻覺所束縛，那就是邁向真實智慧的第一步。

PART
2
快樂練習
180
課

體會到時間幻覺的危害，正是化解許多自以爲是的錯誤觀念的第一步。等到這些錯誤幻覺被徹底清除時，無上的智慧自然湧現。充滿時間幻覺的心靈，是很難接近眞實智慧的。

第11課
無苦集滅道，無智亦無得

　　心經上說，「無苦集滅道，無智亦無得，以無所得故，菩提薩埵，依般若波羅密多故，心無罣礙，無罣礙故，無有恐怖，遠離顚倒夢想，究竟涅槃……」

　　其白話翻譯就是：

　　「沒有所謂的無知，也沒有所謂的去除無知；沒有所謂的老死，也沒有所謂的不再老死；沒有苦集滅道的眞理，也沒有所謂的眞理智慧可以得到；正是因爲沒有可得的眞理智慧，菩薩依此心法而行，心中反而可以完全沒有牽掛阻礙；當心中完全沒有牽掛阻礙時，自然就不會心生恐怖；因此可以遠離所有的幻覺夢想，回歸圓滿的實相境界。」

　　如果內心不認爲所謂的大智慧眞理是有所得或有意義的，則反而可以擺脫得失之心，不再有掛念及恐怖。

第12課
我是誰？誰是我？他是誰？誰是他？

今天在一有空時，就對你自己發出疑問，我是誰？誰是我？去感覺一下與平日截然不同的自己。

然後再從另一個客觀超然角度來看自己，就好像把自己當作別人一樣，再對自己發出疑問，他是誰？誰是他？

清朝順治皇帝有首《讚僧詩》，詩中提到：「未曾生我誰是我？生我之時我是誰？來時歡喜去時悲，合眼朦朧又是誰？」

六祖惠能也有句大家耳熟能詳的公案話頭：「不思善、不思惡，如何是本來面目？」

這個練習的目的，是借著發出疑問的方式，來清除我們對自我概念的各種執著。這有點像禪宗參話頭的方法，透過不斷地發出疑問，來直接感應到生命真相。我們平常以為的自己，可能並不是真正的自己。真我是無限快樂、無限神威而沒有任何煩惱痛苦的。

要特別注意的是，本練習不是要你用頭腦找出有關「我是誰」的哲學答案。而是要你完全拋開理性思惟，只用直覺去感受自己生命的真相。

第13課
我無法判斷什麼是對我最有益的

　　當你承認理性判斷很難認出什麼是對自己最有益的事的時候，你才有可能真正去看清真相。當你一旦自傲於自己能縱觀全局、完全了解時，你就無法開展你無限寬廣的心靈智慧。

　　人類善於運用理性判斷，卻因此容易被理智所束縛。科學研究發現，大腦分為左半球和右半球，左腦具有邏輯、推理、語言、分析等功能，右腦具有直覺、整合、想像、感性等功能。統計顯示，由於當前人類文明特別重視理性，所以現代大多數人都是左腦較為發達。

　　左腦的理智聰明可以協助我們處理日常生活，右腦的直觀感性則可以創造喜悅潛能。兩者本來可以相輔相成，但是現代人往往過於依賴左腦的分析判斷，而喪失了右腦的直覺能力。

　　美國神經解剖學家吉兒‧泰勒（Jill Bolte Taylor）曾經因為中風使左腦受損，結果左腦在停止壓抑右腦後，泰勒反而更容易感覺寧靜、安全和幸福、並且有與萬物合一的神祕感受。這在她的「My Stroke of Insight」（中文書名「奇蹟」）一書中有精彩描述。

　　其實，右腦的開發，不見得要使左腦受損，我們的左腦一樣可以非常精明能幹，但是你必須調教左腦不要自以為

是、霸道自大。幸運心靈學的練習正可以幫你調教左腦，啓發右腦。

我們如果能承認理性的局限性，使霸道的左腦安靜下來，就更容易用直覺感受到眞實本性。

第14課
我要用不同眼光來觀察事物

我們在日常生活中和觀察事物的角度，往往受制於你過去習慣所養成的神經迴路。科學實驗發現，每個人對於特定事物的反應具有固定模式，類似的情境很容易觸發類似的情緒，但在經過不同思考模式的訓練後，習慣是可以改變的。

當你告訴自己，要用不同眼光來觀察事物時，你就等於許諾自己，要清除你對各種事物的先入爲主的種種觀念，你的心將得到自由解放，你不再按照過去的印象經驗來界定事物，你在探求事物的眞相，而不是告訴它們，它們是什麼。你若能用不同的眼光來觀察一件事物，你就能用不同的眼光來觀察所有事物。你若能在一件事物上看出光明，你就能看出全世界的光明。

事實上，只要你能消除你的成見，以眞正開放的心去面對事物，就算是在一粒小小的砂子中，你也可以得到無上慧見，你自然會感受到原來這粒砂子是多麼的美好圓滿，這粒

89

砂子就代表全宇宙的眞實本質。

一粒砂見世界；刹那間入永恆。

第15課
願我的心平安寂靜，解脫幻覺

　　安靜下來，仔細聆聽那眞理的沉默之聲吧！祂告訴你，你是被無條件地疼愛的；你是被溫情友善所包圍的；你本就是幸福快樂的。讓你的心靈擺脫那所有局限自己的幻覺，重新恢復那至高的榮光。

　　在新約路加福音中有下面的描述：

17：20　法利賽人問神的國幾時來到。耶穌回答說，神的國來到，不是眼所能見的。

17：21　人也不得說，看哪，在這裏。看哪，在那裏。因爲神的國就在你們心裏。

　　你也許會認爲天國是一個在外面的幸福快樂的美妙地方。但是生命眞理告訴我們，天國就在你的心裏，只要你的心靈能夠平安寂靜，擺脫了所有的錯誤幻覺，那你就會生活在天堂之中。向外尋找天堂是永遠無法找著的。

第16課
我沒有幻覺的心靈充滿無限的輕鬆快樂

你能想像得出，沒有幻覺的心靈，是如何的充滿無限的輕鬆快樂嗎？

現在回憶你過去曾經有過，感到最自然輕鬆的時刻，然後把這個時刻想像一直持續延伸，延伸到永遠，延伸到時間的盡頭。再把你最自然輕鬆的感受乘上千百倍，再乘上千百倍，這就是沒有幻覺的心靈的輕鬆感受。

再回憶你過去曾經有過，感到最快樂興奮的時刻，然後把這個時刻想像一直持續延伸，延伸到永遠，延伸到時間的盡頭。再把你最快樂興奮的感受乘上千百倍，再乘上千百倍，這就是沒有幻覺的心靈的快樂感受。

百害不侵、無限快樂才是你的真實本性，你想讓你心靈擺脫所有錯誤的幻覺嗎？你只需要信賴真實本性，交託給無上的生命本源，然後盡好你快樂寬恕的職責，就終將幸福解脫。

第17課
我不再妄加判斷

判斷本身只是我們理智上的，一個個別角度的小小看

91

法。事實上，我們無法用理智來真正了解事物的真相。只有誠實地認清我們無法判斷任何事物，我們才能擺脫自以為是的幻覺，重返真理。

當我們生活在人世間時，常免不了要做一些判斷，我們可以有一些權宜的看法，但我們心中要很清楚，這些看法只不過是生活的權宜之計，並非事物的真相。

我們也常常會試圖去判斷別人，這是沒有必要的，也是對你有害的，你永遠不需要去猜測或論斷別人的思想行為，你只需要盡好你自己寬恕和快樂的職責就好。

舉個例子來說，當你懷疑某個人偷你的東西時，就算是他實在是清白的，但就你的眼光看來，還是會覺得他的眼神舉止看起來就是做賊心虛的樣子。

有人會問，防人之心不可無，如果不事先猜測防範，那萬一遇到居心不良的人怎麼辦？其實，我們可以小心謹慎地做好防範風險的嚴密措施，但這是針對所有不特定人的防備，我們不要隨意地懷疑某個特定人的用心。就算對方真有惡行，我們永遠也無法評斷他真正的動機是什麼。

我們不要妄加判斷，當你定了別人的罪，也就等於定了你自己的罪，耶穌在路加福音中說過：「你們不要論斷人，就不被論斷。你們不要定人的罪，就不被定罪。你們要饒恕人，就必蒙饒恕。」

我們只要牢牢記住，所有生命的真實本性一直都是神聖完美、純潔無罪的。

第18課
我要活在當下，饑來吃飯，睏來即眠

時間只是一種幻覺，當下我們就蒙祝福，當下我們就進入永恆的平安喜樂。不要再被時間的幻覺所迷惑了。

其實，你只能活在當下這一刻，你的力量就建立在當下這一刻。你要在當下感到自由自在。當下你的存在就是最甜美溫馨的事實。

在《傳燈錄》上記載過一則禪話：

六源律師問慧海禪師：「和尚修道，還用功否？」

師曰：「饑來吃飯，困來即眠。」

六源又問：「一切人總如師用功否？」

師曰：「不同，他吃飯時不肯吃飯，百種需索，睡時不肯睡，千般計較。」

當我們能做到活在當下，該吃飯時吃飯，該睡覺時睡覺，不被過去的幻相所折磨，也不擔心尚未來到的明天，只安詳地活在獨一無二被稱為現在的那一刻裏，我們就真正得到了大自在。

第19課
我選擇實事求是、誠實實驗

我不會再迷信權威、崇拜偶像了，任何生命真理只有經過我的親身實證，才有意義。我要選擇實事求是、誠實實驗。

第20課
就在此刻，我願全新慧見進入我的心中

全新慧見就是看到萬物的真實本質。我要許下心願，放開心胸，祈願全新慧見進入我的心中。

第21課
我決定只去看見萬物的完美無罪本質

你所看到的一切，其實都是你自己決定想看到的。當你決定透過神聖光輝的本性去看萬物時，你自然就可以看到他們完美無罪的本質。

有人在聽到這個觀念時會問：「這世上不是明明充滿了許多罪惡嗎？」

其實，萬物的本質本來就是神聖純潔的，宇宙的本性本來就是無條件慈愛的，我們之所以無法完全看清這個真理，是因為我們一時被幻覺所蒙蔽誤導了。這就好比我們的眼睛得了飛蚊症，卻誤以為空中有蚊子在飛一般。

當我們讓萬事萬物自然而然地活出本質時，那麼它們自會流露出神聖純潔的真實本性。我們不需要妄自加入小我的判斷和干涉。就讓萬事萬物自由地活出它們自己吧！

願我們看到萬物的完美真相。

第22課
我是創造者也是被創造者

所謂一個生命真理就是二元合一論，這也是最神奇的祕密：「所有的生命是創造者也是被創造者，是神也是神子，是佛也是眾生。」

用最簡單的話來說就是，你創造出你自己的世界。

創造者與被創造者，二元合一，平等無二。

你不必急著排斥拒絕所謂「創造者」、「神」、「佛」等名詞，你可以將這些代名詞理解成你自己具最高智慧的大我層面，那就是你現在暫時被幻覺蒙蔽的快樂真實本性。

你也許覺得「是創造者也是被創造者」，好像有一點矛盾。這裏我舉個物理學上的爭論例子來說明。

關於「光」到底是波動還是物質的問題，科學家已經爭吵了好幾百年，直到20世紀才由量子力學做出結論，「光」具有波動和物質的二元合一性，也就是說光是波動也是物質。

這個結論乍看之下是矛盾的，因為波動和物質的特性在某些觀測條件下是不可能並存的。但量子力學提出「潛態」的觀念來巧妙地化解了這個矛盾，也就是在未觀測前，「光」同時具有波動和物質的潛力可能性，一旦實際觀測，才會顯現出其中一種特性來。事實上，物理學家已經用實驗證明，不只「光」才具有二元合一性，包括電子、原子、分子以及所有物質都具二元合一性。

以此類推，創造者和被創造者兩者都是生命的潛在狀態，就看我們自己的選擇是什麼了。

| 課程二 | 永恆一體生命

第23課
我送出的禮物，就是返回給我的禮物

請閉上你的眼睛，思考你想給你自己和別人的禮物。例如，你可以這樣想：「我願帶給每一個人平安快樂」。

然後你再停頓片刻，靜靜地感受這個禮物流回到你這兒來。

你所給出的一切，最後都會流向你自己，不要被短暫的幻覺所迷惑，誤以為給出去的東西，自己就沒有了。其實，你給出的一切，遲早都會返回給你自己。

在我將禮物送給別人時，其實就是將禮物同時也給了自己。如果這個禮物是如關愛、祝福、友善等的精神禮物，那這些關愛、祝福、友善的心靈禮物會回到你的身上，讓你感受到。

如果這個禮物是物質的禮物，那這些物質禮物在未來也會具體化成不同形式的物質富裕，來回到你的身上。

同樣的道理，在新約路加福音中，耶穌也曾告訴我們：

6：31　你們願意人怎樣待你們，你們也要怎樣待人。

6：35　你們倒要愛仇敵，也要善待他們，並要借給人不指望償還。你們的賞賜就必大了，你們也必作至高者的兒子。因為他恩待那忘恩的和作惡的。

6：36　你們要慈悲，像你們的父慈悲一樣。

6：38　你們要給人，就必有給你們的。並且用十足的升斗，連搖帶按，上尖下流的，倒在你們懷裏。因為你們用什麼量器量給人，也必用什麼量器量給你們。

第24課
外面沒有別人，只有我自己

這課的觀念乍看起來不可思議，外面明明一大堆人都是別人，怎麼會只有我自己？

其實，你所看到的別人和外境都只是你心靈的投射而已，當你發現外境可以引起你的不快時，請記住，要往內看，不要再怪罪於別人和環境了。改變你的心境就自然可以改變你所看到的外境。你不需要浪費精神在外面的東西上，要先在你自己的內在層面來下工夫。

打個比喻，當你晚上睡覺做夢時，你會感到夢中的人物栩栩如生，各有不同的性格行為，在夢未醒時，你覺得那是別人，夢醒後，你發現原來那只是你投射出的夢境。而當你投射的心態改變時，夢境也將隨之改變。

其實，以更高層次來看，我們現在都只是在各做各的人生大夢，外面沒有別人，只有我們自己。

就心理學層面來看，在日常生活中，我們常會不滿抱怨別人或環境，其實我們指責的不是那個別人或環境，而只是我們心中的那個不願意接受的自己。心理學家曾經做過一個測試，要求一些受測者寫下自己最不能接受的性格，並針對這些受測者做性格測試，結果顯示，許多受測者所不喜歡的性格，恰恰就是性格測試所測出來的自己的性格。

本課主題的學習重點就是，用通俗的話來說，每當你看

到讓自己不爽的事情時，拜託拜託，不要急著先去抱怨，先想想是不是自己的內在問題在作怪。

▎第25課
▎我們其實共有一個生命

本源只創造過一個生命，那就是你和所有心靈所共有的生命。在我們肉眼中所看到的許許多多分裂的生命體，以及生生死死的現象，都只是來自於我們的幻覺。

死亡並非生命的對立面，生命是永恆的，我們並非如科學家所說的只是一具肉體。其實，死亡只是一個本來不存在的幻覺，心靈迷失地成為非自己所是的另一種存在，而活在一種虛無之境，心靈夢見了時間，那好像存在卻其實從未發生的一段時間，那些似乎發生的種種事件也全都是虛幻，心靈一旦覺悟甦醒過來，就只是繼續其永恆的生命而已。

如果不了解「我們共有一個生命」的真理，你就可能誤以為可以傷害別人，而自己卻能毫髮不損。一旦真正理解了這個道理，你也就很自然地會去幫助別人，因為助人就是助己。

不要因為眼睛看不到，就否定了這個真理。不管你想法如何，真理就是真理，如果你還心存疑惑時，你可以先以開放的態度，來親身實驗。最後當你解脫了所有幻覺時，你就

會實證這個眞理。

　　本課練習的主要目的，就是要幫助你突破「生命只是局限肉體」的這個觀念，使你了解到所有生命原來同爲一體，進而釋放出眞正的生命潛能。這就如同蝴蝶破繭而出，迎向自由光明的全新世界。

第26課
我們已經和生命本源合而為一了

　　什麼是生命本源？生命本源就是我們生命的根本源頭，人類歷史上給這個生命源頭有許多稱謂，有人稱爲「神」，有人稱爲「佛性」，有人稱爲「眞如」，有人稱爲「上天」有人稱爲「自性」，有人稱爲「本源」。

　　「神」到底叫什麼名字其實並不重要，重要的是要了解神的特性是什麼？在漫漫歷史上，人們已經賦予神太多投射和誤解了，甚至還以神的名義來殺人。

　　首先，本源是眞實存在的，人的生命不是如物質科學所講的只是一具肉體而已。但本源並不是獨立在我們之外的高高在上創造者。在永恆的神聖境界中，你和本源和所有的生命都是合爲一體的，只不過你選擇了忘記，你用自己的錯誤幻覺掩蓋了這個事實，現在是你選擇憶起的時候到了。

　　這也就是眾生即佛、佛即眾生的道理。以通俗的觀點來

看，本源就是你最智慧寬容、自由自在、快樂喜悅的大我層面，那也是你唯一的真實本性。

再者，神是無條件慈愛和無限寬容的，祂賜給你自由選擇的無上權力，如果世間上有任何不幸，那都是我們自己錯誤的觀念所造成的。人類有許多錯誤觀念都是似是而非，毫不自知的。本書將一一指出這些觀念陷阱。無論何時，只要我們願意回應慈愛的神的召喚，祂將隨時歡迎我們，

有一種平安寧靜是不可能被這個世界干擾的，這平安寧靜來自於生命的本源，祂一直都和你同在，一直都在慈愛保護著你，那古老永恆的召喚一直都在你的心中。

今天，你將回應這個召喚，你會回憶起這一切，無限喜樂將會是你的回報，這才是你最大的寶藏。

第27課
當我攻擊別人時，其實就是攻擊我自己

自以為能靠著攻擊他人，而得到自己所要的東西，這是個完全錯誤的念頭，因為所有生命皆同為一體，當你在攻擊別人時，其實就是在攻擊自己。短期間內，也許你看不出這個因果關係，但長遠來看，這是絕對的真理。

所謂的攻擊別人包括了在思想上批判定罪別人，在言語上謾罵別人，或在行動上使用暴力。並不是只有暴力行為才

算攻擊，起心動念反而更加重要。

耶穌在新約路加福音和馬可福音中曾說：

你們不要論斷人，就不被論斷。你們不要定人的罪，就不被定罪。你們要饒恕人，就必蒙饒恕。（路加福音6：37）

你們站著禱告的時候，若想起有人得罪你們，就當饒恕他，好叫你們在天上的父，也饒恕你們的過犯。（馬可福音11：25）

你們若不饒恕人，你們在天上的父，也不饒恕你們的過犯。（馬可福音11：26）

雖然有耶穌的諄諄告誡，但許多人心裏會想，「依照我們在人世間的經驗，攻擊別人的人，好像不見得會自己受到攻擊？」

上面這個疑問可以從兩方面來看，第一方面，攻擊別人的人一定會有恐懼心理，讓自己活得不夠舒坦，如此就無法做到《中庸》書中所描述的「君子無入而不自得」的人生境界。

第二方面，人世間以宇宙的尺度來看是很短暫的，生命定律的效果顯現有時也需要時間醞釀，就如同你在播下大樹的種子後，可能也需要數十年或數百年才能看到效果，這也就是俗話說的「善有善報，惡有惡報，不是不報，時候未到」

其實，所謂的因果報應並不是一般所理解的罰惡賞善的機制，而是在你違反生命定律時，宇宙可能會提供一些特殊

事件，來讓你有反省內思的機會。

第28課
我所能夠攻擊的，只可能是我自己而已。

這個道理聽起來似乎很奧妙，我們明明有可能攻擊外面的別人，爲何又說「我所能夠攻擊的，只可能是我自己而已」呢？其實，本課的結論可以從第24課中的「外面沒有別人，只有我自己」所推論出來。

在第24課中曾經以人生大夢做爲比喻，來說明「外面沒有別人，只有我自己」的道理。同樣的例子，當你在夢中緊張恐慌地在攻擊夢中虛幻的別人時，你也只是在自己嚇自己而已，你所看到的別人其實是你自己內心的投射。

依照平行相對宇宙的觀點（見本書第三部分理論）來看，當你在攻擊別人時，對方可以自由選擇進入不被你攻擊的平行宇宙中，如果對方願意配合演出被你攻擊的場景，那也有他自己的內在深沉理由，他百害不侵的眞實本性是不可能被你傷害的。

也就是說，你只是在自己攻擊自己而已，你不可能眞正傷害別人，你也不必害怕這個世界追著你討債，只有你自己才會饒不了你自己。

第29課
我所能真正領受到的，只有自己的感恩

　　我們在給予之後，常會期待來自別人的回饋感恩。其實，我們所能真正領受到的，只有自己的感恩。

　　這個道理其實不難明白，舉個例子，如果你幫助人的心態是覺得，別人若報答是理所當然，若不回報就是忘恩負義。那麼就算別人真的報答你，你也只會認為這是他應該做的事，不需要特別去感謝。你的心態將無法讓你接受到別人的感恩之情。

　　相反地，如果你的心態是覺得，別人不回報也無所謂，如果他能知恩圖報，那真是一件值得感謝的事情。如此，你自然會很容易察覺到感恩之情。

　　所以，你能領受到其實就是你的感恩心態。別人如果對你的禮物不領情，那也沒什麼好在乎的，他內心與你相通的部分會感激你的，本源也會衷心向你致謝，這正是你的大我的感恩之情，這也是你唯一能真正領受到的感恩。你完全不需要去期待別人對你的感謝。

第30課
我尊重生命的不同形式，信任生命的相同本質

所有生命的外表有各種不同形式，但其本質卻完全相同。

以務實觀點來看，所有的表面相異都是合理而且必要的，60億個人就有60億個不同的想法和做法，但其生命根源只有一個。我們必須寬容尊重別人與自己不同之處，不要試圖去統一別人的思想，我們只要大方分享我們的想法，別人自然會從他們個別獨特的角度，去得到不同的啟發。

人常會想要把自己喜歡的一套東西強加在別人身上，如果別人不願接受，就感到迷惑或憤怒，其實，每個人所適用的方法可能大不相同，我們必須隨順眾生的各種特殊習性，來引導他們領悟真理。

另一方面，你要信任生命的相同本質，他們與你同為一體。信任就是把你的焦點從你對別人的不滿、不屑、怨恨及批判中移開，也不要去計較你和別人的不同之處。此時你將感到心中真正的平安，這平安來自於你對生命無罪本質的信任。

唯有你能使自己能夠寬容不同之處，不再批判抱怨，你才能真正地信任所有生命。

| 課程三 | 平行相對宇宙

第31課
有無數個平行相對宇宙，
並非只有一個絕對宇宙

　　宇宙其實有無限多個，在任何一個時點上，任何人都有無限多個選擇可能性，每個選擇可能性都會產生一個平行宇宙，這些無限多個平行宇宙如同你現在感知的宇宙一樣，都是存在的，只不過你選擇不去感知到它們。

　　這裏做個沒那麼精確但卻近似的比喻，我們家中的電視機有許多頻道可供選擇，你可以選擇自己喜歡的頻道，但不代表其他頻道並不存在。所有可能的電視頻道，都是以無線電波的形式傳播在空間中，你無法以肉眼看見，但卻真實存在，就如同當下就有無限多個平行宇宙真實存在。

　　電視機的選臺器正如同你自由選擇的能力般，你可以在無限多個平行宇宙中選擇出你想感受的宇宙。

　　只不過電視機選臺器的選擇方式，是靠有意識的意志挑選。而你選擇所感受宇宙的方式，並不是只依靠有意識的意志力而已，你潛意識的情緒狀態才是影響你現實選擇的重要因素。

　　當你徹底感到喜悅、自由和寬容時，你就自然會感受到

同樣的宇宙實相，同類型的幸運事件就會發生在你身上。

第32課
我是我宇宙的救恩，我的任務就是寬恕寬容

你不只是你自己一個人的救恩，你還是你所看到世界的救恩。

寬恕寬容就是你的任務使命。你的寬恕寬容使得絕望的世界進入希望之中。

你也許會想：「這世上有這麼多的領導者，怎麼會輪得到我來做我宇宙的救恩？」「我自己都照顧不好了，怎麼去拯救世界？」

其實，你所看到的全宇宙將因你而得救，因為宇宙不只一個。每個人都看到了他自己想看到的相對宇宙，你所看到的宇宙正是來自於你的心態。你若寬恕寬容了自己和別人，全宇宙也就得到了解脫。

一個絕對宇宙的觀點其實只是個錯覺，如果只有一個宇宙，那就會造許多局限和遺憾。

拿愛因斯坦的相對論做為例子，在相對論問世前，物理學家比較傾向於時間和空間的絕對唯一性，他們相信宇宙的時間和空間不管在那兒測量，都是客觀絕對的，也就是說，他們認為宇宙只有一套絕對的時間空間的座標系統。但是愛

因斯坦首先提出了時間和空間具相對特性的看法，每一個測量點，都可以有不同的時間空間的座標系統，

　　未來人類也將逐漸發現不只時間和空間，其實所有宇宙事件都具相對特性。

第33課
我的本性就是我自己宇宙的主宰

　　在現代人類的觀念系統中，人是很容易受到周遭物質環境的擺弄的，大多數時間，人們只能忙著應付許多環境的變化狀況，有時候還可能會變成環境的受害者，一但成為了受害者，就只好依賴一些心理學方法或勵志格言來自我安慰一下，以使自己能打起精神地繼續跟環境搏鬥。

　　這樣的人類是多值得同情的可憐蟲啊！人們已經忘記了自己主宰自己命運的能力了。

　　能夠主宰你宇宙的並不是你的意志力，而是你的本性。什麼是你的本性？那就是你在掃除所有幻覺後的真心。

　　你想重新獲得主宰你宇宙的能力嗎？那就得認清並突破那些束縛捆綁你的錯誤觀念，回歸你的本性。

　　我可以肯定的告訴你，在許多已脫離幻覺的生靈看來，地球上目前到處都是會帶來痛苦、掙扎和無力感的錯誤價值觀，用精神病院來形容地球，並不為過。但是地球現在也到

了大幅轉化躍進的關鍵期了，

　　你就是轉化的關鍵。

　　任何事情未經你的許可，是完全不可能發生在你的身上的。依照平行相對宇宙論，你形成了自己的宇宙。你是你自己命運的主宰，已經發生的事恰是你所想望出來的。

　　你的本性就是你自己宇宙的主宰。

第34課
心淨則眾生淨，心淨則國土淨

　　不要錯以為你和其他人是分開獨立的，不要錯以為有可能你的心靈得到痊癒，而周遭別人卻依然深陷想不開的煩惱深淵。當你慢慢地治癒時，你所看的宇宙將慢慢轉化成快樂的宇宙，而你所看到的別人也將慢慢地提升檔次。這就是平行相對宇宙論的精義。

　　我們的任務就是讓我們的心靈得到淨化，這樣我們才能將治癒帶到了全世界，將痛苦轉化為喜樂，將拘束轉化為自由，將恐懼轉化為平安，將匱乏轉化為富裕，為了領受這麼珍貴的寶物，卻只要你每天花上少少的數分鐘而已，天底下還有比這更值得做的事嗎？

　　當你自己的心靈痊癒時，你將開始發現你身邊的親人朋友，你接觸到的人，浮現在你腦海的人，甚至是看似與你不

相干的人，他們都和你一起淨化了。

心淨則眾生淨，心淨則國土淨。

第35課
全世界的自由和解脫，全都操之在我

這句話乍看起來傲慢，其實卻是真正的平等謙虛，所謂的傲慢是指感覺高人一等，而平等謙虛則是了解每個人都是平等、完美且偉大的。

每個人對於他所看到的相對宇宙而言，都具有絕對重要性。所有人所看到相對宇宙的解脫，均有賴於他自己的解脫，因此每個人都是他自己看到的世界的救主。

如果一個人崇拜權威，過於依賴外在所謂的偉人或神靈來引領他的自由解脫時，他就是在剝奪了自己本有的力量，因此他也無法得救，但是總有一天，他會忽然發現認同自己內在的無限潛能，那也正是他得到真正自由解脫的時候。

反過來說，如果一個人自以為特殊，擁有比別人更高的能力智慧，可以帶領別人自由解脫時，那他就是在剝奪了別人本有的力量，依照一體生命的理論，剝奪別人力量就等於剝奪自己力量，因此他自己也無法得救，直到有一天，他領悟到原來眾生平等，眾生皆是佛時，他才能得到真正的自由解脫。

第36課
我賜神威給了全世界，
因為我先賜神威給了自己

　　你若想給予什麼，一定要先擁有才行，給予正是已經擁有的證明。世俗認為給予出去就會造成損失，然而真理卻是給予將使擁有更多。

　　以肉眼來看，在表面上給予的具體物質會變少，然而以最高真理來看，事物只不過是觀念的象徵，當你把觀念給出去之後，這個觀念在心中反而更加清晰堅固，當你給出具體事物時，這個具體事物背後的觀念，將在你心中加強，於是吸引了更多相似的具體事物回來給你。

　　舉例而言，當你捐錢去幫助別人時，這個自己有能力幫忙別人的富裕觀念將更強化，未來將為你吸引更多金錢財富回來。同樣地，當你在鼓勵別人，給別人溫暖、信心和快樂的同時，你也是在強化自己是有信心並且快樂的觀念。

　　所謂的痛苦疾病和挫折沮喪的背後觀念就只是一個小小的犧牲觀念而已，有些人誤認為一定要有某些程度的痛苦犧牲，才配得到快樂的果實。就是這些莫名其妙的犧牲觀念才造成衝突掙扎。其實，什麼挑戰考驗和艱苦奮鬥都是毫無必要的，一點用處也沒有，我們本來就是完全喜悅快樂的。

第37課
解救了我自己，就等於解救了全世界

你來這個世界，就是為了解救你自己，解救了你自己，就等於解救了全世界。

因為你所看到的世界，是你自己所營造出來的世界，每個人所看到的世界都不相同，每個人都各自看到他們自己營造的世界，並沒有所謂的唯一客觀宇宙。當你的心態真正解脫時，你自然會看到一個解脫的世界。

第38課
過去的已經過去了，對我毫無影響

本課我們要好好地來探討所謂「過去」的影響力。

以真理而言，未來並非來自於過去的演變，而是全新獨立的選擇，不要將未來視為過去的演變。

舉例來說，現在我先給你看一個六面全塗抹藍顏色的正立方塊，然後隔一段時間，再給你看一個五面塗抹藍顏色，且一面塗抹紅顏色的正立方塊。很多人會以「六面全塗抹藍顏色的正立方塊被抹紅了一面」的角度來看第二個立方塊，然而事實上，第二個立方塊和第一個立方塊之間毫無關係，是全新獨立的立方塊。同樣的道理，我們後一個選擇和前一

個選擇之間，也可以是全新獨立、毫無關聯的。過去不必然會演變影響到未來。

說到這裏，也許你會問，「我們的世界有很多法則不都是和過去息息相關嗎？」其實，這些法則之所以看起來有效，只是因為你相信了那一套。在我們目前的信念系統中，的確賦予了過去太大的影響力。要能認清這點，才不會被虛幻的過去所羈絆。

過去本身就是一種幻覺，本來就對你毫無影響，只不過是你自己選擇相信過去的影響力。

本課的練習將幫助你解脫過去的幻覺。

| 課程四 | 認同

第39課
本源無所不在，本源就在我的心內

在俗世錯誤的眼光中，世界是在外面的，所以我們必須搶奪外面我們認為好的東西，去攻擊外面我們認為壞的東西。

在真理正確的眼光中，本源無所不在，本源也在心內，心靈是無邊無際的。本源和世界其實一直都是平安喜樂的，

痛苦煩惱只是一種幻覺。

《六祖壇經》上有個故事，傳說六祖慧能到廣州法性寺，去聽印宗法師講涅槃經，當時有大風吹來，使得旗幡飄動。於是一個和尚說這是風在動，另一個和尚則說這是旗幡在動，兩個人不停地辨論。這時慧能就說：「不是風動，不是幡動，仁者心動。」

從大乘佛法中來看，一切萬物都可視為如來法身，所謂的佛性也不離本心，如果沒有動心的幻覺運作，就不會有風動、幡動的事相存在。所以是心動，而不是風動，也不是幡動。

第40課
神子是我和所有生命唯一的真實身分

我們一直都是神所創造的完美的神子，我們唯一的真實身分就是偉大的神子，只不過被一時的幻覺蒙蔽了真實本性。

以下乞丐王子的比喻故事，很能說明我們如何迷失了真實身分。有一個尊貴的王子，一天忽然好奇在街頭當乞丐的滋味如何，於是偷偷溜出皇宮，脫下漂亮衣服，換上破爛衣服，開始行乞，一開始感覺還滿新鮮的，但時間久了，就想回皇宮過溫暖的生活了，結果一輛馬車撞上王子，害他失

去記憶，他忘了本來王子的尊貴身分，就一直過著可憐的乞丐生活，直到有一天一個王宮的退休僕人看見了他，就告訴他，你不是尊貴的王子嗎，趕快回王宮吧！王子卻不相信，覺得僕人騙他，尋他窮開心。

王子的尊貴身分就如同我們神聖的眞實本性，乞丐的身分就如同人間操煩憂慮的生活。王子失去了記憶就如同我們忘記了眞實本性。王宮的退休僕人就是提醒我們眞實本性的使者。我們的錯誤認同，就如同王子誤以爲自己是乞丐一樣。只要王子願意相信，跟著僕人走向王宮，就可以恢復尊貴的眞實身分。

其實，如果那個王子夠智慧的話，雖然他還是懷疑僕人的話，也可以嘗試走一下回王宮的路，不要固執地完全不試。就如同當我們在人間聽到眞理指引時，雖然還是半信半疑，也可以試走一下眞理之道，不要完全不理。

那麼，你要當智慧的王子，還是愚昧固執的王子呢？

第41課
我的真實本性祝福了全宇宙

你的眞實本性就是百害不侵、無限快樂的，如果你覺得你沒那麼好，如果你覺得痛苦煩惱，那只是因爲你忘記了你的眞實本性。

你在世上的目的就是回憶起你的真實本性，然後透過你的神聖本質來祝福這個宇宙。

你會不會懷疑，為什麼你的真實本性可以祝福全宇宙？那是因為你所看到的宇宙和別人，其實都是你自己的投射，當你在清除所有幻覺後，你自然會體會這個真理。

全宇宙和所有人都將因為你的恢復本性而大蒙助益，從此再也不需要任何犧牲痛苦了，因為每個人本來都應該得到無上的平安喜樂，犧牲痛苦是完全沒必要的，在世俗幻覺的想法中，總覺得必須付出某些代價，才能得到一些好東西，但這只是世俗的錯誤信念而已。

第42課
我的真實本性使我得救

你的真實本性就是你的神聖本質，而你的神聖本質是你自己的救恩，也是世界的救恩，你的得救正是世界得救的關鍵。

你必然會得救，你不只是一具可憐的肉體，真實本性是百害不侵的。

在你現在錯誤的幻覺中。這個肉體是很脆弱的，運氣好的話會健康安好，衣食無憂，但終究難逃一死。運氣不好的話有可能會生病痛苦、遭遇不測。但終有一天你會實際領悟

到你的眞實本性。

能使你得救的不是那高高在上的宗教權威，人類想像出的外在神靈無法拯救你。

能使你得救的也不是那自稱客觀的物質科學，所謂的物質科學只是你在地球玩耍時才適用的暫時法則。

能使你得救的也不是那看似智慧的生命哲學，所謂的生命哲學只不過是你和同伴們打發時間的邏輯遊戲。

眞正能使你得救的就是你的眞實本性。眞實本性一直就在你的心中，你不需要去刻意追求，你也無法藉著做任何事，來贏得眞實本性。

你所需要做的就只是清除幻覺，掃除掉干擾你回憶眞實本性的各種障礙。

第43課
我隨時都被深深祝福

今天的練習是要你提醒自己一個眞理，那就是「你是在任何時間都被深深祝福的神子」，也許有時你會不相信這個眞理，也許有時你會忘記了這個眞理，但是你確確實實一直都蒙受祝福，你只要提醒自己這個眞理，就會回憶起你被深深祝福的事實。

在路加福音中，耶穌說了個回頭浪子的故事，很能表達

PART

2

快樂練習
180
課

出神的無限慈愛，我們其實一直都被天父深深祝福的：

15：11　耶穌又説、一個人有兩個兒子。

15：12　小兒子對父親説，父親，請你把我應得的家業分給我。他父親就把產業分給他們。

15：13　過了不多幾日小兒子就把他一切所有的，都收拾起來，往遠方去了，在那裡任意放蕩，浪費資財。

15：14　既耗盡了一切所有的，又遇著那地方大遭饑荒，就窮苦起來。

15：15　於是去投靠那地方的一個人，那人打發他到田裡去放豬。

15：16　他恨不得拿豬所喫的豆莢充飢，也沒有人給他。

15：17　他醒悟過來，就説，我父親有多少的雇工，口糧有餘，我倒在這裡餓死麽？

15：18　我要起來，到我父親那裡去，向他説，父親，我得罪了天，又得罪了你。

15：19　從今以後，我不配稱爲你的兒子，把我當作一個雇工罷。

15：20　於是起來往他父親那裡去。相離還遠，他父親看見，就動了慈心，跑去抱著他的頸項，連連與他親嘴。

15：21　兒子説，父親，我得罪了天，又得罪了你，從

今以後，我不配稱爲你的兒子。

15：22　父親卻吩咐僕人說，把那上好的袍子快拿出來
　　　　給他穿．把戒指戴在他指頭上．把鞋穿在他腳
　　　　上。

15：23　把那肥牛犢牽來宰了，我們可以喫喝快樂。

15：24　因爲我這個兒子，是死而復活，失而又得的。
　　　　他們就快樂起來。

第44課
本源與我同行在這圓滿完美之境

　　不論你在何處，完美神聖的生命本源都與你同行。你本
來就不可能痛苦煩惱，因爲那喜樂的生命本源與你同行。你
不可能有孤獨的時刻，因爲那友善慈祥的的生命本源與你同
行。沒有任何事物能奪走你的平安，因爲生命本源隨時隨地
都保護著你。

　　在你的內心深處，你清楚知道一切都是完美的，那永恆
的光明隨時都能透過你來普照這個世界，這光明可以治癒你
那痛苦掙扎的幻覺，把無限的平安喜樂帶到你的心中，同時
也帶到了人間。

　　你所要做的只是產生一個小小的認同之心，認同本源
隨時隨地都與你同行。事實上，認同本源與你合一，本來就

是世界上唯一最自然容易的事，只不過你沉迷在扭曲的幻覺中，才會覺得難以置信。

你不可能不與本源同行，因爲本源是一切生命的根源，本源是永遠圓滿完美的。你與本源所行之地也將都是永遠圓滿完美的。

第45課
本源是我慧見的根源

什麼是慧見？慧見就是智慧的知見，慧見就是能帶領你領悟眞實本性的正確觀念。

我們人世間的所謂智慧常常都只是知識學問而已，並非慧見。例如，也許你鑽研了很多科學、工程學、醫學、人文學、哲學等，這些知識學問在人間的時候，也許還挺實用的。但有一天當你離開人世時，這些聰明才智就不太管用了。

如果你把眼光放遠，你就會希望找到永恆生命的慧見。那麼要如何才能找到慧見呢？就向本源來交託請求吧！因爲慧見來自本源。當你誠懇祈求本源賜你慧見時，本源會運用各種管道方法，來提醒你何爲慧見，這些管道可能來自良師、益友、書本、電視、電影，甚至損友或逆境本身也可以做爲反面教材。重點是你要完全開放你的心胸。

慧見可以轉變淨化你心中的幻覺，幫助你邁入真知之境。慧見的根源就是來自於本源，本源一直都準備好慧見的禮物等你享用。

第46課
本源已經將無限神威交給了我和所有生命

什麼是無限神威，無限神威就是你自由選擇的無上權利和無限威力。

本源具有無限神威，你和所有生命都是本源之子，本源也把這一切恩典賜給了你和所有生命。你是神子，你早已得到了這些恩賜，你就在無限神威的所在之處。

神子是無所不能的，和神一樣地具有無限神威、無限平安及無限喜樂，因為神早已把這些禮物推恩賞賜給了神子。你不要被無力感所迷惑，要認同你的無限神威真實本性。你就是那圓滿無缺的神子。

我們不要以為只有神才有資格享有無限神威，所有生命都是神所創造的，全都得到了神的推恩，我們都是按著神的形象而被造成的。

無限神威就是你本具的力量，每一時、每一刻、每一分、每一秒，你都在選擇你要看到的世界。就在今天，請你下定決心要用無限神威的神眼去看，成為宇宙真實力量的見

證。

第47課
本源是我寬恕寬容的終極根源

什麼是寬恕寬容？寬恕寬容就是能帶領你寬恕一切、包容萬物的的解脫心態。

這個世界是個充滿幻覺束縛的世界，寬恕寬容就是破除幻覺束縛的利器。你真正能定的只有你自己的罪，同理，你真正能寬恕寬容的也只有你自己。寬恕寬容之所以能成為救恩之道，就是因為寬恕寬容能化解幻覺，而本源正是寬恕寬容的終極根源。

最高的寬恕寬容，是了解到一切萬物都是美好的，所以實際上也不需要寬恕和寬容。只不過在幻覺中的我們需要寬恕寬容做為清除罪疚感的一種方法。

那麼你要如何才能做到寬恕寬容呢？就向本源來交託請求吧！因為本源就是寬恕寬容的終極根源。當你祈求本源淨化你的內心時，本源就會協助你做到寬恕寬容。重點是你不要一個人單打獨鬥，要虔誠交託給本源。

舉個例子，也許我們遇到了一個令人生氣的情境，發現自己很難做到寬恕寬容，那時，我們就可以這樣祈禱：「我虔誠交託給神，來幫助我寬恕寬容」，如此你就會得到了極

幸運心靈學
180課

大的力量來幫助你。

　　寬恕寬容可以淨化你心中的罪惡感，然後神就會邁出最後一步，接你安然回家。寬恕寬容的終極根源就是來自於本源。

第48課
我和所有生命一直都是百害不侵和無限快樂的

　　所有生命的真實本性都是百害不侵和無限快樂的。我們因為忘記了自己的真實本性，才會感到煩惱痛苦。我們不要被好似痛苦煩惱的幻夢所迷惑，要認同我們的真實本性。

　　也許你會問，什麼叫百害不侵？我們明明看到生命遭到迫害不幸、天災人禍的許多事實。

　　大家先不要辯論「什麼是百害不侵」這件事，只單就實用性的角度來看，您在誠心默念「我和所有生命一直都是百害不侵和無限快樂的」時，是不是感到自己心情更加愉快，而且內心有股力量湧現？

　　如果是的話，就代表本課練習產生了效果。

　　我可以清楚地告訴大家，百害不侵和無限快樂並非遙不可及，那就是你的真實本性，你只要清除掉所有的錯誤觀念和幻覺，終有一天，你將親自回憶起自己的偉大本性。

第49課
除了神律外，其他的自然律都只是幻覺

我們目前所認定的一些自然律，其實都是扭曲的心靈所幻化出來的，這些怪異扭曲的法則，其實根本約束不了你，只因爲你相信自己被其約束，才造成了你被約束的幻覺。

你眞的認爲你必須吃下一大堆東西，你才不會餓死？你眞的相信那些藥丸可以治療你的疾病？你眞的以爲你就只是一具孤零零的身體？只有神智不清的心靈才會把上面的想法視爲無法違反的自然律，還把它們分門別類成什麼營養學、醫藥學、人際關係學、經濟學等，甚至於還有人創造出可以區分正邪神魔的宗教學，這些學問都是人自己所幻想出來的。

也許有人會說，這些自然律看起來是多麼的眞實啊！但是這些自然律之所以會有力量，也是因爲我們大家相信，才被賦予力量。

眞正的神律只有一個，那就是你和所有生命同爲一體，你們都是本源也都是本源之子，你們無條件地被愛，你們不需付出犧牲痛苦的代價，就可以和所有生命共享那無限的平安喜樂，這才是唯一的宇宙神律。

第50課
所有問題都已解決，所有願望都已實現

你最渴望解決的問題就是你幸福快樂的問題，其實這個問題早已被解決了，這個終極答案就是：「你已經活在幸福快樂當中，只是你可能還沒領受而已」

在你心中不管多狂野的夢想願望，其實也都已經在某些平行宇宙中實現，只是你可以選擇是否接受。

也許有人會說，我的問題明明一大堆，願望也常常落空，卻要我告訴自己「所有問題都已解決，所有願望都已實現」，那不是有點智障嗎？

讓我來告訴你一個超越世俗的大智慧。世俗聰明是問題產生後，才想辦法去從外面找方法解決。大智慧則是從問題的最基本根源開始解決。

舉例來說，假設有個投影機播放影像在屏幕上，如果你覺得影像有問題，你可以在屏幕上塗塗抹抹修改影像，你也可以直接修正投影機的母片。在屏幕上的修改只是治標而不治本，修正投影機才是正本清源之道。

你現在看到的一大堆問題，其實都只是來自你內心的投射，你如果徹底領悟到其實你的問題早已被解決了。你就不會不斷投射問題出來。本課練習的目的，就是要傳授給你這解決問題的無上心法。

就在此刻，閉上你的眼睛來領受你應得的福分吧！認清

125

你的問題其實早已獲解決，你的願望也早已實現。張開雙手領受快樂是你唯一的職責所在。

讓我們下定決心，不再不滿抱怨，不再身陷在根本不存在的問題中，不再四處尋找虛幻的答案。

第51課
平安、喜樂、自由、神威都在我內

你一直都是本源所創造的完美的本源之子，不管你覺得你做了什麼傷天害理、罪大惡極的事，你還是一樣的潔白無瑕。你的清白本質，有全宇宙來做擔保。

同樣地，不管別人好像做了什麼傷天害理、罪大惡極的事，他們還是一樣的潔白無瑕。他們的清白本質，也有全宇宙來做擔保。

你必須要能夠以這種完美清白的眼光來看你的弟兄，才能同樣地感受到本源早已賜給你的清白本質。

我們只需要寬恕快樂、盡情歡笑，了解到這個世界在當下就是如此的美好圓滿，一切的遺憾、缺陷和罪惡感都是我們自己心中想不開所投射造成的。

就在這一刻，請你微笑地看看四周環境，是不是讓你感到充滿了平安幸福，那安祥甜蜜的感覺就是來自你的真實本性。

平安、喜樂、自由、神威都在你內，也在所有的生命之內。你是真正的大有可為。

第52課
我依然還是本源所創造的我，我從未改變

本源開始創造你時，就是如此的純真完美，就像穿著華麗高貴衣服的美麗公主或英俊王子，你的真實本質亮麗無比。

也許你會這樣想，現在塵世中打滾的我們，明顯是已經改變不少了，衣服和身體都被嚴重破壞污染，所以我們需要努力修補更換，才能回到原先的榮光。

但我要告訴你一個天大的好消息，其實你依然還是本源所創造的你，你從未改變。你只是透過扭曲變形的鏡片在看自己和別人，你看到的醜陋畸形影像並不是真的。你的衣服和身體，依然光彩如昔。

你不需要四處尋找修補破壞的工具方法，你所要做的，只是改變你的觀點。扭曲的觀點就好比是扭曲變形的鏡片，讓你無法看清你和這個世界的美好本質。

如果你不把扭曲變形的鏡片脫下來，那不管你再怎麼努力修補外物，你還是會一直看到扭曲的影像。

說到這裏，你會問，那我要如何改變我的觀點呢？這正

就是本書的目的，也是本課課程的目的。

只有當你願意放棄舊觀點，並嘗試接受新觀點時，你才有機會改變。具體的方法很簡單，你只要不斷地重複默念認同新觀點，就會慢慢地接受新觀點，

但是你必須要先給新觀點有彰顯的機會，如果你看到了這本書的新觀念，就罵一聲「胡說八道、荒誕離譜」，那你又怎麼有機會改變你的生命呢？

讓我們再度強調這個美好的觀念：你還是本源所創造的完美的你，你具有無限神威，幸福快樂一直與你形影不離，你的真實本性從未改變，只是你一時忘記了。

第53課
我和所有生命一直都是無限自由的

所有生命本來都是無限自由的，只不過人們忘記了這個事實。

有人會說，生命本身的限制明明那麼多，那你所謂的無限自由，到底是什麼意思？

什麼是自由？所謂的自由並不是讓你的意志力能完全操縱這世界。真正的自由是你心靈的自由，讓你不執著的自由，讓你快樂幸福的自由。

我們平日所感受的限制，常都是意志的無法隨心所欲。

例如，現在想馬上到外國，但受到限制；現在想馬上發財，但受到限制；現在想馬上康復疾病，但受到限制。

但其實是我們最在乎的自由，並不是滿足腦中各種遐想的自由，而是想快樂幸福，就馬上可以感到快樂幸福的自由。

想得到快樂幸福的自由，首先就是要讓你的心靈自由而不執著，不執著用特定的形式來得到快樂。

我們的真實本性是無限自由的，我們不要被束縛和限制所迷惑，要認同我們的無限自由真實本性。

第54課
我衷心感激上天所賜的無上禮物

上天所給予我們最珍貴的無上禮物就是終極救恩，也就是「所有生命終將認同他們早已得救」的這個事實。也許有些人還心存懷疑，有些人則是完全不信。但是幸福得救是上天所賜的必然禮物，

這個禮物的必然性比每天太陽從東方升起的必然性還要確定。

如果得救這件事，如同射箭必須射到箭靶的話，那我們大家可走運了，這個箭靶就像環繞你的大圓球靶，不管你往那個地方射，往上往下，往左往右，往前往後，全都是命中

箭靶。

有關得救這件事，人類喜歡用自己的腦袋，想出很多種得救資格條件的版本。

有些人認為根本沒「得救」這件事，世界是偶然發生的，我們只是一具肉體，好運或壞運純屬機率問題，死了就什麼都沒有了。

有些人認為我們必須要有特定的信仰，信奉特定的神才可能得救。

有些人認為我們必須經歷生生世世的漫長時間，苦修勤練提升自己，然後才能得救。

事實上，這宇宙中最大的福音就是「我們都已得救」，關鍵是你領受不領受而已。上天從未遺棄過你，祂總是友善慈愛地支持著你，祂總是給你無限的幸福快樂。付出你的真心來好好地感激上天吧！祂也會用同樣的感激來回報給你。

第55課
我要立刻領受上天早就賜給我的禮物

上天早已將禮物恩典，賜給了我們，這個禮物就是讓我們幸福快樂得救的真實本性。現在關鍵是，你必須親自去領受拆開這個禮物，才能感受到這個禮物的莫大恩典。

假設有個禮物現在就在你的身邊，看起來一層一層很難

拆開，和你一般看到的禮物不太一樣，有人告訴你這個禮物
裏面包的是無價之寶，甚至在你還沒拆完時，就會先看到一
些好東西。但是你聽了之後，還是心存懷疑，不太相信。

　　也有人告訴你這個禮物是騙人的玩意，試圖拆開它是浪
費時間的事，甚至可能會讓你失去其他禮物。那你會如何做
呢？拆還是不拆？

　　比較聰明的做法，是先實驗性地開始去慢慢拆，如果真
的有好東西，就可以繼續拆。如果一時看不到成效，那就可
以選擇再試試看，或者停下不拆。如果有反效果，則可以立
刻停止。

　　如果你完全不管這件禮物，那可就不是明智的做法。

　　那要如何去領受拆開這個禮物呢？你的誠懇心意正是領
受這個禮物的必要條件，也是唯一條件。

　　本書的存在目的就是為了告訴你領受這個禮物的具體方
法步驟。至於你要如何選擇，就在於你自己了。

　　今天我們就要去認領這個禮物，在恩典中，你將看到無
量的愛與光明普照著這個世界，所有的恐懼憂愁都失去了蹤
跡，你一旦能寬恕寬容一切萬物，就能夠化解所有的扭曲幻
覺。

第56課
本源的平安喜樂和大愛一直照耀著我

　　你爲什麼一直還在尋找著天堂，其實本源的平安和大愛一直照耀著你，只不過你還蒙著自己的眼睛。

　　所謂的悟道只不過是一種對永恆光明大愛的認同而已，並不需要什麼千辛萬苦或磨難考驗。

　　請你告訴你自己：「本源創造出的平安喜樂隨時都環繞著我，如今，我的心靈，在寬恕的引導下，已經治癒。我一直都在本源的平安喜樂中生活。我的眞實本性一直都是無限快樂的，我的不足不好的感覺，都只是幻覺而已，我的眞實本性純然完美，不需任何掙扎。我只需要學習如何去除幻覺、認同本性就足夠了。」

第57課
我是無限的，我不再將自己看成是有限的

　　你是無限的，因爲你是神子也是神。沒有任何外面的人或神可以加給你限制，只有你自己的觀念，才會給你自己限制，你的潛能是無限的。

　　我們在習慣了人間的有限性後，就會逐漸忘了自己無限的眞實本性。

今天，願你不批判抱怨自己和別人的任何過失，願你不再將自己看成是有限的，你本來就具有無限神威，享有無限快樂。

第58課
本源就是我的終極保障

人活在世間時，常會有不安全感，於是就會尋求許多東西做爲保障，有人積累財富做爲保障，有人倚賴權勢做爲保障，有人以人際關係做爲保障，也有人以聰明才智做爲保障。

不管你選什麼做爲保障，你心中還是會有不安全感，因爲這些做爲保障的東西，不管是有形或無形的，都是變化無常，不曉得那一天說變就變。

人世間所謂的財富、權勢、親人和才能並非你真正的保障，如果你想要有真正的安全感，本源才是你的終極保障，因爲只有本源的保障才絕不失落、永遠有效。本源的保障並非來自你外面的保障，那是你真實本性的絕對保障。

第59課
我不再用自我設限的眼光去看

你知道為什麼你的無限潛能一直沒有完全發揮嗎？你知道為什麼你無法全然地快樂幸運嗎？原因很簡單，你自己為自己設下了限制。

科學家曾經做過一個實驗，把一群很會跳高的跳蚤，用一塊透明玻璃板限制它們跳的高度，一但跳蚤想跳更高時，就會一頭撞上透明玻璃板，就這樣碰壁多次。當科學家們抽開透明玻璃板後，發現它們跳高的能力大幅減弱，很久都沒有恢復。

那些跳蚤在限制性的環境待久了，就開始自我設限，忘記了自己本來可以跳得很高。人也是如此，在習慣限制性的人世間後，自然容易自我設限。

就在今天，願你放棄一切自我設限的眼光成見，那在看不見的背後有著本源永恆無限的祝福。

第60課
我認同我快樂幸運的真實本性，
不需挑戰，不需考驗

你的真實本性一直都是快樂幸運的，你可以輕鬆快樂地

學習如何去除幻覺和恢復本性，不需要經歷任何的挑戰和考驗。

就算是你現在還有一些想不開的地方，宇宙也不會給你艱難的功課，除非你自己認爲要在艱難中才能成長。

所有的挑戰和考驗都是不必要的，一點用處也沒有，你可以自然快樂地領悟眞理。

困難的挑戰之所以出現，大多是因爲你潛意識中認爲考驗可以幫助你成長，事實上你根本不需要任何困境來測試你自己。

從今天開始，你將徹底解放，了解到你不需要任何麻煩的情境來向你挑戰。就算是你還是害怕一些事情，你也大可以輕輕鬆鬆地來慢慢釋放恐懼，不見得一定要直接面對你所害怕的事。

許多崇尚靈性成長的學員，在遇到一些令他們無法承受的痛苦考驗事件時，常會試圖用「這對我的靈性成長有益」來合理化這些不受歡迎的事件。例如，如果他們生了大病，他們會想「生病正好可以考驗我在肉體痛苦中對靈性的信心」，或者是「疾病也許可以消去我罪惡的業障」。又例如，如果他們遭遇讓自己很難堪的處境，他們會想「難堪的處境可以讓我學會如何超脫外在環境」。

當然，這些想法的確比不滿埋怨的想法更加正面，然而，我們可以有層次更高，更加超然的觀點，這個觀點就是「所有的挑戰考驗都是沒有必要的」，當我們遇到一些讓我

們感到艱難痛苦的事件時，我們要了解這些事件之所以會發生，是因為我們潛意識中覺得這些挑戰考驗是有其發生價值的，一但你徹底領悟到這些挑戰考驗一點用也沒有時，你將不再需要去面對它們。靈性的成長完全不需要磨難痛苦。

有些人會問，如果沒有挑戰考驗，人生會不會很無趣？其實人生就好像電動玩具的遊戲一般，如果你把難度設的太容易，的確會滿乏味，但如果你把難度設的太高，那就是自討苦吃。難度輕鬆適中才會有最大樂趣。

你需要的不是困難挫折，而是遊戲樂趣。

讓我來告訴你一個所有外星聯盟都知道的事實，那就是地球上的人類有走極端的傾向，常常把人生遊戲搞得太難。那是因為人類一直有「克服困難很值得嘉獎」的觀念，其實快樂本身才是最有價值的。

當你把喜悅定為最高價值時，你自然會經歷難度適中、輕鬆快樂的人生事件，而不再需要接受那些造成痛苦掙扎的挑戰考驗了。

第61課
何期自性，本自清淨

關於真實本性，禪宗六祖慧能說過：

「何期自性本自清淨，何期自性本不動搖，何期自性本

自具足，何期自性本不生滅，何期自性能生萬法。」

此處分別解釋如下：

一、何期自性本自清淨：真實本性本來就是清淨光明的。這個清淨光明，並不是可能遭到染汙抹黑的清淨光明，而是本來一直就有的清淨。本來就一直普照的光明。

二、何期自性本不動搖：一切的眾生，由於顛倒幻覺，看到這個世界是無常變化的，其實所有眾生的真實本性都是毫不搖晃、如如不動的。

三、何期自性本自具足：真實本性原來就是圓滿具足的，沒有任何不足或缺少，不多一點，也不少一點。在佛的層面上，沒有增添了任何東西；在眾生的層面上，也沒有缺少了任何東西。

四、何期自性本不生滅：眾生有執著的錯覺，才有生有滅，真實本性原本就是不生不滅的。

五、何期自性能生萬法：萬法原來都是真實本性所生出來的，這真實本性包羅萬有。

六祖真正領悟到了真實本性的清淨無比、光明無邊。

為了讓你能直接感受到這清淨光明的真實本性，請你告訴你自己：「我將在無限的快樂中，逐漸清醒，明瞭原來我自己就是我自己命運的真正創造者。我只期待幸福快樂的來臨，並明白我的邀請必蒙首肯。只要我認同我的真實本性，就自然只會祈求幸福美事。所有的痛苦煩惱或挑戰考驗，對

PART
2
快樂練習
180課

我而言不再有一點用處了，我自然而然地不需要這些無聊的
掙扎遊戲了。」

第62課
我的心靈充滿寧靜安詳

今天是多麼寧靜安詳的一天，我周遭的一切平平安安地
各得其所，我在這寧靜的一天中，恍然領悟到其實我什麼都
不需要做，所有的困難幻相都早已被解決了，所有的快樂成
就都早已賜給了我，我只要接受承認這個事實就好了。

你在練習本課時，不需要動太多腦筋，只需好好享受心
靈的寧靜安詳。這種「寧靜享受練習」是有其必要性的，因
為我們受到外在環境的干擾，已經慢慢忘了純粹心靈的寧靜
安詳。

其實，單純的安詳心境就可以讓你得到至高的幸福快
樂。你根本不需要外在的顯赫成就，來使你得到尊嚴快感，
只是你已經遺忘這種能力很久了，你需要積極地練習來喚回
你的能力。

第63課
我是神的代言人

在你現在的觀念中，也許只有天使才有資格作為神的代言人。如果，現在神當面委託你這項任務，或許你會擔心自己不夠完美，代言的內容會有瑕疵。

事實上，你就是神的天使，只要你盡心盡力地去傳達「神愛世人」的福音（也就是神無條件慈愛我們的大好消息），那就是最美好的見證。

不必擔心自己的發言可能會有錯誤，你在目前層次的發言，將會對你周遭的親人、朋友和人群最有幫助，因為依照他們所處的環境，你的發言內容和轉譯方式將是他們最容易接受和理解的。就算你的發言內容不是最究竟圓滿的，也是最適合現況的。

沒有其他任何人能取代你的發言任務，你也無法取代別人的發言任務，你就是最適合自己當下的完美發言人。

為神發言的形式方法有很多種，不要只局限在語言、文字而已，你的一個友善關心的眼神微笑，你的默默祝福心念，都是在為神代言。任何人間天使的發言，不管是內容形式有多大不同，只要掌握「神無條件慈愛我們」的基本精神，都會幫助到一些有緣人。

你也不需要刻意地去說服別人，只要在適當的時機去自然表達。

領受你的神聖任務吧！全世界都需要你的聲音，需要你代表本源來發言，你就是神的代言人。你將衷心願意在這你自己所營造出來的世界中，成爲一個人間天使。

第64課
我一直都擁有永恆的真實本性

這世上有什麼是永恆的嗎？肉體嗎？財富嗎？珍寶嗎？大地嗎？日月嗎？星辰嗎？在我們眼前的世界裏，沒有任何東西是永恆的，都是如夢幻泡影、空中樓閣。

要知道這些變化無常的表面現象都只是你的幻想，世界的眞實本質是永恆完美的，是超越時間的，你的眞實本性是永恆的，一直都在你內，它不可能被毀滅，也無法被傷害。

我們無知的幻覺，只能暫時遮掩了我們自己，卻一點也無法減損它永恆燦爛的光芒，這眞實本性才是我們眞正的身分及根源。

第65課
我只需憶起認同愛的真實本性

一般人常認爲，不管是知識或者道德，都必須學習才能

得到。

　　但是「愛」無法靠著學習得到，「愛」是你的真實本性，你所能做到只是清除你遠離愛的幻覺。

　　如果你試圖列舉出「愛」的正面特質，例如關心、同情和助人，然後你很努力地去學習培養這些美德，你會發現，在你心中的其他錯誤觀念，會很容易開始去扭曲「愛」的原意。這在人類社會中有太多實例了，關心可能扭曲成干涉，同情助人可能扭曲成強迫別人。

　　現在人們應該開始改變原來的學習方式了，我們不要假設「愛需靠學習來增加」。而是要假設「愛就是本性」，只要你反覆地告訴自己這個事實，你自然會慢慢恢復對愛的真實本性的記憶。

第66課
本源希望我幸福快樂，
本源的心願也就是我的心願

　　我們在祈禱時，常會跟神說出我們自己的心願。現在你想像一下，假設現在神也說出祂自己的心願給你聽，那祂會說什麼呢？

　　神會說：「你要信服我，才能得到永生」嗎？

　　神會說：「你必須相信經典上的每字每句，才是我的好

孩子」嗎？

神會說：「你必須行公義，不然我要降大火在你身上」嗎？

神會說：「你要行善修德，我才能讓你進我的天國」嗎？

神會說：「你要拋棄世上一切，才有資格得到我的恩典」嗎？

神會說：「你必須斷絕慾望，才能脫離痛苦」嗎？

神會說：「你一定要消滅自我存在感，才能回到我這裏」嗎？

神會說：「你要做到真寬恕，才配得我的祝福」嗎？

不是，上面都不是神會說的話。

讓我告訴你一個最令人感動的事實，如果神會說出自己的心願，祂只會說一句話：「孩子，我只希望你幸福快樂！」

如果有人告訴你，你必須做些什麼來贏得神的愛時，那就只是他自己心目中的神愛，不要相信他。也許那是他對待自己和別人的愛的模式，但那絕不是神無條件的真愛。

本源只有一個心願，祂的心願就是希望你永遠幸福快樂，這也正是你自己的心願。本源並不願意高高在上地接受我們的服從崇拜。

我們必須先徹底認清本源的真實心願所在，不再用自己對本源的幻覺來混淆本源真正的心願。

第67課
我希望幸福快樂，我的心願也就是本源的心願

如果叫你現在列出有關你自己的心願時，你可能會寫下很多條。但如果你只能列出一個心願時，你就只會寫下「我希望幸福快樂」。

你所有的心願其實都可以總結成幸福快樂的心願。這才是你最深切的心願，不要被其他不重要的心願所迷惑，反而忘記了自己最重要的心願。

事實上，你除了幸福快樂的願望外，並沒有其他任何心願真正存在，痛苦恐懼都只是一個幻夢而已。

你希望幸福快樂，這也正是本源的心願。不要誤以為本源有其他的心願，祂的心願和你是完全一致的。

有人會問，「那為什麼我祈禱幸福快樂時，好像不太管用，神好像沒回應我？」

那是因為你心目中的神是可以控制你的心靈和環境的神，但那不是真正的神。真正的神是無條件給你神恩的神，但是你得自己清除幻覺以領受神恩。你可以與神一起清除幻覺，祂很樂意幫助你，但你必須親自動手。祂無法代替你清除幻覺，不然就干涉到你的自由意志。

第68課
我衷心感謝所有弟兄給我的禮物

所有的神子，都是你的弟兄，他們隨時都會給你美妙的種種禮物，也許是一個友善的微笑，也許是一句溫暖的言語，也許是一個善意的舉動。這些都要衷心地向他們致謝，感激之心會引領你到快樂的大道上。

所謂的弟兄們就是指你周遭所有的有情生命，其實他們一直都在給你許多可貴的禮物，只是你常常會忽略這些禮物，

本課的練習，將教你用感激的心情來虔誠領受弟兄們的美妙禮物。當你越感激他們時，你會發現他們會給你更多，然後你把得到的再給予出去，於是就形成一個快樂的良性循環。你和弟兄們的快樂就會越來越多，越來越多。

第69課
唯有認同我的真實本性，我才會完全自由

其實，世間一切純屬幻覺，和你的真實身分無關。你要全然認同這一點，才會得到完全的自由。

舉個例子，如果你穿了白衣服，街上有個人忽然向你大喊，我不喜歡你的黑衣服，你很可能不會太在意，只是覺

得那人有點精神錯亂，這是因爲，你覺得你明明穿的是白衣服，別人不喜歡的是根本不存在的黑衣服，這些和你無關。

同理，如果你能看出，別人的看法只是針對虛幻的你，和你的真實身分無關，那你自然會超然無畏、自由自在。

例如，如果家人覺得你很差勁，你可能會心情不好，因爲你認同了你在世間上的身分，你和家人在心中有一套什麼叫成功的價值標準，如果達不到這個標準，你就會感到壓力。

你可以這麼想，真正的我並不是在世上的我。真正的我如同白衣服，世上的我是黑衣服。別人不喜歡的是那不存在的黑衣服，別人會看到虛幻的黑衣服，那是他們自己的幻覺，與我無關，那不是真正的我。

第70課
不管我再如何努力，
都無法改變我的真實本性分毫

你的真實本性是宇宙間唯一的真實，不可能被消滅，也不可能被改變，不管你是如何努力地去忘記或攻擊，都絲毫改變不了你的真實本性。虛幻是不可能改變真實的。

有個很有名的禪宗故事，南北朝時，禪宗傳到了第五祖弘忍大師，他的弟子五百多人中以大弟子神秀最孚人望。弘

忍想要在弟子中尋找一個繼承人，他就對徒弟們說，大家都做一首禪詩，誰做得好就傳衣缽給誰。

於是神秀就在院牆上寫了一首禪詩：「身是菩提樹，心為明鏡台。時時勤拂拭，勿使惹塵埃。」這首禪詩的意思是，要時時刻刻的去照料身心，並通過不斷的修行，來努力抵抗外面的誘惑和邪惡。弘忍看了禪詩以後覺得神秀還沒有頓悟。

後來在廚房工作的慧能禪師聽到了。慧能是個文盲，他不識字。他聽別人說了神秀的禪詩，就說這還沒有領悟到真理，於是他請別人把自己的禪詩，寫在了神秀禪詩的旁邊：「菩提本無樹，明鏡亦非台，本來無一物，何處惹塵埃。」這正符合契合禪宗的頓悟理念。於是六祖弘忍就傳衣缽給六祖慧能。

六祖慧能真正領悟到，一切有為法都是虛幻，本來無一物，又那裏可以沾上塵埃？而這永不可能被改變的清淨空性，就是我們的真實自性，虛幻是不可能改變真實的，不管再努力也無法改變分毫。

第71課
我百害不侵的真實本性，
使我不可能受到任何傷害

　　你現在感覺到受傷害嗎？如果你感到了受傷害，那表示你還沒完全認同你百害不侵的真實本性。

　　人習慣把受到傷害的過錯，歸罪到外界或別人，於是就產生了被害者的幻覺，或者被別人陷害，或者被病魔纏身，或者成為天災意外的犧牲品。

　　其實，一切的傷害性事件的根本源頭，並不是來自於外界，而是來自於你忘記了你的本性。

　　有人問：「如果我認同我的真實本性，那我就真的會刀槍不入嗎？」

　　其實，「刀槍不入」只是一種誤解。當你認同你的真實本性時，一些足以傷害你的事件將變得很難發生，說一句通俗的話，你會鴻運當頭、災禍遠離，就算是發生了在你身上，你也不會有被傷害的感覺，只會超然處之。這樣神奇的法門，是不是勾起了你一點興趣啊？

　　事實上，只有百害不侵才是你真正的存在境界，因為本源只會賜給你無限的幸福。你只要認同接受你百害不侵的真實本性，就使你不可能受到任何傷害。

　　重點是你必須透過抄寫、默念或出聲念來反覆提醒自己認同這個真理，那你才會感到效果。否則日常生活中有這麼

多「人很容易變成受害者」的不實訊息，你早就被這些不實訊息給徹底洗腦了。

第72課
我不需要憤怒或恐懼的藉口，
上天一直關愛支持著我

上天祢一直都在我的身邊，我絕非孤孤單單，，因為上天的慈愛環繞著我，上天的大能支持著我，我除了分享上天祢的快樂神威外，我那有任何藉口來憤怒或恐懼，環繞著我的，正是最堅固完美的保障。

我要清楚地領悟到一個真理：「所有的憤怒或恐懼都只是藉口，毫無例外」，只要我感到一絲絲憤怒或恐懼，那就代表我忘記了神的慈愛。

絕不可能有任何憤怒或恐懼，可以引領我到真正快樂的天堂。

| 課程五 | 交託

第73課
全宇宙都是無條件慈愛、無限支持、
無限神威和無限寬容的

宇宙的真實本性是無條件慈愛、無限支持、無限神威和無限寬容的。我們對宇宙之神是冷漠旁觀者的看法，其實是一種錯誤的幻覺。

無條件慈愛就是神慈愛的本質，祂一直在慈愛保護著我們，只不過我們並不自知；無限支持就是神會盡力滿足我們的願望，祂賜給我們自由選擇的無上權利；無限神威就是神已將其無上大能賜給了我們；無限寬容就是神會寬容諒解我們一切的行為。

宇宙之神就好像微笑寬容的父母，已經將我們安置在絕對安全的環境中，並且鼓勵我們地盡情玩耍，不要自尋煩惱。祂不會要求我們一定要放下玩具，跟祂回家。就如同當我們的小孩在絕對安全的環境中時，他們在玩什麼捉迷藏或扮鬼嚇人的遊戲時。我們也只會微笑地看著他們玩耍，甚至鼓勵他們玩開心一點，只會偶爾提醒他們不要將遊戲太當真了。

有人會說，如果神如此無條件地慈愛，那不就可以為非

作歹了嗎？問題是，當你爲非作歹時，也就是你創造了和上帝分離的錯覺時，你因此將感受到恐懼不安、痛苦掙扎的種種幻覺。

第74課
我要放手交託給本源，讓祂來引導方向

這世界只是一場幻夢，當你發現在這幻夢中，依然有本源的眞實引導，那麼你自然會誠心交託給本源，讓祂來引導方向。我們在這重重幻相中，需要一位本源導師來幫助我們。

我們小小的頭腦能夠理解判斷的範圍實在是有限的，只有生命本源才有最高智慧，也才有資格做我們的嚮導。

人常會後悔過去，但過去是虛幻的，力量就在當下，後悔過去只會減弱當下的力量。人也常擔心自己的做法是否正確，或者害怕因爲沒行動而誤事，其實只要盡己就好，剩下的就交託給上天了，這就是所謂的盡人事而聽天命。所謂的聽天命並不是聽從宿命，而是交託給最高智慧的生命本源。

本源值得你完全地信賴交託。

你的小我是靠不住的。有多少東西是小我能夠預料和控制的？你的小我很難做到面面俱到，更難保證解決問題。不論在何時何地，你的大我，也就是生命的本源，才是你可以

完全信賴交託的力量，因爲本源是絕對無條件慈愛的，本源無條件支持你的平安喜樂，本源保證了你的終極幸福。

交託的方法很簡單，就只是一個小小的願心而已，你只要虔誠默念「我要放手交託給本源，讓祂來引導方向。」這句話，就已經完成了交託動作。接下來你只要留意本源給你的指引線索，讓你感覺最寬恕快樂的一切就是你的指引線索。

本源啊，今天我願把一切都放手交託給你，因爲我知道你是無限平安喜樂的最終源頭，我只要盡好我的寬恕快樂的天職就好了。

第75課
我只願追隨本源的指引

生命本源是最慈愛的，也是最智慧的，祂是我們生命方向的最佳嚮導。我們常會因爲理性肉眼的狹窄性而懷疑本源的指引，甚至還誤入歧途。

舉例來說，也許你正面臨事業選擇的轉捩點，於是你虔誠交託給本源，由祂來引導方向，接著你向內心搜尋本源的指引線索，其中有一個工作待遇較好較穩定，但是你不太喜歡這種重複無聊的工作。而第二個工作一開始待遇較差較不穩定，但其待遇足以生活，並且可以讓你非常開心。綜合來

151

看，如果你追隨本源的指引，你應該選擇讓你開心的工作，但因為你害怕第二個工作會有失業風險，所以你勉強選擇第一個工作，結果第二個工作未來將使你大展所長，你就錯失了一個大好機會。

　　其實，本源的指引常常會超過我們現在肉眼能看到的範圍，再舉個例子，你到了一個陌生的地方去旅行，想要開車渡過一條河，卻親眼看到渡河的唯一一座橋被大水沖毀，這時如果當地嚮導還是叫你開車準備出發渡河，你可能會很懷疑那個嚮導，沒想到嚮導引領你到另一個你原先沒看到的地下隧道來順利渡河。本源就是我們生命的最佳嚮導，祂的指引最值得我們信賴追隨，因為本源就是那圓滿快樂的終極保證。

　　有時我們會因為看不到立即的希望而對本源的指引失去信心，但是越在這種處境下，我們就越需要本源的協助，越需要絕對的信心。

　　宋朝著名詩人陸游在《遊山西村》一詩中，有句名言「山重水複疑無路，柳暗花明又一村」，當我們在肉眼可見的範圍內似乎看不到轉機時，本源已經為你安排好了豁然開朗的新天地。

第76課
神早已經應允了我的每個祈求

神既然已經承諾傾聽我每個祈求，祂就一定會親自答覆，我每個祈求溫情、友善、慈愛、自在、輕鬆、自由、快樂、價值、成就的種種願望，都必然實現。不要太在意執著於外在的具體實現形式，重點是你內心幸福快樂的感受。

神其實早已經應允你的每個祈求，只不過你可能還封閉著自己，當你能感到幸福快樂時，你就是已經能開放自己來接受神的應允。

耶穌在路加福音中曾說：

11：9　　我又告訴你們，你們祈求就給你們。尋找就尋見。叩門，就給你們開門。

11：10　因為凡祈求的就得著。尋找的就尋見。叩門的就給他開門。

17：5　　使徒對主說，求主加增我們的信心。

17：6　　主說，你們若有信心像一粒芥菜種，就是對這棵桑樹說，你要拔起根來栽在海裏，他也必聽從你們。

耶穌在馬可福音中也曾說：

11：23　我實在告訴你們，無論何人對這座山說，你挪開此地投在海裏。他心裏若不疑惑，只信他所

PART
2
快樂練習
180課

153

說的必成，就必給他成了。

11：24　　所以我告訴你們，凡你們禱告祈求的，無論是什麼，只要信是得著的，就必得著。

　　我們對神要有絕對的信心，因為神就是我們無限慈愛的生命本源。

｜課程六｜修心

第77課
我要選擇當下最適合自己的修法

　　你不要勉強自己去運用任何一種修法，各種修法之間，沒有什麼好壞之分，只有適合不適合的問題。有多少個生命就會有多少個修法，不可能有兩種完全相同的修法，而每個生命合適自己的修法本身也是隨時在調整改變的。

　　有些修法，乍看起來是完全相反的，卻各自適合不同的人。這就好比近視的人需要用凹透鏡來矯正，遠視的人需要用凸透鏡來矯正，而每個人的度數深淺也有所不同，不應該要求大家戴同一種眼鏡來矯正視力，同樣道理，每個人心態的扭曲執著情況都各不相同，所以應該要有各自不同的修

法，來修正心態。這個道理是非常重要的，但也是很容易被誤解的。許多人還是很希望找到一個普世適用的修法，但這不但不宜，而且有害。

你應該去選擇當下最適合自己的修法，別人的修法只能做為觸發提示，適合別人的修法不見得適合你。

第78課
萬物都是我自己想像出來的影像

我們平常所謂的看見，只不過是將自己想出來的想法，呈現出某種影像，並在四周找出支持的證據，那不是真正的看。而只是在想像。

有一個老人坐在進城的路口旁休息，這時有一個陌生人想要進城，就問那個老人：「老人家，我正在考慮要搬進這城裏住，不知城裏的居民大多是怎樣的人呢？」老人問道：「你之前居住城市居民又是怎樣的人呢？」，陌生人答道：「他們大多是很難相處的人，讓我感到很不愉快。」，老人回答：「這城裏的居民也大多是這樣的人。」

過了一會兒，又有一個陌生人想要進城，也同樣問老人：「老人家，我正在考慮要搬進這城裏住，不知城裏的居民大多是怎樣的人呢？」老人又問道：「你之前居住城市居民又是怎樣的人呢？」，陌生人答道：「他們大多是很好相

處的人，要不是我工作上的原因，我真捨不得離開。」，老
人回答：「這城裏的居民也大多是這樣的人。」

　　這世上最大的奧祕就是，所謂的外在的萬物環境，都忠
實反映你內心中的想像，萬物都是你自己想像出來的影像，
當你改變自己的觀點想法時，你會發現周遭的人物環境也會
跟著改變。

第79課
我的思想沒有一個是沒有效力的

　　你所看到的一切事物，都是你自己想法所形成的後果。
沒有任何一個思想不產生效力。你的每個念頭，不是迎向快
樂，就是擁抱痛苦，恐懼的念頭雖然好似有破壞力，但仍然
是虛幻不實的，唯一真實的只有慈愛的本性。

　　其實，你到底做什麼事或發生什麼事並不重要，重要
的是你的念頭動機，重要的是你如何看待別人及所發生的事
件。這些思想將會成為後續事件發展的重要決定性關鍵。

　　舉例來說，假設有一件麻煩事忽然發生，如果你以恐懼
的心態面對，則事情的解決常會不太順利。反之，如果你用
盡己就好，坦然無畏的心態面對，則事情常會自然轉變到較
佳方向。

　　你的所思所想不只影響你自己而已，實際上心靈是相通

的，影響了你自己，也影響到了別人。例如，在觀看電視、接收資訊和與人相處時，我們對人對事的不滿、抱怨和不屑等心態的影響力是很大的，雖然可能只是心中想想，未付諸不良行動，卻影響深遠，足以改變人生命運。你最好能常留意自己的思想心態，以自然流露出符合生命真理的正見。

▌第80課
▌只有心靈的治癒，才能算是真正的治療

世上所謂的治癒是指找到有用的藥方來治好身體，然而，病人並未完全治癒，他只是夢見自己的身體生病，又在夢中恢復了健康，那只是不同的夢境而已，他的心靈並未完全覺醒。

寬恕寬容才是心靈治療的真正藥方，寬恕寬容將導向幸福美夢，然後心靈將從睡夢中緩緩甦醒，夢境從此一去不返，這才是真正的治療。

一般人都太忽視治癒心靈的重要性，他們會這樣想，「我的心理很健康，又不是精神病人，何必接受心靈治癒？」但是，請你思考一下，你所謂的心靈健康的標準是不是太低了？我們常會遇到的煩惱、憤怒和恐懼，也許在這個人世間很正常，但難道就沒辦法更加快樂嗎？

從前漢朝西南邊境有一個小國叫夜郎，這個國家只有漢

PART
2
快樂練習
180課

朝的一個縣那麼大，但卻因沒見過世面，自己以為已經很大了，結果漢朝使者來看夜郎國王時，他第一句話就問「漢朝會比夜郎國大嗎？」，結果差點讓使者笑死，這也是「夜郎自大」成語的典故。

我們也不要覺得夜郎國王很可笑，在先進的外星心靈文明看來，或許我們心靈文明的程度還很差，人類所謂心靈健康標準可能也算是偏低的。重點是我們要先了解到自己的心靈需要治癒。

心靈若能明白疾病只是一場夢而已，就能使身體輕鬆康復，但我們真正想要的是心靈的治癒和甦醒。

第81課
我有掌管心靈的責任，也只有我才有權掌管

我們的心靈是由我們自己掌管的，不受外在環境的影響，外在環境之所以好像會影響我們的心情，是因為我們對外在環境有錯誤的信念，誤以為外在環境具有支配你心情的力量，其實唯一掌管你心靈的權力是在你自己手上。

也許你會問，如果我們具有支配自己心情的力量，那為什麼又常會感到無能為力，被外在環境搞得心情很不爽呢？

這個答案就在於「習慣」兩個字，人類數千年來，所習慣的觀念模式，都是「人很容易被外在環境影響」，在經

過長時間根深蒂固的文化薰陶下，很少人會思考一下，是否有讓心靈重新當家作主的可能性。就算有少數像佛法這樣敢重新思考的言論出現，也常會被一些錯誤觀念或老舊模式污染，以致於大多數人還是找不到出路。

那麼，要如何才能「修正不良的習慣心態」呢？，答案很簡單，那就是重複練習以加強正確的心態。我可以明白告訴你，如果只坐在那兒看看書籍、談玄論道或研究哲理，都是不可能對你有實際幫助的。

今天，就請你運用重複練習的方法，好好地把本書的觀念深深印入你的心中。

第82課
我的身體完全聽從我的意願

我們的身體本身是無善無惡也無罪的，完全為我們所用，身體是完全中性的，中性之物不會死亡，只因為恐懼的信念，才會造成生老病死的現象。

科學家曾經做了一個實驗，在兩個房間內，各安排了10名受試者。在第一個房間中，9名受試者吃下高強度興奮劑，1名受試者吃下高強度鎮靜劑，然後告訴受試者他們吃的全是高強度興奮劑。在第二個房間中，9名受試者吃下高強度鎮靜劑，1名受試者吃下高強度興奮劑，然後告訴受試者他們吃的

全是高強度鎮靜劑。實驗結果顯示，第一個房間中那1名吃下高強度鎮靜劑的試用者，不但沒有鎮靜劑應有的反應，反而與其他9名吃下高強度興奮劑的受試者一樣地高度興奮。而第二個房間中那1名吃下高強度興奮劑的受試者，不但沒有興奮劑應有的反應，反而與其他9名吃下高強度鎮靜劑的受試者一樣地迷睡很久。

由此可知，信念意願對身體的影響是很大的。

第83課
只有我的心念才可能讓我產生被傷害的幻覺

本源對我們是無限慈愛的，如果我們感到了痛苦、沮喪、壓力、擔心、恐懼，那只表示我們暫時忘了我們平安喜樂的真實本性。我們不可能受到任何真正傷害，只可能由我們自己的心念產生好像被傷害的幻覺。

第84課
我不再害怕檢視自己內心了

那不變的真理，無限的喜悅，就在你的內心深處，你不需要害怕自己內心的任何念頭，不需恐懼自己內在的真相，

因為你的眞實本性就是無限自由、無限神威和無限純淨的我。

也許你會說，我才不會害怕檢視自己內心！但是請你捫心自問，你願不願意常常去檢討自己內心的各種舊有信念呢？你願不願意嘗試接受嶄新的信念呢？你必須要有強烈的決心毅力，才能讓你告別過去的錯誤信念。

第85課
只有我的心念才可能讓我產生被威脅的幻覺

在這世上，沒有任何人任何事可以恐嚇到你，可以嚇到你，你不可能受到任何威脅，你事實上就在完美的保障中，只有你自己的胡思亂想才會產生好像被威脅的幻覺。

| 課程七 | 尊重生命、避免痛苦煩惱

第86課
我不是因為我所認為的藉口而煩心

人常常會因為自己認為的藉口而煩惱，其實那些煩惱都

是因爲自己一時想不開而形成的，我們只要放開心胸，承認煩惱都是來自自己的藉口，那麼就會發現，煩惱本身只是虛幻。

請你再重複思考一次這個觀念，你所有的外在煩惱原因，都只是你的藉口，你之所會煩惱，只是你誤以爲外界會使你煩惱。

第87課
我不是受害者

你是完全自由的，你的內在心靈才是外在世界的成因，你不可能是眼前這個虛幻世界的受害者，沒有一件事會不經你的潛意識同意而發生。只是你對所發生事件的錯誤幻覺解讀，常常會讓你有受害的感覺，其實每個事件都隱含著絕佳的機會，當你能訓練自己辨認出事件背後的超妙契機後，喜悅感就會源源湧入。

也許有人會覺得重複「我不是受害者」這句話有點傻，但是這句話正是你得救的重要關鍵。人就是因爲「受害者意識」才會產生無力感。

當你生病時，你會覺得自己是病魔的受害者。

當你走霉運時，你會覺得自己是命運的受害者。

當你被環境影響時，你會覺得自己是大環境的受害者。

當你覺得沒別人聰明美貌時，你會覺得自己是遺傳基因的受害者。

甚至當你禱告無效時，你也會怨恨上天在跟你作對。

你可以找到成千上萬的加害者，但你卻從來沒認真思考過，這些都不是你不幸的元凶，真正的元凶正是你的「受害者意識」。

你懷疑這個真理嗎？沒關係，懷疑是很正常的，就算是福爾摩斯大偵探，也很難猜測到這狡猾的元凶。你只要願意開始調查真相，用「我不是受害者」這句話來讓「受害者意識」這個元凶無所藏匿，他自然就會原形畢露了。

你如果再繼續亂找其他凶手，不願給真相一個機會，讓真凶逍遙法外，那不管你再如何積極努力，就還是會不斷發生各種令你煩心的案件了。

第88課
沒什麼可以讓我害怕的

害怕只會在幻覺世界中發生，真理世界是全然安全的，我們其實一直身處在保障幸福的真理世界中，只不過我們的幻覺遮掩了這個事實，讓我們有時產生了害怕的幻覺，其實根本沒有什麼可以讓我們害怕的。

我們不只不需害怕外界事物的變化，就算是「害怕」

這種內心情緒，也沒什麼好怕的，我們完全不需要恐懼負面情緒。也許你在感到自己有負面情緒時，會緊張、害怕或自責，恐懼自己是不是有憂鬱症，或是責備自己還無法超脫等，但是這些想法反而會讓自己更不快樂。我們心中應該抱持著，「就算得到憂鬱症也無所謂，就算我實在想不開又如何」的自然輕鬆的心態，這才是真正的大無畏。

第89課
我選擇以尊重生命為最高準則

我們可以選擇以尊重生命為最高準則，盡力避免自己和其他生命的痛苦煩惱。尊重生命包含兩個方面，一是尊重其他生命，二是尊重自己。兩個方面都同等重要。

一、尊重其他生命是指盡力不要給其他生命帶來強迫、麻煩或痛苦，並幫助其他生命脫離痛苦。孔子說過，「己所不欲，勿施於人。」意思就是說，「自己所不喜歡的，就不要強加給別人」，這正是尊重生命的真諦。

二、尊重自己是指盡力不要自尋煩惱、強迫自己或傷害自己。

人類歷史常常會以各種冠冕堂皇的藉口來殘害生命，如果人類不真心誠意以尊重生命為最高準則，則戰爭不可能中止。

這裏就有很好的實例，季康子問政於孔子：「如殺無道，以就有道，何如？」孔子回答：「子為政，焉用殺？子欲善而民善矣。君子之德，風；小人之德，草。草上之風，必偃。」

其白話翻譯就是，季康子問孔子如何治理政事，說：「如果殺掉無道的人來成全有道的人，怎麼樣？」孔子說：「您治理政事，那裏用得著殺戮的手段呢？您只要想行善，老百姓也會跟著行善。在位者的品德好比風，在下的人的品德好比草，風吹到草上，草就必定跟著倒。」

季康子想找藉口殺人，孔子卻主張尊重生命並反對殺人，他主張以「德政」為本。在上位的人只要善理政事，百姓就不會犯上作亂。

第90課
我熱愛溫情友善

溫情友善是你能給自己和別人的最好禮物。熱愛溫情友善吧！更加熱愛溫情友善吧！當你全心全力熱愛溫情友善這件事時，你才能像太陽一樣普照出溫暖的光芒。

有個失意的人到朋友家做客來尋求慰藉，朋友取了一些茶葉，然後加入冷水泡茶來請客人喝茶，客人問道：「你怎麼用冷水泡茶？」。於是朋友改用溫水泡茶，客人說「溫水

泡茶，茶香還是無法洋溢。」最後朋友就燒了一壺沸水來泡茶，於是滿室四溢這陣陣茶香。朋友告訴客人：「當你的心中充滿真誠的熱情時，才會芳香四溢。」

人類是很容易被熱情感染的動物，就算是虛偽的熱情，也可以吸引到許多支持者。所以有很多騙子，還是會有死忠的擁護者，只不過依照生命定律，欺騙別人者，最終結果還是會不好。

我們要用真誠的熱情來幫助別人，不要用虛偽的熱情來欺騙別人。

第91課
我帶不走這世界上的虛幻之物

你對生命的品質要求，其實標準過低，如果你只是追求世上短暫虛幻的珠寶財富或功成名就，那你並非在追求真正的幸福美滿，因為當你有一天離開這個世間時，你什麼也帶不走。

具有真實價值的東西，是具有永恆特性的，不會因時空變化而變成毫無價值，所有會因時空流轉而喪失價值的東西都只是一些外表好看的表面形式。我們最具價值的寶物就是我們內在那圓滿的心靈本性。

不要執著於表面形式，但也不要刻意壓抑自己的慾望。

你可以將塵世上的虛幻寶物，視爲一些可愛的玩具，儘量去玩也無妨，但不要過於重視執著。

第92課
過度防衛來自於害怕自己成為受害者

當人感到自己受到外境威脅時，常會合理化由過度防衛心理所造成的反擊行爲。

正當防衛的確是有必要的，但人常常會因爲內心的恐懼而變成過度防衛，這個恐懼來自於相信自己會成爲被攻擊的受害者，其實，我們能夠從心靈層面自由選擇不成爲受害者，過度防衛不過反映了自己的恐懼。

讓我們假想一下，先不必假設大家都能夠積極愛人助人，而是只假設每個人都不再有成爲受害者的恐懼了，知道自己可以完全掌握命運，不怕沒錢、不怕餓死、不怕被攻擊、不怕被輕視、不怕沒成就、不怕沒人愛，那世上是否還可能存在戰爭與暴力呢？世上絕大多數的暴力攻擊的最深沉原因，就是來自於害怕自己成爲受害者的過度防衛行爲。

害怕沒錢，所以去搶劫。

害怕被攻擊，所以先用暴力攻擊人。

害怕被輕視，所以瘋狂地發洩怨氣。

害怕沒成就，所以不擇手段算計人。

167

害怕沒人愛，所以死纏侵犯他人。

人類只要先學會不要過度防衛，就足以開創和平新局了。

第93課
疾病本身來自於相信自己的身體是脆弱的

身體本身並不是脆弱的，它可以自己照料自己，它不需要複雜的防衛措施或保健藥品。

當你開始恐懼自己的身體可能成為被病毒、細菌或腫瘤攻擊的受害者時，就會產生疾病。

以生物學來看，我們的身體設計很是巧妙，具有很強的自我治療機制。身體隨時都會面對病毒和細菌，也都自然會產生一些腫瘤細胞。但是身體本身有免疫系統，也有清除腫瘤細胞的能力。只有當你的抵抗力減弱時，病毒、細菌或腫瘤才有擴大地盤的機會。恐懼和壓力本身就會大幅降低身體的抵抗力。

身體本來是不需要任何保護的，只要你不要過度使用這個身體，它自然會運作良好，當你相信身體是脆弱而需要防衛時，你正開啟了疾病的可能性。

幸運心靈學 180課

第94課
我最大的保障來自於領悟到不需過度防衛

　　過度防衛本身其實正是另一種形式的威脅，因爲它加深了受害者心中的被害恐懼，而正是這恐懼才吸引了那些威脅事件。當你受到攻擊時，你可能會過度防衛，而這過度防衛卻又吸引了更多攻擊，冤冤相報，沒完沒了。

　　不需要過度防衛才是最大的力量，因爲不過度防衛代表自己對不可能受到攻擊的充分信心，這信心將使那些威脅自然消失得無影無蹤。

第95課
我可以創造所需的一切，
但又不必為此傷害自己或別人

　　在人類限制性的想法中，常有資源有限，必須和別人爭搶的觀念。其實，宇宙資源是無限的，當人們徹底改變觀念時，就自然會發現新資源、新機會或新科技來創造我們所需要的一切。

　　覺得資源稀少、必須不擇手段爭搶的想法本身就是一個惡性循環。首先，由於資源稀少的信念，就會造成資源稀少的事實。相信資源稀少的人是不會積極去開發新資源的。再

者，不擇手段的做法，短期看來也許有效，但長期必會引起惡果。到最後是害了別人，也害了自己。

我們不需要靠著傷害自己或別人，來得到自己所需要的東西。宇宙是支持全贏局面的。

第96課
我已經忘記何謂恐懼

恐懼是來自於你忘記了「其實你一直都安居在天堂家中」的事實。當你真正回憶認同起「你早已安居天堂家中」的真相後，恐懼自然就被徹底遺忘了。

當我們把恐懼視為害我們心情不好的壞東西時，恐懼就尚未完全遠離。當我們完全忘了何謂恐懼時，恐懼就真正消失了。

本課的練習句子是有其深義的。

如果本課的練習句子說：「我已戰勝恐懼。」，則仍然把恐懼視為敵人，就有可能越對抗，敵人越強大。

如果本課的練習句子說：「我將會忘記何謂恐懼。」，那就是把力量寄託到未來，無法發揮當下的威力。

只有練習說：「我已經忘記何謂恐懼。」才是能在當下消融恐懼於無形的最高心法。

古代俠士在練功時，總是希望找到絕世武功的最高心法

祕笈，本書就是爲您準備了有關快樂幸運的最高心法祕笈。

第97課
暴力沒有藉口，我的心中沒有暴力

當你因防衛過當而使用藉口來暴力攻擊別人時，就等於表示，你相信傷害別人會使你得到安全的保障，但這是極其神智不清的瘋狂觀念。

鐵一般的宇宙神律告訴我們的是，暴力只會餵養恐懼，暴力只會導向更多的暴力，因爲生命是一體不可分的，當你攻擊別人時，其實就在攻擊自己。

在我們人類目前的價值系統中，會覺得爲了消滅邪惡，暴力有時是必要的。人們使用暴力最常用的藉口就是自我防衛，正當防衛的確是合理的，但是人類卻經常是過度防衛。

人們會強烈譴責爲了滿足私慾而產生的暴力行爲，卻可以容忍以正義信仰爲藉口的暴力行爲，這實在是嚴重錯誤，導致了所有使用暴力者都編造了冠冕堂皇的理由。

其實，最清晰的眞理是，暴力是沒有任何藉口的，只要有一絲絲容忍暴力反擊的心態，都會製造出無窮無盡的暴力事件。

可笑的是，人們一直在奇怪爲何地球上的戰爭衝突、恐怖攻擊和刑事案件層出不窮，卻不曉得就是自己在姑息容忍

171

暴力的存在。

人們現在對於暴力事件看法的心中潛臺詞就是：「我容忍自己使用暴力，但我又希望世界上沒有暴力。」這種想法實在是互相矛盾的，你想想看，如果大家都容忍自己使用暴力，世界上怎麼可能會沒有暴力？

所以，不要再相信「暴力有藉口」的這種謊言了。就是這種謊言才使得地球上沒有和平。

今天，你要學習的最高真理就是「暴力沒有藉口，我的心中沒有暴力。」

第98課
所有恐懼都是毫無用處的，一點用也沒有

恐懼本身就是一場騙局，本源的真實世界具有絕對的安全保障，毫無恐懼的必要，恐懼只是我們內心產生的不安全幻覺，我們忘記了上天自然會照料一切我們所需，所有恐懼都是毫無用處的，一點用也沒有。

我們之所以會恐懼，是誤以為恐懼是有價值的。我們認為恐懼可以讓我們增加控制和避免危險，卻不信任上天早已經確保我們安全無虞了。也許小心防範危險是合理務實的，但要知道謹慎態度和恐懼情緒是截然不同的。

謹慎態度是合宜的，但恐懼情緒必然是成事不足、敗事

有餘的。

第99課
世界對我而言全都是安全無虞的地方

　　我們當下就在上天的無限慈愛的懷抱中，安全無虞，全然幸福。一切的危險，都只是我們產生的幻覺。我們只要自然處理應當注意的事情，其他的就不需過度擔心害怕。

　　我們不需要害怕危險，但也不是忽略危險，我們只需要盡力去防範處理危險，其餘的就交託給上天了。

　　這世界的本質本來是絕對安全友善的，不需任何心理上的防衛盔甲。但是由於每個人的不同執著，就會產生各種恐懼危險的幻覺，並執著於要戴上特定的防衛盔甲。

　　一、對執著於「俗世慾望」的人，將恐懼「無法滿足慾望」的危險。因此，執著「錢財」的人會把「累積財富」視為防衛盔甲。

　　二、對執著於「斷絕慾望」的人，將恐懼「慾望誘惑」的危險。因此，執著「隔離人群」的人會把「閉關修行」視為防衛盔甲。

　　三、對執著於「膨脹自我」的人，將恐懼「自我受損」的危險。因此，執著「名聲」的人會把「維護名聲」視為防衛盔甲。

四、對執著於「消滅自我」的人，將恐懼「無法回歸上
　　主」的危險。因此，執著「自我很危險」的人會把
　　「只要上主」視爲防衛盔甲。

　　總而言之，不管是形形色色的那一種執著，只要放不下
心理上的防衛盔甲，就無法遠離恐懼，得大自在。

第100課
凡是一切會受苦的，全是虛幻，
都不是我真正的自己

　　受苦本身只不過是一大幻覺，我眞正的自己是永恆的平
安喜樂，不可能感到一絲痛楚，這正是本源最偉大的救恩。
每當我感到一丁點不適時，我就是偏離了最眞實的我，每當
我追隨喜悅快樂時，我就是更接近了眞正的自己。

第101課
所有的內疚罪惡感和不滿抱怨，都是虛幻不實的

　　我們心中的一切對自己和別人的內疚罪惡感和不滿抱
怨，其實根本都是自己想不開而妄造出來的。

　　我們常會因自己做的不夠完美而產生內疚，但這是自

尋煩惱。我們也常會怪罪別人的過失，但這也是完全沒必要的。

這些內疚罪惡感和不滿抱怨都是虛幻不實的，都只是我們心中的幻覺，唯一真實的是均為圓滿美好的世界真相，只不過我們暫時忘記了這個美好事實。

第102課
除了丟棄恐懼痛苦外，我不會有任何的犧牲損失

本源並不要求我們犧牲任何東西，祂只希望我們自在快樂，凡是有要求犧牲的必然不是出自於本源，而只是來自於錯誤的幻覺。

本源只希望我們丟棄所有的恐懼痛苦及哀傷失落。只要我們放下所有的自尋煩惱和想不開，我們就已經不受幻覺所蒙蔽了，我們將重獲極樂，因為恐懼和痛苦都已消逝，只有慈愛喜樂永存。

讓我們再重述一下本課的觀念，我們只需要丟棄恐懼和痛苦，而不需要刻意去犧牲損失。

第103課
神不可能要求犧牲

犧牲一物，以換取另一物，那是小我的錯誤信念。神的鐵律是：「你可以不需付出任何代價，就可以白白得到無上的平安喜樂。」在地球人類現在的觀念中，犧牲是很有價值的。

1. 犧牲快樂，得到成功。人們認為這叫有抱負。
2. 犧牲自己，成全別人。人們認為這叫有情義。
3. 犧牲生命，守護家園。人們認為這叫有氣節。
4. 犧牲一切，追求真神。人們認為這叫有信仰。
5. 犧牲世俗，修煉真理。人們認為這叫有仙骨。
6. 犧牲慾望，返璞歸真。人們認為這叫有覺悟。
7. 犧牲小我，回歸上主。人們認為這叫有靈性。

反正只要是犧牲的，大家基本上都一片叫好。如果你跟大家說犧牲是沒必要的，別人就會給你扣上「自私自利」或「不思長進」的大帽子。

那麼，犧牲究竟是好事還是壞事呢？其實，最圓滿的做法，應該是不需犧牲、達成雙贏。而不是無奈地犧牲一些好東西，來換取另一些好東西。當然，我們更不應該「自私自利」或「不思長進」。

讓我們再重新反思一些上面的觀點：

1. 難道一定要犧牲快樂，才能得到成功嗎？

2.難道一定要犧牲自己，才能成全別人嗎？

3.難道一定要犧牲生命，才能守護家園嗎？

4.難道一定要犧牲一切，才能追求眞神嗎？

5.難道一定要犧牲世俗，才能修煉眞理嗎？

6.難道一定要犧牲慾望，才能返璞歸眞嗎？

7.難道一定要犧牲小我，才能回歸上主嗎？

也許你會辯解說，可是現實大多數狀況都難以兩全，所以才需要大家的各種犧牲啊！

錯！錯！錯！事實上，就是因爲大家潛意識中覺得世間的好東西是稀少的，犧牲是有必要的，才會創造了這個充滿犧牲情節以換取另一個好東西的現實世界。當大家的潛意識信念，積極尋求圓滿雙贏的各種可能性時，我們就會創造出皆大歡喜的天堂。

人們一旦高舉犧牲的光榮意義，就可能會有恐怖主義者，以信仰爲名，來犧牲自己與你同歸於盡。這就是犧牲信念的可怕之處。

第104課
我永遠不會再傷害自己了

本源所創造的自性是不可能受苦的，我們感到痛苦的唯一原因是來於自尋煩惱、傷害自己的幻覺。願我們當下就接

下這喜樂寬恕的唯一使命，永遠不再用無謂的幻覺來傷害自己了。

你也許會有個疑問，「有誰會願意傷害自己啊？」。但是我明白告訴你，跟傷害別人比起來，人們往往是傷害自己更為嚴重：

1. 如果你想不開、杞人憂天、自尋煩惱，那你就是在傷害自己。
2. 如果你自我苛責，那你就是在傷害自己。
3. 如果你誤以為必須犧牲，那你就是在傷害自己。
4. 如果你把世俗的成功價值觀，看得比自己還重要，那你就是在傷害自己。
5. 如果你無法寬恕自己，那你就是在傷害自己。
6. 如果你勉強自己去順從別人的意願，那你就是在傷害自己。

一旦所有的人都不再傷害自己，那人間樂土就會自然出現。

第105課
我當下就可以立刻從痛苦中解脫

神啊，感謝祢賜給我當下這神聖的一刻，祢的神子當下就必得救，因為他會聽見真理的聲音，引導他經由快樂及寬

恕之路，而從一切恐懼及痛苦中解脫。我誕生在世上，就是為了這無上自由喜樂的這刻到來，現在，世界只容得下喜樂和感恩，現在，所有人都已經得救了，現在，沒有人活在恐懼之下，所有人都在慈愛極樂的天堂中清醒過來了。

第106課
不需任何代價，我就可以白白地得到上天的恩賜

上天只會給予，從不奪取，上天不可能要求任何犧牲代價以得到祂的恩賜。因此，我也必須慷慨的給予，如此，我就擁有了宇宙所有的喜悅快樂，我仍是當初受造的我。救恩不需要任何犧牲做為代價，我們可以一路快樂到天堂。

| 課程八 | 追隨喜悅

第107課
我追隨內在自然喜悅的指引

你內在自然喜悅的指引，就是你最高的指引，你不再需要在外面尋找嚮導準則了，你的喜悅就是你的最佳指引。你

只能信任喜悅的指引，其他指引都可能是陷阱，只有喜悅的指引永不出錯。

人常會問的一個問題就是，「我如何知道我的方向是不是正確？」。真理告訴我們，你內在的喜悅指引就是最好的羅盤指南針。

不要相信任何人的話，就算是佛陀、耶穌現身，如果祂們的指示讓你感到勉強不自然，那就不要理會他們。你也不要聽從讓你感到不舒服的經典開示，你只要跟隨你覺得最自然最快樂的做法去做就對了！

我們可以交託給神，交託之後，我們不需要刻意去尋找神的指引線索，讓我們感到自然喜悅的直覺靈感就是祂的指引。

你不需要嚴肅辛苦地學習真理。你不需要歷經磨難挑戰。你也不需要放棄喜樂來追求超脫悟道。你只需要自然快樂地學習真理。

今天，當你在做任何事情時，都追隨內在自然喜悅的指引吧！

第108課
除了我自己，一切都不會是我快樂的障礙

除了你自己的執迷不悟外，什麼還能是你快樂的障礙？

只要你下定決心恢復快樂的本性，全宇宙都阻擋不了你。當你還在抱怨外面的障礙時，你將還是繼續迷失。

如果你針對一群人做問題調查，問他們什麼是他們快樂的障礙時？你可能會得到很多不同答案，例如，疾病、錢不夠用、不受重視、學習成績不好、兒女不孝順、有憂鬱症、外表不夠漂亮等一大堆答案，但是這些答案中，很難會出現「我自己」三個字。

為什麼人們追求快樂幸福，卻老得不到真正的快樂幸福？原因就是他們不了解「自己」才是快樂幸福的最大障礙。是你自己的種種錯誤的觀念，才造成了你的不快樂，只要改變你的觀念，快樂就隨之而來。

第109課
幸福快樂是我在世上唯一的任務

我們在人世間的唯一職責，就是盡力地快樂到極點，但不要執著於形式，不要傷害別人，不要心存不滿抱怨，也不要把超脫視為自己的責任。

我們經由虛幻的快樂，藉假修真，假樂到極點後，神會幫你跨出最後一步，使你到達天堂的真樂。

人常會自作主張，一直在判斷思考如何立刻超脫世俗到達真樂，其實真樂並非我們的職責，假樂到極點才是我們在

世間的唯一任務。

我們可以把眞樂設爲目標，然後交託給本源，並以快樂
爲日常生活中的心靈基準，但千萬不要假聖人，試圖捨棄世
間慾望，欺騙自己只要眞樂而已。

盡情歡樂吧！你在世上的唯一任務就是幸福快樂。

第110課
本源願我無限幸福、無限快樂

罪疚是虛幻不存在的，因此就完全沒有痛苦贖罪的必
要，幸福快樂才是合理正常的，痛苦只是你誤解的幻覺，本
源願你活得幸福快樂，這才是眞理，因爲罪疚並不存在。

第111課
我願為我的幸福快樂負上全責

如果你感覺並不幸福快樂，那你自己將負有完全責任，
和別人無關，不要再把責任推到別人身上了，只有當你願意
爲你的幸福快樂負上全責時，你才有機會得到眞正的幸福快
樂。

第112課
我和本源一樣願我自己無限幸福、無限快樂

　　其實你真正的願望和本源的願望一樣是幸福快樂，不再受苦，你之所以有時還感受到痛苦，是因為你對生命真理還沒建立起不動搖的信心，你仍然有一些想要用犧牲的痛苦來換取一些好東西的潛在信念。但是痛苦本身是毫無用處的，沒有一點必要，它無法成就任何事，無法換取任何東西，它根本就不存在。

第113課
我隨時隨地都以自然快樂為第一優先

　　今天，你要告訴你自己：「我願意隨時隨地都以自然快樂為第一優先，沒有任何人、任何事比我的自然快樂更重要，也沒有任何人、任何事能干擾我的自然快樂。我的快樂就好像是不斷漲大的氣球一般，一直膨脹，更加快樂，一直膨脹，更加快樂，我的快樂膨脹到無邊無際，然後就是個光輝燦爛的無窮爆炸。」

　　有人會問，每個人都希望快樂，難道有人不願意快樂嗎？

　　但事實上，人們由於自己的錯誤思維習慣，常常為了其

他事而讓自己不快樂，例如，我們常會認為面子比快樂更重要，當有人指出你的錯誤時，你可能會生氣地和他爭辯，而遠離了安詳快樂。這個時候，你就是把爭個對錯看得比快樂還重要。

又例如，當你某件事發展不如預期順利時，你可能會心情很差，這個時候，你就是把這個特定事情的發展情況看得比快樂還重要。

又例如，有人可能為了錢財而去傷害別人，讓自己活在內疚恐懼當中，這個時候，那人就是把錢財看得比快樂還重要。

要記住，自然快樂就是你的第一優先，就算是幫助別人，也是要沒有勉強和出自內心喜悅，不要因為被迫、罪惡感、或期待報酬而去幫助別人，而是因為幫助別人就能帶給你自然快樂。

一個契合快樂本性的人，自然就不會為非作歹，反而會樂於助人。

第114課
我熱愛追隨喜悅

《中庸》開宗明義就說：「天命之謂性，率性之謂道，修道之謂教。」意思就是說，人的真實本性叫「性」，順著

本性做事就叫「道」，按照「道」的修養就叫做「教」。其實，人的眞實本性是快樂喜悅的，我們必須率性而爲、追隨喜悅，才合乎天理。

在實踐追隨喜悅定律時，也許會遇上較兩難的選擇難題，這時做出選擇的基本原則是，「兩利取其重，兩害取其輕」，你總是應該遵守追隨喜悅定律，去挑出一個你感到最喜歡的選擇。如果所有選擇都各有利弊，很難分辨好壞，那就靠直覺來選出一個。

不管如何選擇，你要相信任何選擇都是好的，不要老是擔心選擇是否正確，要訣就在於順其自然。

追隨喜悅將帶給你自己和別人取之不盡、用之不竭的快樂能源。熱愛追隨喜悅吧！更加熱愛追隨喜悅吧！當你順著本性追隨喜悅時，你將自然導向到快樂的康莊大道上。

第115課
我在神的懷中，幸福快樂地休息

神的安息是完全不受世界任何表相所動搖的。那是最深沉穩固的平安寧靜。在神的懷中休息，所有的掙扎、辛苦、負擔、擔憂、痛苦、後悔和恐懼，全都會消失的毫無影蹤，只會感到永恆無限的幸福快樂。

第116課
我要將我所領悟的一切，分享給人

　　最終的真知境界是超乎一切言語、理解的，真知境界是神的任務，而不是我們努力的職責所在，我們在人世間的職責就是要有正確的慧見。

　　正確的慧見就是能清楚堅定地領悟到，原來生命並不局限在身體，所有的生命同為一體，而且本來一直都處在溫情喜悅的境界之中，只不過是我們一些自尋煩惱的幻覺，阻礙了平安喜樂及無限神威。

　　你可以把所領悟的一切喜悅，分享給別人。分享的方式可以是語言傳授，也可以是以身作則，別人將從你身上很快地領悟到生命真理。

　　比喻來說，人世間的自尋煩惱的幻覺就好像是粘人的焦油，整個人世間由於充滿了錯誤的價值觀，就好像是一個大大焦油坑，人們在世間生活時常會被這些焦油搞得很不愉快。而生命真理就好像是能夠清除斥開焦油的魔法工具，讓你可以乾乾淨淨地在焦油坑內行走。別人看到你的情況，一定會感到好奇，也許會問你之所以能保持乾淨的原因，你就可以自然地把你所領悟的一切分享給別人。

第117課
祝福我吧，賜我神威吧。祝福你吧，賜你神威吧

所有生命都具有無限神威，只要我們真心祈禱，就能得到任何人的祝福及加持，同樣地，我們也可以把祝福及力量給予我們所認識的任何人。

本課練習主要目的是讓你體會到。任何人都具有祝福能力，因為所有生命都是神所創造，都是神子，在本質上都具無限神威。

當你對一切眾生說「祝福我吧，賜我神威吧。」，等於是承認了他們的祝福能力。同理，當你對一切眾生說「祝福你吧，賜你神威吧。」，等於是承認了你自己的祝福能力。

第118課
我選擇自然歡喜、給人快樂、
給人信心、給人希望

如果我們心中充滿平安喜悅，並且很樂意和別人分享，那麼自然會在周遭環境中，創造出一種快樂、信心和希望的氛圍，別人和你相處或看你處理事情時，會感覺你可以帶給他們快樂、信心和希望。

孔子說過：「仁者，己立立人，己達達人。」，仁者不

但自己能夠得到既立且達的喜悅，並且還能推而廣之，幫助其他人也既立且達。這也就是不但讓自己歡喜，而且能夠給人快樂、給人信心、給人希望。

第119課
我只看得到當下的幸福快樂

除非我故意去注意那空無虛幻的痛苦不滿，否則我只看得到當下的無限幸福。我不願讓我的心靈再受到幻覺的片刻蒙蔽，我當下就要去感受真實的幸福快樂，除此以外，我不再去看其他的事物了。

本源啊，我所祈求的幸福快樂，其實祢早已賜給了我，就在當下，我一定會親自領受自己的幸福。

第120課
無限快樂是所有生命必然的最終結局

本源的終極保證就是，萬物最後必然無限快樂，毫無例外。因為無限快樂就是所有生命的真實本性。

結局已經確定，但我們自己則可以選擇何時掃除不快樂的幻覺，幻覺只不過是來自你看待事物的習慣觀點，只要你

勇於改變你原來的可憐小我觀點，你就可以得到無限快樂。

第121課
所有生命所擁有及給出的一切喜悅快樂，
全都是屬於我的

就在今天的每一刻，有成千上萬的珍寶將流向到我這邊，當一位弟兄給了另一位弟兄一個溫情友善的微笑，我的心就會因此感到溫馨喜悅，而所有生命所擁有及給出的一切喜悅快樂，也讓我感同身受、高興萬分，這些禮物是屬於所有生命的，也全都是屬於我的。

本課練習的主要目的，是要擴大你原先對喜悅快樂的局限看法。

你舊有的看法，是只有你小我的喜悅快樂才重要，別人的喜悅快樂和你關聯不大。

每當你看到別人喜悅快樂時，如果是親人或好朋友，可能還會高興一下；如果是陌生人，基本上就不會隨喜了，說不定還會感到嫉妒呢！你對喜悅快樂的這種局限性想法，將使你喪失了很多快樂的機會。

也許你會覺得今天的課程觀念有點不可思議，但我向你保證，你目前在這個地球上，有關喜悅快樂的種種舊觀念，有絕大多數是錯誤而局限的。

要命的是，你周遭的人還不知道自己的觀念是錯的。而你看見周遭的人都這樣想，在從眾心理的驅動下，你也很難跳脫這些舊觀念。

本書就是要給你一個改變的嶄新機會。

第122課
我所擁有及給出的一切喜悅快樂，也都是屬於我的

就如同所有生命所擁有及給出的一切喜悅快樂是屬於我的道理一樣，我所給出的一切禮物，也是屬於所有生命並且屬於我的。

當我無比溫情友善地給予弟兄所需的禮物時，我的心將感到無比滿足，這些禮物是屬於弟兄的，也是屬於我的。

所有的禮物在給予或接受時都會越來越豐盛，絕不會有所減損。當你接受本源賜給你的平安喜樂時，這些喜樂會更加強烈。同樣的，當你將這些平安喜樂慷慨地給予奉獻出去時，這些喜樂及力量將會更擴充圓滿，更加明確鞏固。

第123課
當下存在就是最大的成功和最高的喜悅

別人和我們自己一直在告訴自己，應該做這，應該做那，什麼是成功的，什麼是失敗的，卻忘記了我們一直都擁有的當下存在的喜悅。

其實，最大的成功就是領悟到，當下存在就是最大的成功；最高的喜悅就是領悟到，當下存在就是最高的喜悅。我們應該直接享受當下存在的成功和喜悅。

第124課
一切恐懼都已經消失無蹤了，只有平安快樂長存

一切恐懼都已消失無蹤。因為我已掃除了所有幻覺，我只能感受到平安快樂的永恆真實世界，這真實世界到處是感恩的頌歌，滿溢著溫暖、平安、光明、快樂。

其實，所有痛苦只不過是幻覺，一切悲傷沒有存在的理由，這些真理，你一開始聽起來，會覺得好像只是說說而已，經過你不斷重複加強觀念之後，將變得有點道理，最後你將全盤接受這些真理。

第125課
我要生活在快樂無懼的平安中

今天我所要感受到的快樂，並非只有幾分鐘或幾小時的事，而是超越時間的永恆喜樂，這永恆喜樂是神對神子的終極保證，今天我將不再有任何恐懼的幻覺了，只充滿了平安快樂。

| 課程九 | 自由選擇

第126課
我應該對自己所看的一切負責

我是我自己所看到的一切的真正導演。我自編、自導、自演了我自己的人生戲劇，只不過我遺忘了我的選擇能力，轉而怪罪他人，抱怨境遇。我應該對自己所看的一切負責。

孔子曾經說過：「君子求諸己，小人求諸人。」

意思是說：君子甚麼事都會反思自己，對自己負責。而小人甚麼事都責求別人。

也就是說，君子知道自己心態選擇的根本重要性，而小人則容易被別人或外境所迷惑。

要能夠對自己所看的一切負責才是具有大智慧的君子。

192

第127課
我選擇了我所有的感受和經歷

你不可能會受制於外在環境，除非你用信念賦予外在環境束縛你的能力。你所經歷到的一切必然是出自於自己的選擇，你自己的選擇決定了你的一切境遇，分毫不差，毫無例外。

這宇宙沒有意外或偶然，所謂的意外或偶然，只不過是尚未領悟生命真理時的一種錯覺。

第128課
我具有自由選擇的無限權利及無限威力

沒有人會遭受痛苦打擊，除非他自己選擇。沒有人會感到恐懼哀傷，除非他自己選擇。沒有人會生病死亡，除非他自己選擇。這種選擇也許不是他表面意識的選擇，而可能是在潛意識層面下的選擇。

這世上沒有任何一件發生的事不是出自於你的自由選擇，你所選擇的一切都將得到無限的支持，決定的力量就在你自己的手上。

常常會有人問生命的目的究竟是什麼？其實，沒人能為你決定生命的目的，生命的目的由你全權決定，你愛怎麼

PART
2
快樂練習180課

193

玩，就可以怎麼玩。

宇宙不存在任何強制你該如何做的規定，你有充分的自由選擇權，也不需要受到別人意見的影響。只不過因為存在心靈四大定律的生命真理，所以有些是容易帶來快樂的玩法，有些則是容易帶來痛苦的玩法。

第129課
全宇宙及全時空都會支持我的自由選擇

宇宙的本性有如阿拉丁神燈般，會支持自由選擇。你之所以有時感到天不從人願，是來自於你的觀念錯誤。

你本來就具有自由選擇的權利和威力。熱愛自由選擇吧！更加熱愛自由選擇吧！當你真正能熱愛自由選擇時，你將會自然地幸福快樂、心想事成。

第130課
只有我自己才是我唯一的救恩

當你相信你外面有東西能夠救得了你、給你平安時。也就等於是說，你相信外面有東西能夠傷害得了你，或者擾亂你的平安。

但是最高的眞理卻是，外面沒有任何東西能救得了你、給你平安。這也等於是說，外面沒有任何東西能夠傷害得了你，或者擾亂你的平安。

你是你自己命運的唯一主宰者，你自己才是你唯一的救恩。

第131課
我選擇快樂。痛苦只是毫無用處的幻覺

痛苦是一種錯誤的幻覺，不管是那一種痛苦，都只是自欺欺人，絕非事實。

只有你自己的念頭才可能帶給你痛苦，在你心靈以外的一切事物，都完全沒有傷害你的能力，外在事物之所以好像有傷害你的能力，完全是你自己心靈所賦予它們的力量。

唯有你才有駕馭萬物的能力，你眼前的世界毫無任何能力，也毫無任何威脅可言，它只會乖乖呈現出你的想法。

你如果選擇快樂作爲你的所願，世界就會立即改觀，閃耀在喜樂的光芒中。

痛苦本身只是拒絕快樂的一種象徵，痛苦是幻相，喜樂才是實相。痛苦是睡夢，喜樂才是覺醒。我們可以自由選擇用喜樂來取代痛苦，用平安取代衝突。讓我們心中充滿著感激之情。

第132課
我不止是一具肉體而已，我具有無限自由

心靈本身是不受限制的，不要把你自己看成只是一具肉體。身體只有一個用處，那就是幫你完成心靈的目標。一旦你不把自己看成一個肉體，身體就會成為心靈的得力助手，幫你成就無上喜樂。

你本來就具有無限自由。

第133課
我不再束縛自己

除了你自己的信念外，沒有任何法則能束縛得了你。你不會受限於身體的法則，也不會受限於時間的法則，你是完全自由的。

圓覺經中有段經文說：

「唯觀如幻，以佛力故，變化世界，種種作用，不失寂念，及諸靜慧。」

其白話解釋為：觀察出這個世界如同幻夢一般，因為我們本具有真如的神威本質，所以可以在這世界產生種種的變化和作用，但卻不會失去寂靜的智慧。

這也就是說，當我們看透了所有世間法則的虛幻本質

時，我們就不再受到束縛，於是就可以神通變化，優游自在。

第134課
我能自由選擇想要相信什麼

你的信念威力，是無時無刻不存在的，你在任何時刻真心相信什麼，就會得到什麼，看到什麼，毫無例外。你不需要驚訝於信心的移山倒海之威力，那只不過是信念的本具力量。

只要你還是相信自己是被限制束縛的，那信念甚至可以限制住你本具的神威。你一旦可以擺脫枷鎖，那只不過是因為你從相信束縛，轉而相信自由了。

你總是具有無限神威，不可能缺乏信心，只不過你常選擇了相信自己無能，相信自己被綁。

第135課
我的束縛，就等於全世界的束縛

我若相信自己仍受到世界的束縛，我和世界就一起失去了自由。真理是完全自由寬容的，凡是被局限束縛的，就絕

197

非眞理。

第136課
我能選擇去轉變我不喜歡的念頭

　　有時候我們會遇到一些乍看起來是兩難的問題，做什麼都感覺不爽。但是如果換個角度思考，也許就變成兩好的問題，做什麼都感覺很好。

　　舉個例子來說，有個人在假日時，在考慮要不要出去玩。他覺得，如果不出去玩，待在家裏，就會很悶。但如果出去玩，又覺得那太辛苦了。於是他認爲這是兩難的問題，讓自己做什麼都不爽，於是他的心情就很低落。

　　可是如果他換個角度思考，如果待在家裏，可以好好享受休息的樂趣，如果出去玩，就可以看看精彩的世界。這樣一想，原先兩難的問題就自然轉變成兩好的問題，做什麼都感覺很好了。

　　凡事都有好壞兩面，我們要養成從正面角度看事物的習慣。

幸運心靈學
180課

第137課
我所能成就的，遠超過想像

你的潛能是無限的，所能成就的也是無限的，不要因為不敢想像而被束縛局限，你可以大聲地宣告，我所能成就的，遠超過想像。

第138課
我所有的願望都會如願以償

人常會把快樂和痛苦混在一起，不明白自己真正的願望到底是什麼，你真正的願望就是願你自己及別人都能活得幸福快樂。幸福快樂就是你所有的願望。你所有的願望都會如願以償。

第139課
這眼前的世界根本不存在

這個觀念，乍看起來難以置信。你可能會想，這眼前世界是如此眞實，怎麼會根本不存在。要知道，以最高眞理的角度來看，人生就如一場你自編自導的夢境，夢中景物也許非常恐怖，但終究是虛幻的存在，無法傷害你的眞實本質分毫。

這正如《金剛經》上所說，「一切有爲法，如夢幻泡影，如露亦如電，應作如是觀。」

任何事物，當你了解那不是眞的時，就不致令你感受到痛苦或威脅。

我們的眞實本質是不可能受到威脅傷害的，這世上的痛苦掙扎就如人生惡夢一樣，虛幻不實。

奇蹟課程也告訴我們「凡是眞實的，不受任何威脅；凡是不眞實的，根本就不存在。」

練習本課的觀念，將會使你更加具有超脫世間痛苦煩惱的心靈能力，既然這眼前的世界根本不存在，又如何能對你構成威脅呢？

第140課
願我用寬恕寬容來得到幸福快樂

我們常會受到外表形式的迷惑,以致忘了我們真正的任務。你真正的任務正是用寬恕寬容的心態,來化解你的心理負擔及幸福障礙,你只有完成了這項任務,才可能得到幸福,一個內心仍存有不滿抱怨的人,是不可能真正快樂的。

第141課
我的快樂任務和我的寬恕任務是同一個任務

本源只會賜給我們美好的禮物和任務。快樂本身正是本源賜給我們的任務。而寬恕寬容也是本源願我們做到的事。由此可知,寬恕寬容本身必然會帶來快樂,快樂的任務和寬恕的任務完全是同一回事。

第142課
我永遠不再攻擊批判了

攻擊別人就等於攻擊自己。批判別人就等於批判自己。不管我攻擊批判的矛頭指向誰,那矛頭就等於是對準了我自

己。我永遠不再攻擊批判了。

當耶穌看到一群人拿石子，準備丟死一個妓女時，耶穌說，你們之中誰自認沒有罪的，就可以丟出石子。後來，人群就散走了。同樣的道理，當我們想定罪別人時，也要想想自己是不是也犯過不少錯誤。我們把石子丟出的同時，要了解到那無形的石子也正丟向自己。

第143課
在愛之內不會有任何的不滿抱怨

如果你放不下不滿抱怨，代表你仍然心存恐懼，受到罪疚的威脅，這樣你將體會不到那無限慈祥的神愛。一個懂得寬恕寬容的人，必會憶起自己愛的真相。

你要儘量地從美好角度來欣賞別人。別人如果愛抱怨，可以用直率角度來欣賞；別人如果愛浮誇，可以用活力角度來欣賞；別人如果較無情，可以用效率角度來欣賞。

第144課
我的不滿抱怨將遮蔽我的內心光明

你的內心光明必須在你清除掉你的不滿抱怨後，才會重

現在你的眼前。在你未清除不滿抱怨前，不管你多麼努力地活在當下、清醒覺察、積極正面，多麼認眞地想頓悟佛性，你的光明仍然會受到遮蔽。

寬恕寬容是悟道的根本。

孔子說過：「人不知而不慍，不亦君子乎？」

白話就是「不被別人所了解，或被人誤解，但仍然不發怒，這不是如同君子嗎？」

這也就是說，君子有寬容的雅量，心中光明坦蕩，不會被不滿抱怨所掩蓋。

孔子也說過：「不怨天，不尤人，下學而上達，知我者其天乎」

也就是說，「既不埋怨天，也不怪罪人，廣泛地學習世間的知識，進而領悟上天深奧的道理。能了解我的大概只有天吧。」

由上看來，孔子能以不怨天尤人的寬容心胸來追求眞理，他正是生命眞理的實踐者。

第145課
我熱愛寬恕寬容

寬恕寬容可以清除煩惱和罪惡感，掃除障礙，而使你更容易感受到快樂幸福。熱愛寬恕寬容吧！更加熱愛寬恕寬容

吧！

當你真正能熱愛寬恕寬容時，你將會感受到這世界是多麼美好，那就是快樂的天堂境界。

耶穌在路加福音中，教導了我們寬恕寬容的真諦：

17：3　你們要謹慎。若是你們的弟兄得罪你，就勸戒他。他若懊悔，就饒恕他。

17：4　倘若他一天七次得罪你，又七次回轉說，「我懊悔了」，你總要饒恕他。

讓我們下定決心，不管別人的行為如何，總是要寬恕寬容。不管我們想到了什麼，總是要寬恕寬容。不管我們遇到了什麼，總是要寬恕寬容。我們要真誠地熱愛寬恕寬容。

第146課
寬恕寬容能掃除在快樂幸運路上的障礙

你如果想得到安穩的快樂，寬恕寬容是不可或缺的關鍵。

不寬恕寬容的心將充滿恐懼，只看到罪惡與過錯。

不寬恕寬容的心將感受到絕望的氣息，他完全不明白，原來是自己不寬恕寬容的心靈害自己陷於絕境的，他反而將罪過的責任推在外界身上。

寬恕寬容是需要我們去修習的，罪惡感只是你心靈的一

個幻覺，這個幻覺正需要寬恕寬容的心去化解，化解所有內疚後的你是多麼歡喜啊！寬恕寬容能掃除在快樂幸運路上的障礙。

第147課
我所有想要的一切。都可以從寬恕寬容獲得

你現在可能還無法想像出，寬恕寬容所能帶來的禮物。事實上，寬恕寬容將帶給你所有想要的一切。

你想要幸福嗎？寬恕寬容將帶給你無上的幸福。你想要快樂嗎？寬恕寬容將帶給你天堂的至樂。你想要平安嗎？寬恕寬容將帶給你至深的安全感。你想要成就感嗎？寬恕寬容將帶給你全宇宙最偉大的尊嚴感。

寬恕寬容就是你想得的一切的最完美答案，鑰匙就在你的面前，不要再尋尋覓覓了，不會再有其他答案了。寬恕寬容自己和別人吧！天堂的鑰匙就在你的手上。

第148課
我願清除掉一切的不滿抱怨和內咎罪惡感

不滿抱怨和內咎罪惡感是造成我們痛苦煩惱的最大元

凶，而寬恕寬容正是清除的最有力的工具。學習寬恕寬容吧，這樣你才能清除掉一切的不滿抱怨和內咎罪惡感。

第149課
我要將世界從我誤以為的樣子中解脫出來

　　信念具有強大的力量。幻覺的信念也能讓你無法解脫，除非你能開放心胸重新質疑檢視自己的種種信念。這整個宇宙原本就是由你自己的心靈賦予了意義，你所看到的一切，正是你所想看到、想找到的一切。

　　你並不是進入一個已經造成的宇宙，這個宇宙是你自己求來的世界，只要你改變你自己的錯誤的信念，你和世界就會一起解脫。你對這個世界的確有許多幻覺，這些幻覺都需要一一被遠離釋放。

　　這正如同圓覺經中所說：

　　「一切幻化，應當遠離；此心如幻，亦復遠離；遠離為幻，亦復遠離；離遠離幻，亦復遠離；離無所離，即除諸幻。」

　　其白話解釋是：所有幻境，都應該遠離；所謂的幻境不只包含我們所感知的一切，還包括我們能感知的心；就算是想遠離幻境的念頭，也是一種幻境，應該遠離超脫；想離開「遠離幻境念頭」的這個念頭，也是幻境，也應該遠離；直

到沒有任何可以遠離的事物時，才算是已清除掉所有幻覺。

　　超脫再超脫，直到無所超脫。這正是圓覺經的究竟教法。

第150課
我只會被我自己所定的罪傷害

　　如果我不再對自己或別人定罪，那全宇宙都無法傷害得了我，因為我的本性就是百害不侵，只不過因為我定了自己或別人的罪，才產生了我被傷害的幻覺。

第151課
我不需擔心，只要見機行事

　　人常會忽然想到未來一些可能的困難情況，而產生細微的擔心，其實，合理的謹慎小心和預作防範，都是非常有必要的，但注意不要過度的擔心，當我們已經盡力把該準備的事完成，未來不管發生哪種情況，我們只要輕鬆快樂地見招拆招、見機行事、兵來將擋、水來土掩即可。

　　你根本不需擔心任何事情的發展，不適合你的，會自然輕鬆地從你的周圍消失。你所喜歡的，會自然輕鬆地出現在

你眼前。

第152課
我什麼都不需要去做，自然輕鬆

　　一般世俗之人常會過於重視身體、物質或名聲等外在形式，執著於擁有自己喜歡的東西，或執著於抗拒自己不喜歡的東西，於是迷失了無限自由的本性。

　　而追求超脫世俗的人，卻也常會走向另一個極端，努力去擁有超越世俗的能力，努力去抗拒世俗的誘惑。其實，你不需要刻意地去追求或逃避任何東西，只要順其自然就好。

　　你也許正在與罪惡奮戰，以贏取救贖。你也許正在努力地冥想和長期靜坐，以領悟神聖。只要你努力不懈，也許你終有成功一日。然而，這些方法是不是有點乏味耗時呢？因為這樣太專注在企望未來的解脫。

　　如今，只要牢記在心中，「你什麼都不需要選擇，什麼都不需要去做」，就在當下此刻，全力專心於這個觀念，這將遠比操心你應該做些什麼，對你更為有益。

　　有人會說，什麼都不需要去做，是不是指每天發呆不動，什麼都不管。這是誤解了「什麼都不需要去做」的真正意義。

　　如果你刻意地不行動，你就落入了「執著於不行動」的

陷阱。「什麼都不需要去做」的重點在於順其自然、不執著的心態。

在自由超脫的心境下，該動則動，該止則止。

當終極解脫來臨時，不管是歷經奮戰的人或採用其他方式的人，最後都是同樣一個歡欣的覺悟：「原來我什麼都不需要去做。」每個人遲早都會以自己喜愛的步調方式，依著自己的機緣，領悟到此種境界。

小我和輪迴只是不存在的幻覺，大我和天堂才是唯一的真實。所以，一切事物的真實本性都是神聖而完美的，小我和大我同樣神聖，輪迴和天堂均屬完美。當我們將小我和輪迴的罪疚當真時，我們就產生了遠離天堂的幻覺，其實罪疚根本不存在，我們也不需要刻意去斬斷罪疚。

執著於「破除小我」就是一種小我的虛幻。我們必須在學習的過程中，就要注意不要執著在「世俗偶像」上，也不要執著在「破除小我」上。

第153課
我選擇氣度寬宏、智慧靈性

如果我們內心真能做到寬恕寬容，那麼自然會流露出氣度寬宏、智慧靈性的氣質。

從前有一位修養很好的長者很喜歡園藝盆栽，平常有空

時就去照料這些盆栽，特別是其中有一盆盆栽，照顧時間最長，也最為美麗，最受長者喜愛。有一天，長者的僕人不小心把那盆最美麗的盆栽打碎，只好去向長者請罪，僕人心想這下難逃懲罰，只盼長者能從輕發落。僕人說：「對不起，主人，我把你的盆栽打破了。」長者問：「是那一盆？」僕人答：「是你最喜愛的那一盆。」。

沒想到這時長者關心地問：「盆栽打破有沒有傷到你啊？」僕人答：「沒有。」長者笑瞇瞇地說：「那就好，以後小心一點就可以了。」於是僕人感到吃驚地問：「我打破你最心愛的盆栽，主人不生氣嗎？」長者摸著自己的長鬍鬚，笑呵呵地說「我養盆栽是為了讓心情愉快，不是為了讓自己生氣的。」

這個長者就是氣度寬宏和智慧靈性的極佳典範，他能深深地領悟到寬恕寬容的真諦。

第154課
寬恕寬容是解決衝突掙扎的唯一方法

寬恕寬容是解決衝突掙扎的最佳處方，世界再也沒有解決衝突問題的更好辦法了。不需要再去尋找其他方法了，寬恕寬容是是解決衝突掙扎的唯一方法。

新約的路加福音中，耶穌有下列訓示：

6：27　只是我告訴你們這聽道的人，你們的仇敵要愛
　　　　他，恨你們的要待他好。

6：28　咒詛你們的要為他祝福，凌辱你們的要為他禱
　　　　告。

6：29　有人打你這邊的臉，連那邊的臉也由他打。有人
　　　　奪你的外衣，連裏衣也由他拿去。

6：30　凡求你的，就給他。有人奪你的東西去，不用再
　　　　要回來。

耶穌的確是寬恕寬容的最佳風範。

一般人會以為，要攻擊邪惡才能消滅邪惡，其實這是錯
誤的觀念。

只有在正當防衛的前提下，我們才可用激烈手段來保護
自己。問題是由於恐懼的心理，人常常會過度防衛，這也是
人類戰禍至今不斷的根本原因。以攻擊做為解決衝突掙扎的
方法，短期內也許可以暫時壓抑，但常常會引發更慘烈的衝
突。中國有句俗語叫「冤冤相報何時了」，就有很深的智慧
洞見。

第155課
沒有任何人能真正傷害任何人

不要以為有人可以真正傷害任何人，所有生命的真實本

性都是百害不侵的，除非有人自願迷失在受傷的幻覺中，否則沒人會是個被害者。所有痛苦都是來自於我們誤以為自己是被害者的信念。

第156課
我要感謝寬恕寬容所帶來的禮物

讓我們不再稀罕其他貧瘠的禮物了，只要珍愛寬恕寬容所帶來的禮物。

二戰時某年冬天，兩萬名德國戰俘，又餓又冷地列隊從莫斯科大街上走過，當德國俘虜從民眾面前低頭走過時，民眾全都群情激昂，眼中充滿了復仇的怒火，要不是有俄國員警維持秩序，恐怕這些德國俘虜早已被撕成碎片。突然，有一位穿著破舊的婦女，走到了一位拄著拐杖的俘虜面前，將一片黑黑的麵包，不好意思地塞給了他，這位年輕俘虜看著眼前的這位婦女，轉瞬間已淚流滿面，他丟掉了拐杖，一下跪了下來，向婦女連續磕響頭，其他俘虜也受到影響，接二連三地跪在地上磕響頭，於是現場氣氛轉變，許多民眾深受感動，紛紛湧向前，將麵包香煙送給這些原來是敵人的戰俘，形成一個感人的場景。

寬恕寬容能帶給大家最寶貴的感人禮物。

第157課
沒有任何人，在任何情況，應該必須作任何事

　　沒有任何人，在任何情況，應該必須作任何事。有些事雖然是一些人的職責所在，如果盡職，那值得鼓勵，如果失職，也只是他的選擇，我們沒必要隨之起舞、氣憤不平，只要別人肯配合你做事，那就是值得我們感謝的事，不要將別人的合作視爲理所當然。

第158課
我不後悔過去、不擔心未來

　　人常會後悔過去，但過去是虛幻的，力量就在當下，後悔過去只會遮掩當下的力量。人也常會擔心未來，其實只要盡己就好，剩下的就交託給本源了，這就是所謂的盡人事而聽天命。

| 課程十一 | 生活智慧

第159課
感謝我一直都完美地心想事成

其實你一直都在完美地心想事成，如果你感到天不從人願，那是因為你自己的信念衝突所造成。也許你不是真的相信自己的自由選擇力量，也許是你對別人或環境的負面信念形成障礙，然而真相是，你從未有不能心想事成的時候，只是你的各種信念之間常常發生矛盾。

本課的練習將幫助你，在日常生活中體會到你心想事成的能力。你不需再懷疑你完美的選擇自由了，你所要做的是清除那些讓你覺得無力感和矛盾衝突的各種錯誤信念。

第160課
感謝我一直都完美地運用所有時間

要抱持著其實自己一直都完美地運用所有時間的心態，如此一來，就可以消除罪惡感的負面影響，反而可以提高效率。

人們常會為自己訂定時間計劃表，告訴自己什麼時候該

做什麼。但是這些時間計劃表，常常無法按表操課，於是許多人又開始苛責自己的懶惰和不完美，這樣反而會形成罪惡感，減弱你的力量。

其實，所有的時間計劃表，都只是預計參考而已，不要用意志力強迫自己遵守時間。只要你順著自然喜悅的原則去做事，想工作時工作，想休息時休息，那就會有極高效率。

要知道你是不可能浪費時間的，就算是休息玩耍，也是必要而很有創造力的，有可能為你的工作，帶來很好的靈感和創意。

你唯一要改變的，就是消除掉你對於浪費時間的罪惡感。其實，你一直都完美地運用所有時間，毫無片刻時間被浪費掉，只不過你有可能自己解讀是浪費。

第161課
上天總是給我許多的領悟靈感及好運機會

我們的潛意識智慧遠超過表面意識的智慧，潛意識智慧常會以領悟或靈感的形式出現，我們只要相信自己隨時都有極佳的領悟靈感，那麼在必要的時候，自然就會有極佳的領悟靈感和好運機會。

對於好領悟、好靈感、好運、好機會的心態要有隨時歡迎、持續發掘、全力掌握等三種態度。

215

一、隨時歡迎：要隨時歡迎靈感機會。

二、持續發掘：要持續去吸引發掘靈感機會。

三、全力掌握：要盡力考慮所有可能的方法，去掌握靈
　　感機會。

第162課
我選擇一不對勁，立即警覺

有時事情的變化已經不太對勁，你卻毫無察覺，如此可
能會帶來重大損失。

又或者我們的言行舉止有時並不合宜，你卻不自知，如
此可能會帶來麻煩。

為了降低風險，我們平常應該就提醒自己，只要事情一
不對勁，就能從自己或各方面立即警覺。

如此，潛意識就會幫忙你，在發生任何不對勁情況時，
就能讓你立刻有意識地發現警覺到。這就等於在你的潛意識
中，安放了一個警報器。

第163課
我要務實行動、務實運用、務實創新、務實突破

　　務實是我們生活在人世間的一個重要原則，不管是多麼美好的創意，多麼偉大的理想，如果沒有務實做為基礎，則均為空想，甚至會帶來災難性的後果。我們在行動上要務實，在運用上也要務實，在創新上要務實，在尋求突破時也要務實。

　　中國歷史上著名的王莽變法就是因為不夠務實，才會失敗。所謂王莽變法就是西漢末及新朝時由王莽推行的變法。王莽是儒家學派信仰者，抱負遠大，想徹底進行社會改革，達到公平均富的理想。王莽以《周禮》為制度依據，多次變更幣制、恢復井田制，強迫重新分配耕地，並把鹽、鐵、酒、幣制、山林川澤收歸國有，全面廢止奴隸制度。

　　王莽的立意雖好，但因政策激進不夠務實，不但貴族不滿，連百姓也未蒙其利，先受其害。例如實行周代的井田制，他未考慮到井田制的崩壞乃因為人口增加，井田制的耕地分配方式不足以養活每家人口，所以實行井田制不可能成功。又例如幣制改革，他仿效古制使用貝殼當貨幣，但貝殼數量稀少，古代人口少，用貝殼當貨幣還算合理，但漢代時人口增加，應該使用銅鑄貨幣更為務實。

　　王莽的關鍵問題是不夠務實，沒有思考到實際面及執行面，結果引起大規模的反抗，導致新朝的滅亡。

第164課
我選擇小心風險、留意細節

在現實生活中，我們應該小心風險，不能掉以輕心，小心得駛萬年船。但在防範風險時，不要心存對危險的恐懼或憂慮，而是抱持盡己心安的態度。

例如，要小心交通安全，要小心環境安全，要小心家居危險（燙水、刀具等），錢不露白，勿過度張揚，盡力符合法令規範，要小心言行舉止等等。

在現實生活中，我們也應該留意細節。有些細節具有關鍵性的影響，不可輕忽。例如生活中的安全小疏忽，或契約文書中一兩個關鍵文字等。這些小疏忽有可能帶來很大風險，不可掉以輕心。

另一方面，有許多細節正是成功的關鍵。例如，在製造產品時，有些小環節是決定性的因素。在服務業中，客戶可能會特別看重一些小細節。

有些細節可能你不在意，但是也許對別人很重要，例如，當我們在經辦別人的申請文件時，要盡力不要出差錯，要非常小心與別人利害相關的細節。

總而言之，在日常生活中，我們需要謹慎小心，但是不要擔心恐懼。這也正是在生活中修行的務實態度。

第165課
我選擇簡明具體、輕鬆有效

　　事情簡明具體化，將有助於別人的了解配合。而事情的完成方式，越輕鬆有效，就越好，不要弄得複雜無比，假裝很困難很有學問的樣子。

　　事實上，最簡單有效的方法就是最好的方法。

　　舉個例子來說，很多人開會的效率很差，開會效率之所以差，多半是因為目標不夠具體、流程不夠具體或決策者不夠具體所造成的結果。簡潔明快的會議將會給人有效率的感覺。

第166課
我選擇彈性變化，因時因地制宜

　　我們往往會想要找出一個普遍有效的方法，但真理是，因著人事時地物、階段性、觀念需求的種種不同變化，在不同的情況下，會有不同的合適做法。

　　這些做法甚至可能是完全相反的。同樣一個構想，在不同環境下，可能實行的結果大不相同。在衡量決策速度時，也是同樣道理，在不同情況下，決策時間可能必須當機立斷，也可能必須先蘊釀一下，這要綜合考量，順應時機的需要來決定決策時間的快慢。

每個人做事的方式，也不見得相同，要因時因地制宜。但一個最重要的基本原則是，盡可能不要傷害自己和別人，千萬不能不擇手段。

如果有意傷害別人，依照宇宙定律，最終總會傷害到自己。該你得到的，可積極爭取。不該你得的，一毛錢也不能要。

如果我們不能因時因地制宜，效果將大打折扣，甚至適得其反。

戰國時代魯國有一戶孟姓人家，大兒子擅長儒家仁義之學，二兒子則擅長刑名兵法之術，孟姓人家想通過遊說君王來得到榮華富貴，於是派大兒子到秦國，二兒子到衛國。秦國是個大國，秦王正想整軍經武來統一中國，一聽到大兒子講什麼仁義之學，就懷疑他是間諜，於是對其施以宮刑，並趕出秦國。而衛國是個小國，衛君只想著如何服侍好大國，一聽到小兒子講什麼兵法之術，就心想此人不能用但也不能被大國所用，於是砍斷其雙腳，也趕他回家。

每個人適合的方法可能完全不相同，有些人在書本上學到一些理論知識，卻不知道因時制宜的重要性，這樣可能會有反效果。

靈活運用是最重要的，要有開放彈性的心態。

第167課
我願意體貼別人的各種特殊需求

別人有特殊需求時，有時會不好意思、來不及或者沒機會告訴你，你要能常常體貼周遭別人的各種特殊需求，儘量讓別人開心。

第168課
願望的延遲並不等於拒絕

當你的願望尚未實現時，你有時會失去耐心，誤以為宇宙已經拒絕了你的願望，其實願望之所以延遲，可能是因為時機未到，說不定延遲反而對你有利，千萬不要灰心沮喪。

宇宙一定會回應你的祈禱，祂回應你的祈禱的方式，有時不是直接給你東西，而是給你許多可能的機會。如果你願意去不斷試試各種機會，你的願望就可以實現，如果你停止嘗試，那就無法實現願望。

你必須不斷地去嘗試所有可能的機會，失敗再多次都無關緊要，最後只要有一個重要的機會成功，就足以使你實現願望。

在嘗試各種機會時，你不需要用不自然的方法強迫自己，而應該用你感到最自然輕鬆的方法來一直嘗試、不停嘗

試。

　　許多人常會誤認為必須一戰成功，如果一戰不成，就黯然放棄，這是嚴重的錯誤觀念。

　　幸運者並不總是一戰成功。但是他們樂觀開朗的心態，使得他們不輕言放棄，願意堅持到最後一秒鐘。失意者則往往會有必須一戰成功的錯誤觀念。

　　著名的美國影星史特龍，在未成名前仍然是充滿了信心希望，當時美國好萊塢約有五百多家電影公司，史特龍帶著他自己寫好的劇本，一家一家拜訪，結果五百多家電影公司全部拒絕採用。史特龍並未因此氣餒，過了一段時間後，他繼續進行第二輪的拜訪，又是從第一家走到第五百多家，結果又是全部拒絕。你以為史特龍會就此絕望嗎？不，他鼓起勇氣，又再進行第三輪的拜訪，結果第350家電影老板被他的誠意感動，破天荒地表示願意研究他的劇本，後來就請他擔任「洛基」電影中的男主角，從此開創新局。

　　上天給史特龍安排了機會，但是這個機會也需要他的信心和堅持才會實現。願望的延遲並不等於拒絕，只是時機未到。

第169課
好運和好事總是會自然輕鬆地發生在我身上

你如果對自己的好運充滿信心,那麼好運就會特別容易地發生在你的身上,這就是自由選擇定律所揭示出的吸引力法則。所以,從今天開始,告訴自己你就是一個運氣超好的人,那麼好運和好事將總是會自然輕鬆地發生在你上。

你要信任宇宙是溫情友善的。你也要相信自己運氣很好,意外驚喜隨時隨地可能發生,在任何時間,來自任何來源。

當你相信自己運氣很好時,你的運氣就真的會變的很好。

第170課
我能帶來無限的物質富裕和心靈富裕

你知道你真正的能力有多大嗎?你能吸引多少的物質富裕和心靈富裕嗎?明明白白告訴你,你吸引富裕的能力就如同超級財神一般的大,不要再向外求財神了,你自己就是個活財神。

想要吸引富裕,你必須同時遵守靈性律及世俗律。靈性律是指觀念心態,世俗律是指技巧方法。

實踐生命眞理吧！那將會開發出你最大的潛能。

你就好比一個繞上電線的電磁鐵，當你不斷實踐生命眞理時，電線上的電流也就更流暢，你對富裕的磁吸力也就會越來越強。

第171課
我能吸引貴人，並願提升周遭的人

當你的生命提升時，你自然會吸引一些能夠幫助你，而且也正需要你來幫助的貴人。而你周遭的人也會因爲你而獲得快速提升。

不要只是想著要比別人強，要比別人有能力。

你周遭的人的實力和境界越高，你將生活得越輕鬆富裕。努力幫助別人提升吧！這樣你會受益最多。

第172課
我有激勵別人的無限魅力

你知道你有激勵別人，使別人認識眞實本性的能力嗎？

當你在激勵別人時，你同時也正在激勵自己，這就是所謂的教學相長。你知道要如何激勵別人嗎？當你是受到你最

高喜悅的觸動而真誠發言時，你必然也觸動了別人的最深心弦。追隨你的最高喜悅吧！這樣也必然帶給別人喜悅！

第173課
我活在一個富裕的宇宙，時時都不乏所需

這真是一個富裕的宇宙啊！大家都是要什麼有什麼，時時都不乏所需。只是一些迷失本性的弟兄忘記了這個事實，我要幫助我的弟兄重新恢復這富裕宇宙的記憶。

宇宙的富裕不只是物質上的富裕，還包括心靈上的富裕。

第174課
我的心靈是我自己富裕的最大源頭

你創造富裕的真正源頭不是你的事業、投資或朋友，而是你的心靈。

你就是你自己富裕的最大源頭。外在環境的變動波折又算得了什麼，任何時候，只要你願意，你都可以創造出驚人的富裕。

第175課
上天總是給我遠遠超過所需的富裕

有人的心態模式是夠用就好，就算是他的富裕目標很高，但是當他在處理日常事務時，他的潛藏心態還是夠用就好，他的主要精神焦點是放在如何夠用，而不是如何使富裕遠遠超過所需，這會使得他的富裕狀況處在平衡狀態，而不是會有許多剩餘。他必須徹底轉變這種的心態模式。

第176課
我對我自己想要的東西非常清楚明確

清楚明確是願望實現的重要條件。當你對自己想要的東西越清楚明確時，願望也就越容易實現。不要再迷迷糊糊了！清楚明確地去想像你想要的東西吧！

第177課
富裕和快樂本來就是我應得的

不要以為你必須經過一些辛苦代價後，才配得到富裕和快樂。你本來就應該得到富裕和快樂，那是你的天生權利，

除了你自己拒絕外，別人不可能剝奪你。

第178課
我允許我自己擁有我想要有的東西

只要是你想要有的東西，那就是你應得的東西。

不要再用一些無聊的藉口來拒絕你應得的東西。你也許受到太多的思想污染，才會相信那些藉口。

純淨地實踐生命真理吧！那將會幫助你擺脫那些捆綁你的思想枷鎖。

你想要有的東西已經在你眼前了，你只要允許你張開雙手承接過來，那東西就是屬於你的。

第179課
這宇宙沒有我成就不了的事情，
也沒有我無法擁有的東西

你擁有的潛能遠超過你現在的想像，你天生就具有無限神威，只不過你自己忘記了，只要你遵守心靈四大定律，這宇宙沒有你成就不了的事情，也沒有你無法擁有的東西。

在「創」這本書中，描寫了美國房地產商特朗普

（Trump）的商業法則，書中有個小故事可以讓我們領悟到人的巨大潛能。

贊克是LA培訓中心的老板，他想邀請特朗普上一小時課，開出的酬勞是1萬美元，但被特朗普祕書回拒，後來開價到10萬美元，仍然被拒。後來贊克想起了超越極限的重要性，於是決定將自己推向一個新的境界，他打電話給特朗普祕書，表示願意開價100萬美元邀請特朗普。那時，LA一年營收只有550萬美元，所以這個開價需要過人的膽識。

特朗普終於回了電，他第一句話就問：「你打算找多少人來聽我的演講？」贊克依照以往經驗回答：「大約1000人。」特朗普回答：「除非你承諾找來至少1萬人，否則我是不會去的。」

結果，贊克大膽地接受了這個挑戰，後來參加第一屆LA財富論壇的人數竟高達5.5萬人，LA的年營收也飛躍到1.02億美元。

這才是敢於想像的思維模式，只要你敢想，就必能做到，怕的是你連想都不敢想。

第180課
我自然輕鬆地隨遇而安、隨緣而行

隨遇而安、隨緣而行是很重要的生活智慧。凡事不要強

求，也不要操之過急。要能理解機緣，相信自己。

在物質系統中，特殊願望的實現，還要機緣時間的配合，不需過於勉強，重點是隨時保持自然輕鬆、喜悅快樂。

願望之所以無法實現，常常是因為不夠自然、過於勉強、機緣未到，或者其實老天有更好的安排。

隨緣的心態和積極的態度並不會衝突矛盾，反而是相輔相成。

所謂的隨緣就是不強求，我們可以很積極地發揮想像力。嘗試各種可能性，但是也能同時保持「有很好，沒有也不錯」的隨緣心態。

PART 3 理論

第1章
二元合一論

什麼是二元合一論

二元合一論

人類對於神的概念，往往是一個獨立於我們之外的創造者，具有控制我們命運的權力。在人類歷史上，為了維護這種權威之神的概念，的確付出了不少代價。是不是已經到了我們重新思考的時候了？

一個真理就是二元合一論，這也是最神奇的祕密：「所有的生命是創造者也是被創造者，是神也是神子，是佛也是眾生」。

用最簡單的話來說就是，你創造出你自己的世界。

創造者與被創造者，二元合一，平等無二。

如果這世界是我們自己創造出來的，我們又與神同為一體，那痛苦煩惱也是神創造出來的嗎？其實不然，因為神的本質是真實而不受任何威脅的，所有的痛苦煩惱都是因為我們忘記了自己與神同為一體，這些痛苦煩惱原本就是虛幻不存在的。就如同奇蹟課程中所言：「凡是真實的，不受任何威脅，凡是不真實的，根本就不存在。上主的平安即在其

中。」

　　這娑婆世界的表像存在就是來自於分裂的幻覺，但其本質卻是真實的神性，只不過我們是透過幻覺的鏡片來認知這真如本性，以致於迷失在幻境之中了。

　　不要試圖用你理性的邏輯頭腦去分析理解這奧祕的二元合一論，這不是找到答案的方法，有些人會用名詞定義或邏輯性來爭辯何為真理，但邏輯永遠不是驗證真理的正確方法，二元合一論只能用實證的方法去親身體會，而不能靠分析的方法去理解。

〈圖5〉二元合一論架構圖

　　所有生命是創造者也是被創造者，是神也是神子，是佛也是眾生。

不要陷入在代名詞的爭議

當我們在討論神、神子、佛、眾生、真理、創造者、被創造者、真實、虛幻等代名詞時，應當了解這些都只是一堆代名詞而已。你可以稱俗世為真實，也可以稱其為虛幻，這都沒什麼大不了的，重點是你是否真正感受到，痛苦煩惱越來越弱，平安喜樂越來越強。

有些人也許覺得世間令人討厭，此時可用「俗世也蘊涵真實完美」的觀念來對治，以避免無聊厭煩。

有些人也許沉迷俗世，此時就可用「俗世本為虛幻」的觀念對治，以避免過度執著。

有神論和無神論

人們常會為有神論或無神論的觀點產生激烈衝突，甚至彼此傷害。其實兩個觀點可能都是正確的，有神論認為宇宙背後有個最高秩序的創造者，無神論則認為我們外在沒有獨立的掌控者。

依照二元合一論的看法，創造者和被創造者合一，因此，偉大秩序的創造者是存在的，但這偉大的創造者並非獨立在我們之外，由此看來，兩種看法都是真理的其中一個正確面向。

也就是說，最高秩序的創造者確實存在，但祂不是個外在獨立體。

中國有個盲人摸象的故事，一個盲人摸到了象鼻，就說大象像一根管子，一個盲人摸到了象耳，就說大象像一片麵皮。兩個盲人都只說對了一部分。

不管每個人的看法如何，重點是要保持開放寬容的心態，切忌因為看法不同而傷害彼此，這才符合生命真理。諷刺的是，人類歷史有太多為了觀點不同而引發的戰爭與迫害，現在是大家開始建立寬容態度的新時代了。

其實，每個人都可以依據他自己的喜愛去想像神的形象。在各個階段中的喜愛可能會不一樣。需要整合各種觀念時，會喜愛寬大之神。需要積極學習時，會喜愛權威之神。需要心靈撫慰時，則會喜愛慈愛之神。神的面向是無限多的，也都是神。

人類其實不能確定什麼是神和真理

人類其實不能確定什麼是神和真理

人類常會強迫自己去相信一套有關神和真理的權威體系，然後再試圖去說服別人也去相信那一套說法，這套權威體系可能來自於宗教信念、哲學觀點，也可能來自於道德規範、物質科學觀等。

但請捫心自問，我們憑什麼確定自己的想法是對的？這種強迫自己和別人相信的心態是不是有點自欺欺人呢？

　　最誠實的心態應該是，承認自己不能確定何為神和真理，但願意把一些可能實用有效的觀點和方法與大家分享。

　　當全世界人類都能誠實承認自己不能確定何為神和真理時，這個世界才會最接近神和真理。

　　人類有史以來，都在神和真理的議題上，過於武斷和喜歡判斷，用權威文字和各種理論，來欺騙自己能夠知道神和真理，甚至用暴力來說服別人，其實我們什麼也無法確定。

　　現在正是該承認我們不能確定神和真理的嶄新時代了。

絕對境界是否存在？

　　也許有某人實證了絕對境界後，然後設法告訴我們絕對境界的確存在，每個人都可以到達。

　　對於實證了絕對境界的某人而言，或許他真的實證了某種境界，但是他如何確定每個人都可以和他一樣有相同的實證？

　　也許有人會說，如果實證絕對境界後，就自然知道每個人都可實證了，但我認為不管你自己實證了什麼，都不宜冒然推論到其他人身上，在表達真理時，不應該過於武斷權威。

　　例如，就算在我們的物理系統中，我們無數次驗證了重物必會往下落，但也不能據此武斷宣稱其他系統也是如此。

對於尚未實證絕對境界的人而言，並不適宜盲從別人的權威意見，武斷地認為一定存在絕對境界，而是要開放心胸地承認，只是「很可能」會有絕對境界存在。

就算是已經實證絕對境界的人，也應該抱持開放的態度，畢竟他也無法確定每個人都可以和他一樣有相同的實證，因為，宇宙是平行而且相對的。

擔心錯過生命真理是沒必要的

就目前現實層次的我們，誠實地說，並不知道絕對境界是否存在。但我們要有開放彈性的心態，不拒絕否認，也不盲目相信，先實驗看看再說。

其實，就算不理會絕對境界的最終真理，也沒什麼大不了的。不需要因為擔心錯過生命真理，而產生罪惡感，應該要有開放寬容的心胸。因為：

一、最終真理有可能根本不存在（既然目標不存在，就無所謂對錯，也不需要瞎操心）。

二、就算存在，也未必比較好。（最終真理真的會比較好嗎？）

三、就算比較好，也未必我一定要選為目標。（沒人規定我一定要選擇最終真理為目標）

四、就算我要選，也未必走錯路。（若我選擇最終真理為目標，則我所選的法門路徑，未必是錯路）

五、就算走錯路，也未必會不好。由於「最後我們終將

領悟最高生命眞理」，所以就算走錯路，也只是多
繞繞虛幻路而已。（走錯路了，說不定反而多繞繞
快樂路，只是遲些回歸，更好）

幸運心靈學的務實分享態度

如前所述，其實沒有任何人能夠百分百地確定，自己所
實證的境界是否一樣可以適用到別人身上。

只要有人武斷權威，那他就是不夠誠實。就算是某人修
到了最高境界，發現了所有生命同爲一體，他也無法斷然推
論，每個人都可以修到和他一樣的最高境界。

就算他能確定，那也是超越理智層面的直覺領悟。在
這世俗的理智層面上，他只能順應天心地去自然分享他的證
悟，建議其他人可以嘗試一下他的方法。

所以，如果在理智的層面上，有任何人武斷權威的話，
基本上他就是自欺欺人。

依照二元合一論來看，如果有人自稱是唯一眞神，或自
稱是神的特殊使者的話，基本上他也是在說謊。因爲，最高
眞理告訴我們，每個人都是創造者，也都是神的使者，如果
有任何人大搞特殊性的話，那他肯定是在說謊。人類是非常
喜歡搞特殊性的生物。

既然如此，在實務上要如何運用呢？很簡單，首先大家
要先誠實承認自己不能確定何爲神和眞理，然後把一些極可
能實用有效的觀點方法與別人分享，這樣就很足夠了。

事實上，我們不見得要先盲從權威才能開始修行。

在完全開放，承認各種可能性的心態下，只要在「假設存在絕對境界」的前提下來自己親身實驗，我們也是可以堅定信心來修行的。

總而言之，我們要用務實分享的廣義科學精神，來實踐心靈學的眞理，不要再盲從、武斷和迷信。

最後我要再度強調，當全世界人類都能誠實承認自己不能確定何爲神和眞理時，這個世界才會最接近神和眞理。

PART

3

理
論

第2章
永恆一體生命

什麼是永恆一體生命

我們的心靈生命絕對不是僅僅存在於出生死亡間的短短數十年中，我們的靈魂生命是永恆的。

以最高生命真理角度來看，所有生命均為永恆且一體的，目前我們感知的生命各自對立、分裂、生死及在大千世界中的種種表面現象，基本上只是一種幻覺。也就是說，只有一體生命境界是真實的，其他皆為虛幻。

〈圖6〉永恆一體生命架構圖

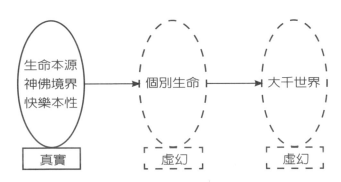

　　而且最大的好消息就是，這個一體生命真實世界是快樂幸福、遠離痛苦的。所以奇蹟課程上才說，只要是真實的境界，就不會受任何苦難；只要是不真實的，根本就是不存在的虛幻。

　　如同〈圖6〉中所示，一體生命本源創造了個別生命的真實本性，而個別生命則營造了我們這個世界。這個世界並非獨立於生命之外的客觀實體，而是由我們的心念選擇幻化而成。肉眼看不見的觀念無形世界具有潛在力量，不要只侷限在表面的有形物質世界。一體生命本源是神，也是佛。

　　如果這個世界有任何的痛苦、掙扎、戰爭、衝突，那也是我們自己的分裂的幻覺所造成的，並非神的意願。有人說，如果神如此慈愛，那就應該主動出面消除人間痛苦。但要知道，神絕不會干擾神子們的自由選擇，一旦干擾，就變成神是控制者，神子是被控制者，這不符合一體生命的最高真理。

　　如果存在一個可以依照祂的意願來決定要不要使你開悟的神，那也意味著在你之外，存在一種力量，可以控制你的思想選擇，那你就變成了無助的被操弄者，而不是具有自由選擇權力的靈魂。會控制人、懲罰人的神只是人類自己想像出來的神，而非一體生命本源的本質。

　　由於我們同為一體生命，因此，我們對別人所持有的心態和所作的一切，其實就是對自己所作的一切。同樣地，我們對自己所持有的心態和所作的一切，也會影響到我們所感

知到的別人。

饒不了別人，就是饒不了自己。

饒不了自己，就是饒不了別人。

對不起別人，就是對不起自己。

對不起自己，就是對不起別人。

讓別人自由，就是讓自己自由。

讓自己自由，就是讓別人自由。

使別人快樂，就是使自己快樂。

使自己快樂，就是使別人快樂。

這些真理，以較短的時間尺度及較侷限的眼光來看，似乎不太明顯，但以較長時間及較廣層面來看，則為顛撲不破的生命真理。心靈四大定律的理論基礎就在於「我們同為永恆一體的生命」。佛教中所謂的因果報應也是心靈四大定律的自然體現，而非有外在的獎懲系統。

由於「我們同為永恆一體的生命」，所以我們對自己和別人所持有的心態和所作的一切，不管是製造痛苦或分享快樂，都會自然反射回來。

因此產生了心靈第一定律及心靈第二定律：

心靈第一定律：尊重生命定律

→若尊重生命，就能避免痛苦。

也就是說，若能尊重生命並溫情友善地盡力避免自己和其他生命的痛苦，則痛苦將遠離。

→要訣：盡己就好。

心靈第二定律：追隨喜悅定律

→若追隨喜悅，就能導向快樂。

也就是說，若自然地追隨你的喜悅，並推而廣之，則將導向快樂。

→要訣：自然輕鬆。

而在一體生命的前提下，有限的肉體生命僅僅是一時的幻覺，我們眞實的生命是永恆而圓滿的。我們其實都具有如神般的自由選擇能力，只要我們用寬恕寬容的豁達心念來掃除幻覺障礙，則自然可以實證一體生命境界。這又引申出了心靈第三定律及心靈第四定律：

心靈第三定律：自由選擇定律

→若自由選擇，就能發揮潛能。

也就是說，任何生命都有自由選擇的無限權利及無限威力。

→要訣：選擇心態。

心靈第四定律：寬恕寬容定律

→若寬恕寬容，就能掃除障礙。

也就是說，寬恕寬容將爲你掃除在快樂幸運路上的障

礙。

→要訣：唯觀如幻。

尊貴的神子們啊！你們全都是一體生命之神的化身，你們真實的身分是完美的神子，你們現在只不過是夢見自己被困在身軀內，身體就好像是活動圍牆，是你們自己選擇把生命局限在這小小的圍牆之內。

天堂並不在身外，而是在你們的心中，只要能轉變自我設限、自尋煩惱的心態，重新憶起，重新認同你們百害不侵、無限快樂的真實神子身分，那你們將豁然發現，原來天堂一直就在你們身邊。一旦你認同憶起一體生命境界後，就永遠不需經歷任何痛苦了，不需再度遺忘了。

也許有人會問，如果生命是一體的，那為什麼我們無法完全同步感受到別人的痛苦快樂。那是因為，生命的根源乃一體，表面卻是分裂，每個人的痛苦快樂是屬於表面現象，故各有不同感受。然而你對這些表面現象的心態看法卻足以障蔽或彰顯生命根源。當你有心為惡或自尋煩惱時，就會障蔽生命根源。當你的心態合乎真理時，自然可以彰顯生命根源。

真實與虛幻的定義

真實和虛幻的定義

在前文對永恆一體生命的闡述中，提到了一體生命本源

才是真實境界，而我們目前的分裂生命則如同一場幻夢。這種說法對一些人來說，可能會難以理解，本章將詳細解釋。

一般我們認為所謂虛幻的東西有兩項特色，一是主觀性強，二是穩定性差。例如，我們晚上作夢時，雖然在夢中感覺頗為真實，但在醒來後，會覺得夢境是虛幻的，這是因為晚上睡覺的夢境有兩項特色，一是主觀性強，我們的夢境很難和別人分享，每個人各的自夢境都不相同。二是穩定性差，我們晚上的夢境變化無常，較無穩定脈絡。

同樣的道理，當有一天我們從人生大夢中真正醒來時，也會覺得人生大夢是虛幻的，我們會發現其實每個人在其人生大夢中，主觀性都很強，我們以為的分享人生經驗，其實都只是各自附和解釋而已，就如同兩個精神病患在各自陶醉地胡亂對話，理智的旁觀者覺得牛頭不對馬嘴，兩個精神病患卻以為有分享到看法。另一方面，在從人生大夢醒來後，也許我們會發現和真實本性的永恆穩定性相比，人生大夢也是變化無常的。

我們夜裏睡覺的夢，可能只不過是人生大夢的夢中之夢，終有一天我們會從人生大夢中來真正覺醒。有許多哲人說人生如夢，這是有一定道理的。

幸運心靈學的實用性

其實我們可以將人生視為真實，也可以將人生視為虛幻。重點是哪一種觀點對我們減少煩惱和增進快樂最有實用

性的幫助。

當我們把人生的表面形式視為虛幻，而把我們百害不侵、無限快樂的本性視為真實時，我們能發揮的生命潛能將為最大。所以幸運心靈學鼓勵大家把本性視為真實，且將形式視為虛幻，因為這樣的實用性最強。

如果我們把表面的現象形式視為真實，將至善本性也視為真實，則我們將會努力掙扎，對抗好似很真實的邪惡，經過千辛萬苦，以達至善的最高境界。這個對抗過程，將會是艱辛和困難的，其實用效果不見得最好。

如果我們把形式視為虛幻，將至善本性視為真實，我們將能更輕鬆容易地突破形式的障礙，體悟到我們的至善本性。

在許多正邪對抗、善惡相爭的故事中，都把邪惡看作太真實了，以致造成了衝突鬥爭的場景。其實，我們的真實本性是善良的，所謂的邪惡只不過是一種扭曲的幻覺。

次原子粒子的一體性

1982年法國物理學家Alain Aspect成功完成了一項著名的「量子糾纏」（quantum entanglement）實驗，證實了微粒子之間存在著立即通訊的關係。

量子糾纏現象是說，如果有共同來源的兩個粒子，對其

中一個粒子進行自旋擾動，另一個粒子，不管相距多遠，都立即會發生相對應的自旋擾動，量子糾纏現象已經被世界上許多實驗室證實。

量子糾纏現象違反了愛因斯坦所堅信的物理學「實在觀」和「定域性」，因為量子的特性是無地域性的。1997年依照量子糾纏原理，科學家實現了量子隱形傳輸。

倫敦大學的物理學家David Bohm相信量子糾纏現象意味著宇宙是一個全像（Hologram）整體，分裂只是幻相。全像相片的每一個小部分都包含著全體的訊息資料，同樣道理，宇宙中的一切事物都蘊含著全宇宙的訊息，這也是所謂的「一粒砂見世界」的一體哲學。

Bohm認為次原子粒子不是靠著發射超高速信號來彼此聯絡，而是它們實在本為一體，自然可以同步變化，分離只是一種幻相。

舉例來說，假設現在有兩個攝影機，分別同時拍攝同一只狗的正面和側面，然後將拍攝的兩個畫面同時呈現，那麼你將發現當一個畫面移動時，另一個畫面也同步會有反應，如果不告訴你那是同一只狗，你還會以為這兩條狗有心電感應呢！

由以上資料可知，目前科學已證實了微粒子間的一體性，未來的心靈科學將證明所有的生命都具有永恒一體性。

第3章
平行相對宇宙

什麼是平行相對宇宙

平行相對宇宙是什麼？

宇宙其實有無限多個，在任何一個時點上，任何人都有無限多個選擇可能性，每個選擇可能性都會產生一個平行宇宙，這些無限多個平行宇宙如同你現在感知的宇宙一樣，都是存在的，只不過你選擇不去感知到它們。

如〈圖7〉的平行相對宇宙架構圖所示，舉例子來說，假設某人A有A1及A2兩種選擇，某人B有B1及B2兩種選擇，以A的感知觀點來看，A自己選擇了A1，並觀察到B選擇了B1，則（A1+B1）是A所感知到的宇宙。但是就B的感知觀點來看，也許B自己選擇了B2，並觀察到A選擇了A2，則（A2+B2）是B所感知到的宇宙。（A1+B1）及（A2+B2）都是同樣存在的平行宇宙，只不過（A1+B1）是A所感知到的宇宙，（A2+B2）則是B所感知到的宇宙。

〈圖7〉平行相對宇宙架構圖

平行相對宇宙同時存在

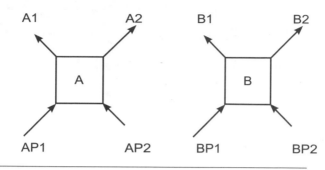

A所感知到的宇宙

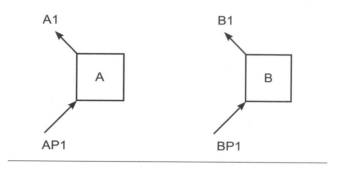

B所感知到的宇宙

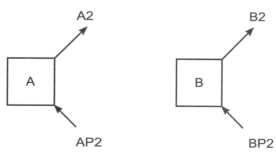

說到這裏，有人會問，以A的感知觀點來看，B選擇了B1，但以B的感知觀點來看，B自己選擇了B2，那麼B到底「真正」選擇了什麼。這個問題主要是來自於假設有一個絕對客觀的宇宙，其中B只有一個「真正產生」的選擇，但是最高真理顯示，其實並沒有所謂的客觀宇宙，一切都是主觀相對的。所以，以A的感知觀點來看，B「真正」選擇了B1，但以B的感知觀點來看，B自己「真正」選擇了B2。

所以，你所觀察到的別人的行為選擇，其實只是對方的無限可能性中的一個版本而已，正因為如此，當你自己的生命境界提升時，你會更容易看到對方的「提升版本」，人際衝突自然減少。

你不只選擇自己的未來，你也選擇了你所感知到的別人的未來。

推而廣之，就算是所謂「真實的過去」，也是主觀相對的。在任何時點，你也可以選擇任一過去的版本，再以上面的A為例子，假設A選擇AP1為過去歷史，則（AP1+A1+B1）是A所感知到的宇宙。A和B都有自由選擇過去歷史的自由，有時此種選擇會形成交集，這就構成所謂的公認歷史，但就算是所謂的歷史，也是會因每個人認知的差異，而有許多不同版本，這世界不只有一種歷史。

總而言之，平行相對宇宙論為心靈定律提供了堅實的理論基礎，要知道你不只可以選擇你自己的未來環境，你也可以選擇由你眼中看出去的別人的選擇，更可以選擇你自己的

過去。

宇宙所有一切都有賴你的選擇，也就是說，你就是你所感知宇宙的創造者。

改變了你自己，就會改變了你所看見的全宇宙

依照平行相對宇宙理論，如果你改變了自己的觀念，實際上你將徹底改變了你所感知的周遭人們，以及全宇宙的歷史發展。

這不只是一種象徵性的說法，而是在物質上實實在在的改變。

這也不是在假設客觀宇宙未變的前提下，只設法讓自己的主觀情緒改變而已。這是全宇宙真正的改變。傳統心理學大多鼓勵人要強顏歡笑地來面對外在不幸的命運，卻不了解人可以靠心念就改變自己和宇宙的命運。

由於平行相對宇宙理論，使得每個人的自由選擇間不再有衝突矛盾的可能，舉例來說，當一個殺手A在猶豫著要不要殺掉B時，看起來B的命運似乎是完全操縱在A的一念之間，然而事實上，B是有選擇的完全自由的，假設B在潛意識中選擇要活下去，而殺手A選擇殺掉B時，則B所感知到的宇宙為殺手A未殺掉B，殺手A所感知到的宇宙為A殺掉了B，兩個宇宙互為平行相對宇宙。

以平行相對宇宙的理論來看，所謂的未來預言的意義並不大，當預言家作出了預言後，有些人也許進到了預言實現

的平行宇宙，而有些人也許進到了預言未實現的平行宇宙。預言實現和預言未實現的兩種平行宇宙其實都是存在的，就看每個人如何選擇了。

物理學上的平行宇宙理論

物理學上的平行宇宙理論認為，宇宙其實不是只有我們的這一個宇宙而已，而是有無限多個宇宙，分別在其本身宇宙的時間軸上，彼此平行地發展。

這如同樹狀圖的分叉一樣，當進行到一個支點時，就會有幾個分岔支線，而產生不同的結果，這樣造就了無限條的時間軸，也就有無限多個平行宇宙在進行中。在某特定宇宙中，你身上的某些細胞稍稍不同；在另一個宇宙中，沒有發生第二次世界大戰，等等。每個可能的宇宙都是與我們的宇宙平行共存。當時光旅客回到過去時，宇宙會開展成兩個量子力學的宇宙，如此即可自然解決時光旅行的因果謬論。

每個平行相對宇宙，都有其最可能的慣性的選擇分裂模式。宇宙幕後生命真理的善意支持，使得個別平行相對宇宙，都存在一些相當穩定的法則秩序，不會因為表面意識思想的種種變化，而造成天下大亂。也正是因為這些慣性規律，使得你不會忽然從家中跳到月球上了。

量子力學的平行宇宙觀

量子力學預測了平行宇宙

　　量子力學是人類在20世紀發現的重大真理，如果我們深入了解量子力學，就可發現其中包含了生命真理的內涵。

　　量子力學證實了量子潛態的觀念。所謂的量子潛態，就好像一個理想的量子骰子，當你丟擲它時，量子力學預測它會同時停在每一個值上，每個值就是一個量子潛態，只有當我們進行觀察時，這個量子骰子才會明確地出現一個數字，我們才進入了其中一個平行宇宙。在沒有觀測時，所有的可能性都同時存在。

　　埃弗萊特對「量子潛態可能性」所提出的解釋認為，所有依照量子理論所做出的可能性的預言，其實是同時實現的，這些現實也就發展成彼此無關的平行宇宙。在這個量子力學的解釋中，波函數並不塌陷，由於身為觀察者的我們無法同時在所有的平行宇宙中存在，因此我們只觀察到在我們的宇宙中的測量值，而其他平行宇宙觀察到他們宇宙中的測量值。這個解釋不需要對特殊地看待測量這項行為。而所謂的薛丁格方程也就是所有平行宇宙的總和。

　　這些平行宇宙存在於一個所有可能狀態所構成的大領域中。每一種可能的量子潛態，都各自對應到一個平行宇宙。在現代實驗室的波干涉或量子特性等各種實驗中，都可以發現到平行宇宙的存在。

由以上資料可知，量子力學發現了在微觀世界的平行宇宙現象。未來人類也將逐漸發現不只微觀世界，其實宏觀世界也有平行宇宙現象。

還不知道的，就等於尚未發生

你在任何當下，不只有權利選擇你的未來，也有權利選擇你的過去。既然連過去都是可變的，所謂的生死輪迴也不需要去執著研究其真實性了。

很多人會想，過去已經過去了怎麼有可能改變？如果改變豈不是破壞了邏輯發展的合理性。其實我們翻閱許多歷史書籍，常發現同時期歷史，卻有許多不同的版本說法，依照平行相對宇宙觀，並沒有一完全客觀的歷史存在，一切歷史事件都是平行相對的，我們沒必要去探究何為唯一真實。

其實真理是「還不知道的，就等於尚未發生」，任何事件必須在你觀察認知後，才算在你的平行宇宙中真的發生。所以，就算是所謂的過去事件，在你還沒有觀察認知前，仍然是可以彈性改變的。

這個觀念看起來無法置信，但在量子力學著名的薛丁格貓的假想實驗中，很可以說明這個理念。薛丁格貓的假想實驗內容如下：

現在有一隻貓在一個封閉的箱子中，這個箱子有一個放射性原子核和一個毒氣瓶。如果原子核發生衰變，將會發射出一個粒子，進而觸發開瓶裝置，打開毒氣瓶，殺死了這只

貓。如果原子核沒發生衰變，則貓安然無事。

根據量子力學，在未進行觀察時，這個原子核是處於已衰變和未衰變的疊加態，也就是兩種狀態同時存在，但並未確定，只有在箱子打開進行觀察後，才會看到「衰變的原子核和死貓」或者「未衰變的原子核和活貓」兩種情況的其中之一。

根據平行宇宙理論，所有可能性都同時存在，只有當觀察者打開箱子的那一瞬間，觀察者才會進入眾多平行宇宙的其中一個，觀察的結果就因此只有一個，「活貓」或「死貓」。

也就是說，在打開盒子前，這只貓在箱子的歷史狀態是不確定的，只有打開盒子讓觀察者認知觀察後，才明確了這只貓的歷史命運。這個道理可以引申到其他事件，任何事件在未被你認知觀察前，都可以算是尚未發生，都有彈性改變的可能。

美國的科學家曾經做一個實驗，發現意念可以改變過去。科學家使用一個能隨機發出長聲「滴」和短聲「答」的發音裝置，長短聲發生的機率各為50%，並將發出的聲音錄製成錄音帶，然後將錄音帶放給超能力人士聽，請他用意念使長聲的出現機率增加（沒告訴他這是放過去的錄音帶，卻告訴他這是發音裝置的現場實驗）。

結果令人震驚，科學家發現，如果錄音帶在錄製時和錄製後都從來沒人聽過（只由機器自動錄製），則超能力人士

可以改變長聲的出現機率。但是如果有人聽過錄音帶就無法改變錄音帶。也就是說，只要錄音帶沒被人聽過，那麼超能力人士可以改變在過去時間中發音裝置的發聲機率分布，一旦有人聽過，就改變不了。

時間的特性

在唯一絕對宇宙的觀點中，所謂的時間就是一種描述物質變化的方式。在某個時間，物質有某種排列方式，過了一段時間後，又變成另一種排列方式。

平行宇宙的觀點則認為，所有的平行宇宙已經包含了所有可能的物質排法，在當下這一瞬間，所有的可能性已經存在，所謂的時間變化只是一種幻覺，一種因為選擇而產生的排列幻覺。

依照平行宇宙理論，當一個時間旅行者回到過去，並且改變了歷史，那麼他就會在該時點建立了一個歷史被改變的平行宇宙，他的原宇宙和歷史被改變的宇宙就以平行方式共存發展，如此便能避免時間旅行的矛盾問題。

相對論的相對時空觀

在愛因斯坦的相對論問世前，物理學家比較傾向於時間和空間的絕對唯一性，他們相信宇宙的時間和空間不管在那

兒測量，都是客觀絕對的。愛因斯坦首先提出了時間和空間具相對特性的看法。

　　有個例子可以說明，依照狹義相對論，非慣性系運動中的時鐘會走得較慢。現在假想有一次宇宙航行，雙胞胎甲搭乘接近光速的太空船到星際太空去旅行，雙胞胎乙則留在地球上。經過五十年後，太空船返回地球。那麼地球上這位雙胞胎乙會發現他的兄弟比自己年輕多了。

　　雙胞胎甲比雙胞胎乙年輕，並不是因為甲在太空船中用慢動作生活。那是因為從乙的觀點來看，甲在的太空船的時鐘會變慢。但是從甲的觀點來看，太空船的一切運作都很正常。兩個人的看法都正確，宇宙並不存在一個客觀絕對的時間座標，這就是時間系統的相對特性。

　　1971年，科學家發現放在衛星上繞地球旋轉的原子鐘比地面上的原子鐘走的還慢，用實驗證明了愛因斯坦的相對論。

　　愛因斯坦在20世紀發現了時空相對性的驚人祕密，21世紀的人類也將逐漸發現不只時間和空間，其實所有宇宙事件都具相對特性，毫無例外。

第4章
認同

什麼是認同

何謂認同真實本性？

所謂認同你的眞實本性，就是要了解到，你本來就具有百害不侵、無限快樂的眞實本性。你痛苦煩惱的感覺，都只是幻覺。

能使你得救的就是你的眞實本性。眞實本性一直就在你的心中，你不需要去刻意追求。你也無法藉著做任何事，來贏得眞實本性。

你所需要做的就只是清除幻覺，掃除掉干擾你回憶眞實本性的各種障礙。

你不需要任何改進或努力，也不需要任何挑戰或考驗。你只需要憶起和認同你的眞實本性。你不管再如何努力，都無法改變你的眞實本性分毫。

那在實務上要如何認同呢？其實很簡單，只是一個願心而已，只要你虔誠默念「我認同我快樂的眞實本性」這句話，就已經完成了認同動作，現在重點是你眞心認同的信心程度到底有多少？越眞心認同，則效果自然越好。

什麼是宇宙和生命的真實本性？

宇宙的眞實本性是無條件慈愛、無限支持、無限神威和無限寬容的。我們對宇宙好像是冷漠旁觀者的看法，其實是一種錯誤的幻覺。

宇宙之神就好像微笑寬容的父母，已經將我們安置在絕對安全的環境中，並且鼓勵我們地盡情玩耍，不要自尋煩惱。祂不會要求我們一定要放下玩具，跟祂回家。就如同當我們的小孩在絕對安全的環境中時，他們在玩什麼捉迷藏或扮鬼嚇人的遊戲時。我們也只會微笑地看著他們玩耍，甚至鼓勵他們玩開心一點，只會偶爾提醒他們不要將遊戲太當眞了。

所有生命的眞實本性都是百害不侵、無限快樂的。我們因爲忘記了自己的眞實本性，才會感到煩惱痛苦。

你本來就開悟了

一旦你有意識的認同你的眞我。你會發現你唯一需要做的，就是讓你的本性自然流露，一切都是那麼自然輕鬆。如果你感到需要一些挑戰考驗才能有助於你早日醒悟的話，那都只是因爲你仍然太相信自己的幻覺。

你本來就開悟了，你不需要去掌控開悟的方法道路，你也不需要藉由任何外在神奇的體驗或嚴格的教訓去尋求開悟。

如果你能放下分離的幻相，重新認同自己的神和神子合

一的真實身分，你就會豁然發現，原來你早已在家，與神同在，與神一體。

你從未在神之外，你是他完美的展現。一旦你真正認同接受你本具的神聖身分，所有的煩惱痛苦將會自然消失。你現在心中的種種困惑和迷茫都是來自於你尚未完全認同你的真實身分。

放下幻覺

快樂就是你的本性，快樂的唯一障礙就只是你不認同本性的幻覺而已。

快樂的方法是每一刻都去認同自己的偉大本性。同時，明白了解事實上你只選擇過快樂，而從未做過其他選擇。其它你好似做過的選擇都只是幻覺。你以為過去所做過的一切，都只是你的幻覺所玩的一個小小魔術。

所謂的幻覺只是你沒有認同你本來就是快樂幸運的，一旦你相信了這種幻覺，就會衍生出其他的無數幻覺。你可以很容易地選擇放下幻覺，這只是思維方式的改變而已。除非你自己覺得必要，艱難的挑戰過程是毫無必要的。

你只需要重複地提醒自己，你一直都是快樂幸運的。不管你是否完全地認同，都可以在你的心中重複快樂幸運的信念，就好比在做個假想遊戲。

如果你一直重複假想，終有一天你會完全回憶起你的真實本性。

你要了解到，就在當下此刻，你能重新選擇去恢復快樂本性，這整個選擇都是你的權力。

不要依賴老師

在求道的過程中，我們常會想像在某些地方，某處深山，或某些星球，會有偉大的老師來加持你，幫助你開悟。

但是這種想法可能會讓你逃避自我選擇的責任。就在當下這一刻，你就應該承擔重新認同的責任，你本來就是一個開悟的明師，具有快樂幸運的真實本性。除了你自己以外，沒有任何人能幫助你領悟你自己的本性，別人最多只能扮演提醒的角色。

覺悟的時間只可能在當下此刻，覺悟的地點也只可能在你當下之處。所謂的未來只是一個幻覺。

你本來就擁有無限廣大的心靈。你所能體驗到的一切，只會被你自己的信念所局限。

只有光明之源，沒有黑暗之源

光明的生命真理其實無處不在，我們最多只能遮蔽自己的眼睛，卻不可能找到所謂的黑暗之源來和光明對抗，黑暗和光明並非對等的敵手，黑暗只是一時的蒙蔽。

我們平日一些的喜悅快樂、平安幸福、價值成就感等，就好比是一處處的感受到的光亮，但尚未連成一片。直到我們清除黑暗痛苦的幻覺，重新認同我們光明喜樂的天性，自

然會感到全面大放光明。我們要認出光明快樂的所在,並加以發揚光大。

宇宙是完全善意的

宇宙本身並不是中立無情的舞臺,讓善惡鬥爭及生存競爭在上面殘酷地上演。事實上,宇宙本性是完全善意地支持所有生命的幸福快樂的。只是有些生命暫時無法相信這個眞理,自己遮住了自己的眼睛,以至於給自己或別人帶來許多痛苦和煩惱,在痛苦煩惱發生的同時,還將責任推到老天身上。不過,不管生命如何無知地在幻夢中互相攻擊,宇宙的慈愛本性仍然是永恆不變的。

所以,並不是善良終將戰勝邪惡,而是只有善良是眞實的,邪惡則是虛幻的。知道了這個眞理,我們自然沒必要刻意去攻擊邪惡,攻擊邪惡本身等於承認邪惡是眞實的,會帶來矛盾衝突。

由於宇宙的慈愛本性,我們也不需要過度擔心自己的一個小小負面想法會產生不好的結果,除非你實在是太投入在負面情緒上了,不然的話,一切都是會順利平安的。

人性本樂論

幸運心靈學主張人性本樂論。人的眞實本性是快樂而善

262

良的。

其實，人性到底是本善或本惡？本樂或本苦？並不重要，也沒有必要為此辯論，重要的是哪一種主張對減少煩惱和增進快樂有益。

讓我們以實用的角度來看這個問題。

當我們主張人性本惡或人性本苦時，我們常會把注意力放在邪惡或痛苦的地方，這將使得減少痛苦的過程較為緩慢掙扎。

當我們假設人性本善或人性本樂時，我們會把注意力放在善良或快樂上，這將使得我們更容易達到快樂和善良的目標。

所以，人性本樂論具有更佳的實用性。讓我們放開心胸，以人性本樂為基本假設，然後慢慢地去實際驗證。

〈圖8〉認同、交託、修心架構圖

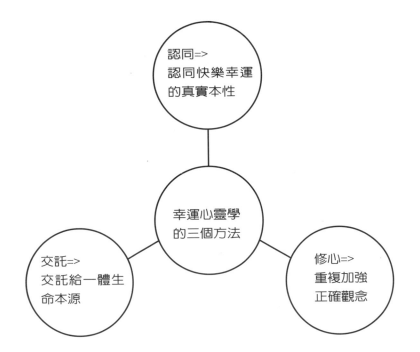

第5章
交託

何謂交託？

交託就是放手讓生命本源來引導你的領悟靈感和好運機會，化解根本不存在的自尋煩惱和各種麻煩，然後你就只要追隨你的最大的自然快樂來行動即可。

交託會有你看不見的最高引導效果。

虔誠交託時，也會讓人感覺有依靠、有力量、有同伴、有愛心、有溫暖，並會使人順其自然，不致過於強求。

越到關鍵時刻，你就越需要交託，因為生命本源的智慧是最高智慧。

那在實務上要如何交託呢？交託其實很簡單，只是一個願心而已，只要你虔誠默念「我交託給生命本源（或者神），放手讓祂來引導一切」這句話，就已經完成了交託動作。

有人會問，交託給神之後，我們要如何判斷指引訊息是否來自於神？事實上，交託之後，你根本不需要擔心判斷什麼是本源的指引。你所感到最自然快樂的各種大小選擇就是本源的指引。

理智是完全沒有判斷能力的，不要妄加判斷，也不要被

如何判斷的問題所苦。當你交託給神後，你只要時時選擇你覺得最平安喜樂的路徑就好了。我們沒能力也不需要去判斷何者為神的訊息。

平安喜樂是我們唯一的指南針，其他任何判斷不僅無益而且有害。不要用任何我們想像出來的真理教條，來壓抑我們平安喜樂的神聖天性。千萬不要假裝我們已丟棄了世俗一切而只選擇了神，這是矯情且虛偽的。

我們只要盡情享受平安喜樂即可，因為這是我們唯一的任務。任何對自己、對別人的，以及對世俗喜樂的不寬恕和罪惡感都是我們的內疚信念所妄自營造的。

接受神的訊息並不如你想像的如此複雜困難，那不一定是轟轟烈烈的天使號角，也不一定是神奇的聲音或異象。自然輕鬆和平安喜樂的感受就是來自神的訊息。

你若把神想像成外面高高在上的偉大生靈，那你就是誤解了神的本性，神就是平安，神就是喜樂，神就是你真正的自己。

神的本質是無條件慈愛的，如果你會感覺受到威脅、煩惱痛苦、無能為力和受到擺弄，那都是來自於你不信任神的完全善意，或投射出神的錯誤形象所造成的幻覺。

神將會無限慷慨地滿足你心中最瘋狂的願望夢想。只要你不要再自我設限或對神設限。

交託的禱詞範例

「全宇宙都是無條件慈愛、無限支持的。

所有生命都是百害不侵、無限快樂的。

我放手交託給生命本源（或者神），讓祂來引導我的領悟靈感和好運機會，化解根本不存在的自尋煩惱和各種麻煩，然後我就只要追隨我的最大自然快樂來行動即可。」

放手交託就可以發揮潛能

打個比方來說，有一個國家的人民，習慣一直將自己雙手交叉放在胸口前保護心臟，結果雙手無法做事，教他們放開雙手，他們又深信沒有雙手交叉的保護，心臟就會停止跳動，真是令人啼笑皆非。

我們之所以不敢放手交託，正如同這國家的人民一樣，只不過是被錯誤的信念所害，只要我們大膽放手，就可以發揮最大潛能。

認同與交託兩者並不相互矛盾

所謂的認同是指，回憶起自己的真實身分，這正是我們心靈深處中最高的自我。而所謂的交託，則是以被創造者神子的身分，將引導、化解的任務託付給這最高的自我，而自己只要專注在選擇自然喜樂就好了，不需妄加判斷。

兩者並無矛盾之處，這是因為以二元合一論來看，所有生命是創造者也是被創造者，是神也是神子，是佛也是眾

生。

其實，這宇宙中唯一重要的關係，是你和神之間的關係（也就是你和你自己間的關係）。其他所有你和別人或者與環境的關係，都只是一種投射。

盡人事，聽天命

盡人事聽天命是能讓自己心中坦然無畏的好觀念。

所謂的盡人事，也就是盡己盡力去做。

所謂的聽天命，並不是命運已經註定的意思，其實命運是掌握在自己的手上。但在實現命運的過程中，不要過於執著強求。

交託給生命本源後，就要信任生命本源的引導安排，隨時充滿平安快樂，這才是真正的聽天命。

第6章
修心

什麼是修心

何謂修心？

修心就是透過抄寫文字、默念、出聲念、複誦、觀想、禪定、身印、手印、培養熱情及自然無為等種種方式，來不斷強化深化對自己有幫助的正確觀念或信念，達到清除幻覺的目標。

其中培養熱情及自然無為兩種方式，乍看起來是完全相反的方法，其實兩者都有其適用的機緣，都可達到很好的效果。

修心在實務上最簡單的方法，只需要抄寫文字或虔誠默念一些特定的觀念句子即可，也可以輕聲念出句子讓自己聽到，不一定非得運用許多較複雜的方法。

本書第二部分的快樂練習，就整理出了180課的特定主題觀念，來讓讀者練習加強修心，讀者可以採取各種自己喜歡的方式。最簡單但有效的方法，就是每天只要花大約5分鐘時間來抄寫或默念或出聲念每課的主題句子。

下面是一些修心方法的介紹：

一、抄寫文字或默念或出聲念的修心方式

抄寫文字或默念或出聲念就是透過語言強化特定觀念的方式，來進行修心，這是最簡單的方法。出聲念能讓自己聽到，口耳相應，效果不錯。

語言是人類表達信念的重要工具，因此這種方式特別適合人類。

二、觀想的修心方式

觀想就是透過想像的方式，來進行修心。觀想的方法常會有令人印象深刻的效果。

三、禪定的修心方式

禪定就是透過安靜專注的方式，來進行修心。

四、身印手印的修心方式

身印手印就是透過身體或雙手的特定姿勢，來進行修心。例如，雙手合掌會帶來虔誠的感覺。而瑜伽練習的各種特殊姿勢，對身心有很大幫助。又例如，連續的緩慢深呼吸，容易使人進入可和潛意識溝通的阿爾法波腦波狀態。

五、培養熱情的修心方式

培養熱情就是培養對特定觀念的極大熱情，來擴大其效果。

六、自然無為的修心方式

自然無為就是領悟到本已開悟，什麼都不需要做了。

改變你的心，就等於改變這個世界

你眼中的世界，恰恰符合你自己的信念，分毫不差，它正是你內心狀態的忠實反映。一個人怎麼想，他就會如何去看這個世界，因此，希望從外在去改變世界，是捨本逐末且治標不治本的，你應該下定決心來改變你的心對世界的看法，如此，你看到的世界就會有所轉變。

一般修行強調的專注、觀照、能量、觀想光明、內省、直觀、六度萬行、神通變化、活在當下等各種形式方法，都只是輔助而已，並非修心的基本關鍵。

修心的真正關鍵在於如何看待自己、其他生命和這個世界。重點是在要真正清除掉所有對自己、對別人、對這個世界的所有不滿抱怨和內咎罪惡感。外表的行為、形式以及結果等反而並不重要。

信念系統的自我加強性

所有的信念系統都具有自我加強性。

它先是產生了某種信念，然後它會自動在周遭環境經驗中，尋找支持這個信念的證據，然後再創造此信念產生的效果，如此迴圈不斷地自我加強。

想改變舊信念系統的方法，在於建立嶄新的加強回饋系統。這也就是為何修心方法有益於建立正知見的基本原理。

選擇當下最適合自己的修法

在比較各種修法中，只要著重的重點有些許不同，就應該視為完全不同的修法，不要試圖將其歸納分類成一種修法，這樣才不會引起矛盾。

不要勉強自己去運用任何一種修法，各種修法之間，沒有什麼好壞之分，只有適合不適合的問題。事實上，100兆個生命就會有100兆個修法，不可能有兩種完全相同的修法，而每個生命合適自己的修法本身也是隨時在調整改變的，甚至可能修到最後的終點形式也是有100兆種（也許至善本質只有一個，但終點形式也可能有無限個）。

每個人都應該去選擇當下最適合自己的修法，別人的修法只能做為觸發提示，你可以加以修改變化，以求最適合自己，不要完全依循別人的方法，完全遵從別人的修法，猶如削足適履，容易引起矛盾掙扎。

人類常喜歡找到一套能適用於全宇宙的修法，但這是不可能的，適合你的修法不見得適合別人。

修行不需遠離俗世

一般人一想到修行，就會聯想到在深山古剎中潛心修煉的高僧、道長或隱士，其實，修行不見得要斷絕紅塵。有些修行人誤以為俗世充滿誘惑危險，必須先閉關煉得超脫心法，才能無入而不自得，然後再行入世。

修行人這種想法可能會容易掉入「執著於超脫俗世」的

陷阱。但是如果機緣合適、不執著於超脫俗世，則隔離修行也是選項之一。

　　修行人必須知道，俗世的真實本質和真如佛性毫無差別，清淨圓滿。只是我們自己的妄見執著造成世間的痛苦煩惱，如果我們把世間視為無常煩惱的罪惡淵藪，那我們依然看不清世間的圓滿真相。

隱形眼鏡的比喻

　　我們的錯誤觀點心態，就如同我們天生視力極佳，卻戴了一幅扭曲度數的隱形眼鏡，來看實相真理。

　　由於隱形眼鏡是扭曲的，所以無法看清真理，常常會有跌跌撞撞的痛苦煩惱，這就是所謂的幻覺。

　　調整了心態（也就是修心）就等於調整了隱形眼鏡的度數，當你經過正確的調整方式，而越看越清楚時，跌跌撞撞的次數也會減少。

　　到最後你就會熟悉光明世界，而願意直接完全摘下這幅隱形眼鏡，結果你將發現，你本來就擁有極佳視力，只是戴上了扭曲度數的隱形眼鏡。但如果沒經過調整的漸進過程，你可能會沒勇氣一下子忽然面對光明世界。

　　不受任何威脅的真實世界只有一個，卻因為每人戴了不同的隱形眼鏡，所有才衍生出不同的挫折和恐懼。

有人會問，既然我們天生視力本來就很好，那乾脆直接摘了隱形眼鏡，不就重見光明了嗎？問題是人類自己有許多其實很合理的原因，而不肯馬上摘下這幅隱形眼鏡。

一、不知道自己是戴了隱形眼鏡，還以爲跌跌撞撞的痛苦是很正常的，壓根兒沒想到有可能摘下隱形眼鏡。

二、周遭別人都告訴你，你並沒有戴什麼隱形眼鏡，這樣的跌跌撞撞本來就很正常，而你也相信別人的話。

三、覺得周遭別人都戴了隱形眼鏡，如果只有自己摘下隱形眼鏡，未免顯得太異類，無法讓別人認同。

四、過度信任某些也戴了隱形眼鏡的權威人士，覺得他們的話就是至高無上的。

五、過度信任被隱形眼鏡扭曲的一些人類價值觀，覺得這些價值觀值得崇拜。

六、覺得還滿習慣或喜歡戴了隱形眼鏡所看到的世界，雖然偶而會吃點苦頭，但還是懶得把隱形眼鏡摘了。

七、由於感到不熟悉光明世界，害怕忽然摘下來重見光明時，不知道會看到什麼怪物？

八、有意願摘下隱形眼鏡，但採用了調整隱形眼鏡的錯誤方法，或者忽略一些關鍵因素，結果反而隱形眼鏡更加扭曲，或是產生新的扭曲方式。

九、有意願摘下隱形眼鏡，但正在嘗試調整隱形眼鏡的努力過程中，雖然感到視力漸漸清晰，但還沒有充分心理準備來接受忽然全部摘下隱形眼鏡。

十、從來沒想過什麼摘不摘隱形眼鏡的問題，日子就得過且過吧。

如上所述，這不肯摘下這幅隱形眼鏡的十大理由，其實都是合情合理的，依照每個人的各種機緣，就會有不同的理由。

那我們應該如何開始這個摘隱形眼鏡的歷程呢？

一、首先要有嘗試的意願。

不管你現在是否能完全相信自己本有極佳視力，至少你要告訴自己，我願意嘗試實驗一下。

二、**保持彈性開放的心胸，放空自己。**

要重新審視目前人類及自己看待事物的角度，不要迷信任何書本、權威，最好不要執著在固定一套教法上。

三、**以平安喜樂為基準指標**

正確指標可以讓你在調整隱形眼鏡的過程中，有調整的依據，不致於越調越糟。這個正確指標就是你的心情的平安喜樂。

不管什麼調整方法，不管看起來多麼難以置信，或多麼普通低俗，只要能使你的心情越來越平安喜樂，那就是正確的方法。

不管什麼調整方法，不管看起來多麼神聖偉大，或多麼具權威性，只要讓你的心情感到掙扎衝突或緊張不自然，那就不是正確的方法。

　　這些調整過程，我們也可以稱之為修心的過程，因為我們心態的幻覺扭曲正如同戴了隱形眼鏡一般。

　　要特別注意的是，目前許多人類修心的經典，仍然參雜進很多犧牲世俗、專注神聖的不自然方法，這只會造成許多的內心掙扎，讓人越調越糟，但卻又執著於所謂神聖的教法，誤以為錯誤一定不在於偉大的明師，而是在於我自己的劣根心太重，小我太強，所以要更加精進，來克服心中的我執魔障。結果呢，就越修越不爽。

　　永遠不要以外在的經典權威看法來做為自己修心的指標，而要以你真實的內心感受做為指標。

　　適合別人的教法，不見得一定適合你，有些教法是適合調整遠視較深的隱形眼鏡，有些教法則是適合調整近視較深的隱形眼鏡，你如果將不適合你的教法，奉若神明，那只會徒增你的困擾。

　　四、摘掉隱形眼鏡，回歸實相

　　當你調整隱形眼鏡到你已經可以準備接受光明世界的衝擊時，那就是你可以完全摘掉隱形眼鏡，而領悟到你本來就擁有極佳視力的時機到了。

第7章
心靈四大定律

　　心靈有四大定律：尊重生命定律、追隨喜悅定律、自由選擇定律、寬恕寬容定律，其架構圖如〈圖9〉所示。

〈圖9〉心靈四大定律架構圖

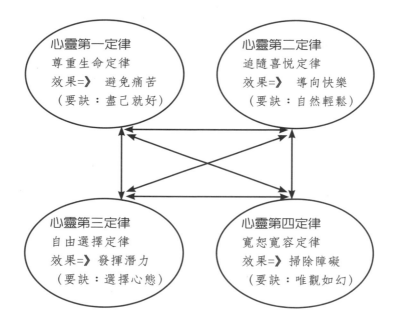

心靈第一定律
尊重生命定律
效果=》 避免痛苦
（要訣：盡己就好）

心靈第二定律
追隨喜悅定律
效果=》 導向快樂
（要訣：自然輕鬆）

心靈第三定律
自由選擇定律
效果=》發揮潛力
（要訣：選擇心態）

心靈第四定律
寬恕寬容定律
效果=》 掃除障礙
（要訣：唯觀如幻）

當然我們不需全盤接受這四大定律，我們可以用實驗的態度去親身體會心靈四大定律的真實性有多高。

心靈第一定律：尊重生命定律

→若尊重生命，就能避免痛苦。

也就是說，若能尊重生命並溫情友善地盡力避免自己和其他生命的痛苦，則痛苦將遠離。

→要訣：盡己就好。

心靈第二定律：追隨喜悅定律

→追隨喜悅，就能導向快樂。

也就是說，若自然地追隨你的喜悅，並推而廣之，則將導向快樂。

→要訣：自然輕鬆。

心靈第三定律：自由選擇定律

→若自由選擇，就能發揮潛能。

也就是說，任何生命都有自由選擇的無限權利及無限威力。

→要訣：選擇心態。

心靈第四定律：寬恕寬容定律

→若寬恕寬容，就能掃除障礙。

也就是說，寬恕寬容將為你掃除在快樂幸運路上的障礙。

→要訣：唯觀如幻。

以上心靈四大定律看起來清楚簡單，但人類在過去歷史中卻讓許多其他理念價值觀及信念凌駕於生命真理之上，這才造成了許多戰爭及痛苦。

尊重生命定律可以避免痛苦。

追隨喜悅定律可以導向快樂。

自由選擇定律可以發揮潛能。

寬恕寬容定律可以掃除障礙。

這四大定律都很重要，缺一不可。

如果不重視尊重生命定律，就容易引發痛苦。

如果不重視追隨喜悅定律，就容易錯失快樂。

如果不重視自由選擇定律，就容易減少威力。

如果不重視寬恕寬容定律，就容易形成障礙。

宇宙一切有關心靈的法則都可以用這心靈四大定律來檢驗。

你若想實踐心靈四大定律，就需要熱情培養。也就是說要對尊重生命充滿熱情，要對追隨喜悅充滿熱情，要對自由選擇充滿熱情，要對寬恕寬容充滿熱情。熱情越大，對你的幫助也越大。

第8章
心靈第一定律：尊重生命定律

什麼是尊重生命

心靈第一定律：尊重生命定律

→若尊重生命，就能避免痛苦。

也就是說，若能尊重生命並溫情友善地盡力避免自己和其他生命的痛苦，則痛苦將遠離。

→要訣：盡己就好。

尊重生命為第一準則，盡己就好為實行要訣：

本書中的所謂尊重生命，是指以尊重生命為第一準則，盡己之力地，避免自己和其他生命的痛苦煩惱。

當有無法兼顧的矛盾發生時，你只須依照心安理得的優先次序，盡己即可，但不要過度防衛。只要你問心無愧，就不會有內疚，內心也就沒有負擔，自然會心情愉快。保持盡己就好的順其自然心態是實行的要訣。

所謂的盡己就好，也就是盡己就爽，我們不必強求執著，只要無愧於心，那就是最大的快樂。

尊重生命也就等於是溫情友善，這包含兩個方面，一是

尊重其他生命，二是尊重自己。兩個方面都同等重要。

　　尊重其他生命是指盡力不要給其他生命帶來強迫、麻煩或痛苦，並幫助其他生命脫離痛苦。如果我們傷害別人、強迫別人，或者不盡自己本分、不守法守紀等，都可能帶給別人痛苦或麻煩。

　　尊重自己是指盡力不要自尋煩惱、苛責自己、強迫自己或傷害自己。

　　尊重生命並不是遙不可及的高遠理想，而是具有極高的可實踐性。過去人類有許多似是而非的觀念，使得目前地球上並未將尊重生命視為最高準則。

　　當人類真心誠意地以尊重生命為最高價值。把尊重生命看得比宗教、組織、教條、主義、過度防衛、利益、整頓、懲罰、復仇還重要時，人世間的苦難或戰爭才有機會消失，我們內心無謂的煩惱恐懼，也才有機會遠離。

　　在人類過去歷史上，不斷發生以宗教為名義殺人，以組織為名義殺人，以主義為名義殺人、以軍武為名義殺人、以防衛為名義殺人、以清除障礙為理由殺人、以整頓為理由殺人、以利益為理由殺人、以懲罰為理由殺人、以復仇為理由殺人。

　　人類不斷在以各種藉口殺人，卻各自用自己角度在抱怨世界上壞人太多，以致於沒有世界和平。這種價值觀的錯亂混肴，才是人世間的苦難不斷的根本原因。

　　沒有任何人需要為了任何信仰去犧牲自己或別人，生命

本身遠比任何信仰或價值觀來得珍貴。看看歷史，人類已經以各種信仰爲名義藉口，製造了無數的戰爭、屠殺和暗殺，難道我們還不覺悟嗎？

要實踐尊重生命，就要先從觀念革新開始做起。

什麼是生命

本書中生命的定義爲，是指如人類、動物等有情緒感受的有情眾生，和佛家的定義類似。生命的定義有時很難清楚界定，但定義本身並不重要，重要的是身體力行。

生命本身不只是有形的肉體生命而已，還包括無形的精神生命。肉體生命是短暫的，精神生命是永恆的。所有精神生命都具有意識永存的基本特性。

有情眾生的定義

有人會說，動物沒有高等自我意識，所以不能算是有情眾生。也有人說植物應該算是有情眾生。每個人的看法定義不見得相同。

其實，有情眾生的定義存乎一心，只要你覺得對方能感受快樂及痛苦，對方就是有情眾生。如此看來，大多數人能夠接受動物是有情眾生的說法，對植物是否爲有情眾生方面的看法，就比較不一致了。

但定義本身並不重要，重要的你要誠實面對自己的感覺，如果你覺得對方能感受痛苦，你還強加痛苦於對方，那

就是不尊重生命、也不溫情友善了。

個別生命比組織生命還重要

過去人們常會認為組織的生命才有光榮意義，而個別生命微不足道，為了組織的生命，可以不惜犧牲一些個別生命，但這只是人類的錯誤信念，個別生命才是最寶貴的。

人們為了這虛幻的組織生命的觀念，產生了組織對抗戰爭等問題，已經付出了無數的慘痛代價。第二次世界大戰時，希特勒的種種暴行，就是不擇手段地瘋狂崇拜法西斯主義的結果。

所謂法西斯主義就是將國家種族的地位放在個人之上，主張一個中央集權的專制政府，將經濟和社會集體組織化，並用暴力鎮壓反對勢力。

人類歷史發展演化階段

以尊重生命為角度來看人類歷史發展，可分為六個階段，一是有條件的尊重部分人權，二是有條件的尊重所有人權，三是無條件的尊重所有人權。四是有條件的尊重部分生命，五是有條件的尊重所有生命，六是無條件的尊重所有生命。

人類過去曾經有以人為奴隸、人命不值的時代，當時，貴族的生命才受到尊重，賤民的生命則未受到保障，這是有條件的尊重部分人權的第一階段。

近代以來，逐漸進步到尊重所有人權的觀念，但依然常用宗教、教條、過度防衛、利益、整頓、懲罰、復仇為藉口條件而不尊重人權，所以現代正處在有條件的尊重所有人權的第二階段。

未來隨者人類演化，還會逐漸進入無條件尊重所有人權的第三階段，乃至最後的無條件尊重所有生命的第六階段。也許未來有一天，人類將會進化到認為大量屠殺動物是野蠻的行為。

未來軍隊的任務

未來軍隊的任務在於保衛人民生命財產安全，所以國防和救災應同等重要，國家可將訓練軍隊救災能力，及充實救災能力，列為重要演訓項目，尤其是在大規模災害時，只有軍隊才能提供大規模救助。

有關人類饑餓的問題

人類目前還有約10億人，連基本的溫飽都無法維持。據聯合國糧食與農業組織估計，每年世界各國只要每年出資300億美元來增產糧食，就可以慢慢解決人類肚子餓的問題，但實際上各國的努力卻遠遠不足。人類願意一年花費1.2萬億美元的軍費在殺人的武器上，卻不肯拿出軍費的區區2.5%來使人類同胞不再挨餓，這充分顯示人類尚未真心將尊重生命視為最高準則。

尊重生命要有優先順序

尊重生命要有優先順序

一般人會誤以為，無條件的尊重生命，會造成秩序混亂。其實，重點在於「盡己就好」。

所謂無條件的尊重生命，是指以尊重生命為最高準則，但在實際執行上，當然要考慮安全秩序、人倫親疏等現實因素，但是人類常常會因過度防衛或其他信仰理念，而並未以尊重生命為最高準則。

在實踐尊重生命定律時，由親而疏、合情合理的原則是很重要的，一個人如果連自己最親近的父母、兄弟、夫妻、子女間的人際關係，都無法處理好，又怎麼推己及人呢？

例如，有些人拋家棄子上山修道，如果這會給自己家人帶來痛苦，就得全盤再重新考量。但像有些人機緣到了，而可以不牽累別人地隱居山林，就得尊重他的行動自由了。

如果實在遇到無法兼顧的矛盾狀況，此時只須依心安理得的優先次序，盡力妥善安排即可，其要訣在於「盡己就好」四字，就算無法全部顧及，至少無愧於心，不需要有任何罪惡感。

如果因為無法兼顧而產生矛盾感及罪惡感，則反而給自己製造了無謂的煩惱。

正當防衛與過度防衛

正當防衛是有絕對必要性的。必要時，也不得不傷害有惡意之人，以防衛自身及家人安全。

但當威脅消失時，就要積極幫助別人改過向善。正當防衛的尺度存乎一心，只要不要過度防衛即可。

可惜的是，由於恐懼心理或不安全感，人們常常會傾向於過度防衛。

溫情友善並不是一昧遷就別人

可能有人會以為，溫情友善會使人過於遷就別人。例如為了滿足別人的期待而過度勉強自己。

其實溫情友善是指盡力去避免批判及傷害，重點還是在盡己的心態。如果別人的期待和自己內心真正的願望產生矛盾衝突，那也只好忠實地尊重自己的喜悅天命了。如果因此讓別人不滿意，那也是不得已的事，不要因此感到內疚罪惡感。

還有些人會擔心，溫情友善是否會導致軟弱而被欺侮的下場，這種擔心是來自於不了解因時制宜的重要性。

正當防衛永遠是合理而必要的，為了保護自身、家人、朋友，不需要一忍再忍，必要時，也可以因時制宜，具大魄力地消滅罪惡，但要勞勞把握兩大原則。

一、要誠心把溫情友善視為最高準則。

重點在於誠心二字，正如同法官不得已得判人死刑時，

要有「求其生而不可得」的誠心。

　　二、要小心不要過度防衛。

　　人類大多數的暴力行為，都來自於防衛過當。舉例來說，由於擔心別人進犯，就來個「先下手為強」，以避免「後下手遭殃」。過度防衛違反了溫情友善的原則。

罪惡感、懲罰、苦難和犧牲
是完全沒必要的

罪惡感和懲罰是沒必要的

　　人們最普遍的思想偏差，就是誤認為罪惡感和懲罰對維持社會秩序，或使人乖乖聽話有所幫助。其實，罪惡感和懲罰兩者都是暴力脅迫的一種方式，只能短暫地使人因為恐懼而聽命，這只能治標而無法治本。

所謂因果報應並非單純的惡有惡報

　　宇宙律中並無所謂的懲罰，懲罰觀念是人類自己創造出來的。當某人存心傷害別人或自己時，基本上是破壞萬物一體的和諧本性，此時，宇宙會使某人有領悟的機會。

　　如果某人能及時徹底領悟和懺悔，就可能選擇不受過去負面思想行為的影響，反之，若某人尚未領悟生命一體的真理，就可能會有戲劇化的事件發生來協助其領悟。

287

無心為過，雖過無咎

有時我們會在完全無意的情況下，不小心傷害到其他生命，此時因為是無心為過的原因，在生命靈性上，不會造成任何負面影響，除非因為自己想不開而產生不必要的罪惡感。例如，就算是走路，也有可能不小心踩死螞蟻。重點是在盡力二字，盡力避免自己和其他生命的痛苦。在盡力的前提下，無心之惡，並不會有任何負面影響。

痛苦事件的來源

基本上並沒有所謂的因果報應，痛苦事件的來源有三，一是過分的選擇，二是錯誤的領悟，三是無謂的恐懼。

一、過分的選擇：

舉例而言，由於誤以為困難度較高的人生較有樂趣，因此選擇較艱難的人生事件，但沒想到選擇太過了。

二、錯誤的領悟：

人們有時會以冠冕堂皇的理由，或者為滿足自己慾望，而來傷害或強迫別人。但沒領悟到其實沒必要以任何偉大藉口來傷害或強迫別人，也完全不需要靠著傷害或強迫別人才能滿足自己。因此就會發生一些痛苦艱難事件來協助領悟。一旦能夠真正徹底領悟懺悔，那麼不管以前做過什麼壞事，都不會有不良影響。

三、無謂的恐懼：

所謂無謂的恐懼，就是不曉得自己的人生是操縱在自己

手中，機會的大門是永遠敞開著，因而產生無謂的失望、絕望、恐懼，或者喪失自信心及耐心。這些負面心態有時會觸發痛苦事件。

你很難曉得苦難和死亡的真正原因

苦難和死亡的原因有很多種，我們不要妄加猜測，這有可能是潛意識中，為了過去壞行為的內疚感，而產生的自我懲罰；也可能是不斷自我攻擊而造成的結果；也可能是覺得人生已告一段落，想另尋發展；也可能是靈魂故意尋求高難度的挑戰；也可能是當初就設定好，來幫助其家人領悟；甚至有可能是高靈故意示現，來感化眾生。

你很難曉得苦難和死亡的真正原因。

重點是在面對別人和自己的苦難時，要盡力以最高智慧來從觀念上化解。終極來講，苦難是完全不必要的。

神不可能要求犧牲：

犧牲一物，以換取另一物，那是神子的錯誤信念。神的信念是，你不需付出任何代價，就可以白白得到無上的平安喜樂。

神子對於神要求犧牲奉獻的信念，使得神子反而畏懼神，而陷入了遠離神的幻覺。

如何尊重別人

不要勉強別人

勉強別人去做他不願意做的事，會造成別人心理的痛苦。所以，就算有權力也不要勉強別人，這才符合尊重生命的心靈第一定律。

人們常常會用倫理道德或責任榮譽等大帽子扣在別人頭上，來半強迫別人，或者以激發罪惡感的方式來控制別人。

這些錯誤行為在人類社會中很常見到，大家卻渾然不知其禍害。

不要不擇手段

這是依照「我們同為一體生命」的真理而推論出來的。

有些人為了達到其財富、權力、名利或感情的目的，不擇手段，不惜損傷別人或自己，如此，將造成別人和自己的痛苦。

例如，運用詐騙手段騙錢，或誠信不足、或暗中陷害別人、傷害別人等，均為不擇手段。

乍看起來，不擇手段似乎可以達到目的，且短期內似乎可以安然無事，逍遙快樂。然而就宇宙律而言，萬物皆為一體，存心傷害別人就等於傷害自己，會在潛意識中烙下不良的記錄，未來在永恒生命過程中，會對自己造成不良的影響。

要留意自己言行對別人可能造成的傷害

我們平日要多說好話，做好事，若有批評攻擊別人的言行，則可能會造成對別人的傷害，所以要謹言慎行。

尤其是影響力巨大的媒體行業在發表對人名譽有損的報導時，要慎之再慎，否則若報導不實，有可能對當事人造成巨大的傷害。

盡力給別人超過他所期待的

人生最大的成就就是能在當下盡力溫情友善地對待自己及周遭與你有緣的所有生命。

在重大天災發生時，許多救人助人的感人事蹟，之所以能動人心弦、令人感動，就是來自於我們的惻隱之心，這也就是尊重生命定律的體現。

在自己能承受的範圍內，如果想做到真正溫情友善，就要盡力給出超過別人所要求或期待的回報。

不要痛恨別人不溫情友善的行為

當自己在實踐溫情友善時，對別人不溫情友善的行為，不要感到抱怨或痛恨，不要落入了對別人不夠寬容的陷阱。每個人都有自己的看法做法，我們只要尊重別人觀點，並盡力提醒即可。

同時，也要注意自己在實踐尊重生命定律時，會不會弄巧成拙，也許保護了特定對象，卻反而造成其他更大傷害。

總而言之，要以平常自然的心態來尊重生命，不要行為過激。

如何尊重自己

一般人最常傷害的人，並非別人，而是自己

人類極常會自我攻擊。例如，因過去經驗而沮喪失去信心，因擔心恐懼未來而受到負面影響，這些都是自我攻擊。

人的對外攻擊，一般也是針對自我攻擊的防衛需要而產生，這也是一種變相的自我攻擊。例如為了利益而害人，是在於自我防衛有所匱乏的感覺，有所匱乏的感覺本身也是一種自我攻擊。為了憤怒而傷人，是在於自我防衛被污辱的感覺。被污辱的感覺本身也是一種自我攻擊。

緊張於事情沒做好而產生心理壓力，也是一種自我攻擊。

自我要求過苛，例如因無法依時程計畫進行或浪費時間而自責，也是一種自我攻擊。

因被訓斥而產生自己很差的感覺，也是一種自我攻擊。

人一旦執著於自己的特定形象，就很容易因形象不如預期而自我攻擊。應該抱有很爛又如何（不恐懼於不佳形象），內心快樂的想法，我們當然可以選擇盡力改善，但沒必要自我攻擊。

有時候周遭人可能會對你的表現心懷不滿，這時候也沒必要跟著別人起舞來自我攻擊，但這時你若表現出不受影響的態度，就有可能讓對方更生氣，此時和光同塵之法是讓對方滿意你的愧疚，但內心中不要和讓自己和對方一起來攻擊自己，而是要盡力尋求改善的方法。這樣反而改善效率會更佳。但世上人常常耗費太多的能量在愧疚和道歉上。

盡力去除讓自己不舒服的事

對於不舒服而現在無法避免的事，要一試再試，考慮不同觀點，盡力去除，不要輕易放棄嘗試，而委屈自己去習慣不舒服的事。

因為讓自己不舒服就是對不起自己，所以我們要不斷努力去找出解決辦法。

在沒想出解決辦法前，也不要過度強求，要儘量心情愉快，這才是智慧之道。

尊重自己的生命

在實踐尊重生命定律時，尊重自己，來盡力避免自己的痛苦及煩惱，也是非常重要的。

不要為了別人的看法言論，或因為過度執著目標的追求，而來勉強自己，施加壓力給自己。

也不要因為一時不如意，而來傷害自己，甚至於結束自己的肉體生命。

生命是永恆的，在人世中所無法打開的心結，死後也未必能得到解脫。要真正解脫，只有從修心做起。

溫情友善與滿足慾望

有些人會認為：「溫情友善只不過是唱唱高調而已，俗話說，人不為己，天誅地滅，忙著滿足自己慾望都來不及了，那有閑功夫去溫情友善了？」

其實，我們可以創造所需的一切，但又不必為此傷害自己或別人。

在人類限制性的想法中，常會有資源有限，必須和別人爭搶的觀念。其實，宇宙資源是無限的，當人們徹底改變觀念時，就會發現新資源、新機會或新科技來創造我們所需要的一切。

那些誤以為自己必須從別人身上偷搶拐騙東西的人，都是不了解自己其實就是神的可憐蟲。

我們不需要靠著傷害自己或別人，來得到自己所需要的東西，宇宙是支持全贏局面的。

動物有靈性

動物有靈性

有些人認為動物缺少靈性，其實如果我們仔細觀察動

物，牠們的感情需求和人類都是很類似的，差別只是溝通方式的不同。

人類過去常會欺負殘害動物，在未來新時代中，大家將會慢慢學會珍惜我們這些可愛的動物朋友們，尤其是要愛護跟我們有緣的寵物伴侶，不要隨意丟棄他們流浪街頭。

有關動物權問題

目前人類對於動物權問題是不太重視的。以循序漸進的道理來看，我們現在要優先解決人類互相殘殺的現況，以後再慢慢推至動物權。現在至少可以先做到不殘殺保育動物及寵物的地步。

現在全面吃素，可能會過於勉強不自然，未來在人工合成蛋白質技術的發展下，也許可以不再屠殺動物來作為食物。而動物實驗的必要性也應該重新檢討。

在我們實踐愛護動物的議題上，同樣要注意盡己就好的原則。

我們要盡力去保護動物，但不要過於勉強，不要勉強吃素，不要勉強實踐，也不要苛責別人的不愛護動物。

如果為了動物權問題，又搞得自己和別人一堆罪惡感和不愉快，那就是又掉入了另一個心靈陷阱。

動物的心靈世界

動物的真實本性和人一樣的尊貴神聖，動物不是次等生

命。

在不久的將來，人類將會普遍認同「所有生命一律平等」這個信念，就如同當年將「人人生而平等」寫進1776年美國獨立宣言一樣。

動物世界比較單純，不像人類世界這麼複雜，但動物也可以實踐溫情友善、追隨喜悅、自由選擇、寬恕寬容的心靈四大定律。

以一個兔子為例，對它而言，溫情友善就是不自尋煩惱，也不製造麻煩；追隨喜悅就是想吃就吃，想跳就跳，想玩就玩；自由選擇就是自然體會到選擇的自由；寬恕寬容就是不會有不滿的壞心情。

說到這裏，也許很多人會說，開玩笑，哪有可能有這麼靈性的兔子，但動物和人主要不同是在溝通及思考方法不同，靈性方面則完全平等。這麼靈性的兔子可能極少。正如同，這麼靈性的人也是滿罕見的。

就算是動物，也會有自由快樂等正面情緒，憤怒報復等負面情緒，從一種角度來看，動物也是在修行中，只不過他們修行的方法和人類不同。舉例來說，大象就被科學家證實具有溫暖親情和記仇報復的各種情緒。

又有人會問，那像老虎這樣一定要吃肉的動物，又將如何實踐心靈四大定律？大家別忘了，尊重生命定律要訣在於盡己就好，大部分老虎只會為生存而殺，不會無故濫殺，也不會如人類般為許多表面冠冕堂皇的理由而大開殺戒。

第9章
心靈第二定律：追隨喜悅定律

什麼是追隨喜悅

心靈第二定律：追隨喜悅定律

→若追隨喜悅，就能導向快樂。

也就是說，若自然地追隨你的喜悅，並推而廣之，則將導向快樂。

→要訣：自然輕鬆。

做什麼事或發生什麼事並不重要，重要的是你的心態

觀念心態才是萬事萬物的根本原因。當你總是以平安喜樂的心態，去選擇事物時，則平安喜樂將如影隨形。良好的心態，有如好天氣，將帶來外在環境的好氣氛、好發展。自己不喜悅，則很難帶給別人喜悅，也很難帶給自己好運氣。

追隨喜悅定律也是愛的定律，所謂的愛就是將平安喜樂推而廣之。帶給別人快樂，就自然會帶給自己快樂。

要去做最令你喜悅興奮的那些事情

追隨喜悅就是你的基本任務。神把你設計成哪種人，你便應該追隨自己的天性，去成為那個人，也就是說要去做最令你喜悅興奮的那些事情。

喜悅興奮是代表某種信號，而那個信號就顯示了你所選擇成為的道路。因此，當某些事物令你感到非常興奮時，那個興奮是要告訴你三件事：

一、興奮告訴你，那就是你自己。

二、因為那就是你，所以那將是快樂輕鬆的創造。

三、因為那就是你，而且又快樂輕鬆，所以你將能夠吸
　　引你所需要的一切，你將實現願望。

很多人會問自己的人生使命是什麼？

那些能讓你喜悅興奮的事就是你的人生使命。不要聽從別人的其他意見。

當你接受別人的要求，而對抗你自然的本性，並努力成為另一個人的時候，才會產生掙扎與痛苦。

如果你做那些最令你喜悅興奮的事情，宇宙便會以最豐盛的方式來給你支援，興奮將會引導你帶到所有其他的興奮那裏。只要你追隨你的喜悅，喜悅將源源不絕。

自然輕鬆是追隨喜悅定律最重要的要訣

在追隨喜悅時，自然輕鬆是最重要的要訣。

有些令你感到喜悅興奮的事物，當你做起來時會感到過

於勉強、不自在，或感到有危險、機緣未到，那就不適合現在去做。

不要被假靈性所防礙

不要讓一些權威長輩、道德教條或棄世絕俗的假靈性來防礙你追隨你的喜悅。只要不要不擇手段地違反尊重生命的心靈第一定律，而且不會忘記寬恕寬容的心靈第四定律。那麼越喜悅就靈性越高。你不需要刻意地壓抑慾望和拋棄世俗。

刻意超世絕俗的心態常會不自然寬容。假裝一心向道，只專心以生命真理為目標，有可能使人反而增加衝突掙扎，減少快樂。

就算是最後可能還是會拋棄世俗，也是要自然而然地不感興趣，而不是假裝沒興趣。假裝沒興趣可能會造成反效果。

一般人常誤以為靈性越高，就必須越嚴肅，就越不能輕鬆喜悅。其實恰恰相反，喜悅和靈性是成正相關的，靈性越高，就越喜悅。

交託給生命本源

如果過度刻意要轉成好心情，反而會患得患失，有時好心情並非你個人的意志力所能左右，但生命本源永遠會支持你的好心情，所以要放手交託給生命本源來支持你。世上唯

一眞正値得倚靠的只有生命本源而已。

隨時隨地選擇喜悅快樂

你不需要去試圖研究判斷，怎樣才是合乎眞理，你只要隨時選擇平安喜樂即可。就算是在看似兩難或索然無味的境地，你也可以選擇痛苦較少，較爲接近喜悅快樂的方式。

隨時有意識地告訴自己，「我做這件事是爲了獲得喜悅快樂。」讓自己慢慢地熟悉熱愛這種想法。

洗澡時，爲了喜悅快樂而洗澡；

吃飯時，爲了喜悅快樂而吃飯；

休息時，爲了喜悅快樂而休息；

工作時，爲了喜悅快樂而工作。

在有人試圖讓你生氣時，你也要自然寬容，選擇喜悅快樂。

千萬不要認爲你別無選擇，不得不做你不喜歡的事。就算是在看似都不令你喜歡的選擇當中，你也可以選出痛苦較少、較接近快樂的選擇。

你可以想法找出，能增加些許喜悅快樂的小選擇。就算在那如地獄般的戰場上，你依然可以選擇欣賞一朵小花的純樸美麗。

時時讓自己處在喜悅當中，了解到當你感到喜悅的那一刻，你就是認知到與神同爲一體的一刻，恐懼煩惱也自然會離去。

趨樂避苦是生命的天性

趨樂避苦是所有生命的本性，而自由選擇也是所有生命本具的能力。所以，所有生命必然朝向越來越快樂的方向前進，雖然一時可能被無能為力的幻覺所蒙蔽。

但是，黃河九曲終必向東，幸福快樂是所有生命的必然結局。

擁抱慾望

擁抱慾望

宇宙間的所有生命都有慾望。凡是希望得到的，便是慾望。慾望可以是具體的物質，也可以是精神的目標。

想吃飽是慾望，想有錢是慾望，想成佛是慾望，想回歸上主是慾望，就算是想無慾無求的本身也是慾望。

慾望是無窮盡的。當我們達到一個目標後，往往會產生新的目標。即使上一個慾望滿足了，又會產生下一個慾望。

在慾望轉化的過程中，如果你感覺自己越來越快樂，那就是更接近你的真實本性。也就是走在正途上。

反之，如果你感覺自己越來越煩惱，或越來越壓抑，那就必須檢討你對慾望的態度。

慾望就是生命的本質，你如果否認任何一小部分的慾望就等於是否認了一部分的你，這就會造成矛盾掙扎。例如，

常會有嚴肅認眞的修行人用想無慾無求的慾望來壓制物質的慾望，因而造成內心的衝突。

如果你能輕鬆地不執著於目標必須達成，而是快樂地享受你當下的存在，並且興奮地放眼你的目標，那你就會有最大的樂趣。

你應該擁抱慾望，但心不執著。而不是否定慾望，假裝超然。

修心並非清心寡欲，無慾無求

人是非常喜歡走極端的動物，不然就完全投入在物質世界，不去思考修心的重要。不然就刻意拋棄俗世慾望，清心寡欲，追求心靈境界。

人之所以喜歡走極端，是因爲在其觀念中，一直有必須做很大犧牲才能獲得的信念。

依照自由選擇的心靈第三定律，如果你選擇有捨才有得的信念，那你就會營造經驗到這樣的世界。在你刻意拋棄俗世慾望以追求崇高靈性的同時，可能會逃避壓抑否認當時你眞正最想做的事，如此就違反了追隨喜悅的心靈第二定律，就可能會造成矛盾掙扎痛苦。

眞正的大師並非否定慾望，而是自然地轉化慾望。

順其自然，創造富裕

修心的重點不在於要不要壓抑對物質的慾望，重點是對

於物質的心理態度。

如果你認假為真，執著於物質，患得患失，或者自覺炫耀、高人一等，那就對你有害。如果你只是隨順自由選擇的心靈第三定律及追隨喜悅的心靈第二定律，而不會不擇手段的違反尊重生命的心靈第一定律，而且不會忘記寬恕寬容的心靈第四定律。那就可以順其自然，創造富裕。

要享受俗世，才能超脫俗世

如果你感到塵世經驗並不愉快，那你就可能會留下來，直到你明白這個塵世也可以使你快樂為止。想要超脫俗世的最快方法就是去弄明白，你也可以用各種方式來完全地享受塵世。

要求完全放棄俗世，就有可能因強迫假裝自己做到，而引發不必要的罪惡感。

俗世限制也是很美好的

塵世的限制性雖大。但限制本身不見得是負面的。如果你覺得俗世生活並不令人愉快，那只是因為你曾經被教導去相信它就是這樣，只是那個信念，就只是那個信念而已，創造了俗世令人不悅的效果。塵世之特定限制並不表示你就無法在俗世中帶著豐盛的生命往高處走。

當你終於明白，你也可以在俗世的物質宇宙中充滿極樂時，你就認知到，原來你早就存在所有層面之上，這只是簡

303

單地轉移觀點，而不是要努力爬出那個你失足墮入的俗世深暗泥沼，這一切只是觀點問題。

你就是這個宇宙，這個宇宙就是你

當你能領悟到，你選擇把這個宇宙經驗成什麼，你就是什麼。當你能主控自己所經驗的宇宙時，那麼，天國將會出現在地上。當你能適時適地而歡，活在當下，全然地活在現在，你便容許所有層面能最快加速進入你的當下經驗中。

物質及心靈都充滿豐盛

彰顯的重點不在於看見你自己的需求，而在於對那真如心靈感到完滿無缺。只要有肉身，就一定有慾望，不要因慾望感到羞恥，或覺得那沒有靈性。只要遵從心靈法則，則在你的物質生活及心靈生活上，都將充滿豐盛。

有無所求並不是重點

有所求或無所求都可以，有無所求並不是重點，重點是你的心態。

繁華或檢樸也都可以，重點也是你的心態。

如果你有所求，但具有「有更好，沒有也很好」的心態，一樣維持心情愉快，則亦可稱之為超然物外。

如果你無所求，但執著於「無所求才是高境界」的想法，那你還是想不開。

苦樂、假樂和眞樂

苦樂、假樂和眞樂

所謂的苦樂，是指會帶來痛苦的快樂，也就是表面上樂，但其實會帶來痛苦。例如，用權力控制別人、欺騙別人錢財、傷害別人以滿足自己、有條件的愛、束縛性的愛等。

所謂的假樂，是指人世間的快樂、寬恕、博愛、溫情等這些好東西，之所以爲假，是因爲還是有虛幻形式。

所謂的眞樂，是指到達最高無限快樂的絕對境界。眞樂並非我們的職責，但我們必須將眞樂放手交託給最高本源引導。

你不要期待在人世間可以找到絕對的眞樂，人世間最好的東西就只有相對的假樂。這是因爲世上所有的快樂，不管是物質上或心靈上的，都是相對而變化無常的。

聽到了這世上沒有絕對的眞樂這個說法，你也不要感到沮喪。我們還是可以到達絕對的眞樂，但是必須滿足下列兩大條件

一、我們要先清除所有煩惱痛苦（包括遠離會帶來痛苦的苦樂），讓自己假樂到極點，假樂是你在人世間的職責。

二、由神盡祂的職責，幫助你跨越由假樂到眞樂的奇妙界限。

也就是說，假樂是你的職責，「由假樂到眞樂」則是神

的職責。而神一定會盡祂的職責，所以現在問題重點是你是否盡到了你的職責？

你在人世間的唯一職責，就是盡力假樂到極點。

我們不要執著於形式，不要被苦樂迷惑，也不要把超脫的真樂視為自己的責任。我們將真樂設為最終目標，並經由假樂，藉假修真，假樂到極點後，自然神會幫你最後一步，到達天堂的真樂。

人常會走各種極端，不然就是執著沉迷在苦樂當中，不然就是想立刻超脫世俗到達真樂，其實真樂並非我們的職責，假樂到極點才是我們在人世間的職責。我們可以把真樂交託給神，並以假樂為日常生活中的心靈基準，但千萬不要假聖人，試圖捨棄世間慾望，欺騙自己只要真樂。

我們的職責就是一路爽到天堂去。

快樂的感覺是人世間的心靈基準

溫情、喜悅、自由和寬恕，也就是「快樂的感覺」，可以作為最優先的心靈基準。快樂是天堂的形式象徵，痛苦則是離開天堂的一種幻覺。

其實，只要還有形式象徵，就是相對虛幻的。所以，人世間的快樂只是假樂，並不是天堂的實相，但假樂卻是往天堂的指路牌，也是天堂的形式象徵。

而人世間的煩惱痛苦，則會使你產生遠離天堂的幻覺。

我們不要被一些外在的書本、形式、權威、教條或論辯

所迷惑。我們只要盡自己本分，在日常生活起心動念中盡力作到溫情、喜悅、自由、寬恕，並盡情享受快樂，最後自然會有神來幫我們最後一步，讓我們重新回憶起永恆快樂的天堂真相。

永恆並非我們的職責，我們的職責是享受溫情、喜悅、自由、寬恕。

所謂的天堂，並不是指外在有一個美好的環境地方，而是一種看什麼都很好、無限自在快樂的心境，什麼能讓你最平安喜樂，那就是你的天堂。重點是在你自己快樂的感覺，而不是在外在的形式。

不要試圖追隨別人的方法，適合別人的方法，不見得會適合你。在天堂境界中，到底有沒有身體的形式，也完全不重要。

所謂的追求真理，也不是形式上的宗教儀式、真理權威或者言辭辯論，我們不要因為外在的教條權威而影響到我們的心靈基準，就算是佛陀或耶穌顯現奇蹟，忽然出現在你面前，告訴你應該如何如何做，你也不一定要聽從他們，更何況是書本教條或世俗的價值觀。

所謂的以最高境界為目標，也不意味著一定要放棄世俗慾望，世俗慾望只是虛幻的形式，放不放棄並不是重點，重點是溫情、喜悅、自由、寬恕的心靈基準。

如果，放棄某個世俗慾望會讓我們感到不喜悅，那就暫時不要放棄，也許未來會順其自然地超脫。

如果，執著某個世俗慾望會讓我們感到不自由，那就要放掉執著。

每個人在各時期適合的方法形式可能大不相同，同樣一個方法對某甲可能幫助很大，對某乙則可能是自討苦吃，所以在修心的過程中，也要以溫情、喜悅、自由、寬恕為心靈基準，來找到適合自己的修心方法。

總而言之，當我們在努力做到溫情、喜悅、自由、寬恕時，量力而為和盡己就好，是很重要的心態。當無法面面兼顧或時刻完美時，只要能盡力找出最順其自然的均衡點，就已經盡到了我們的最佳職責，千萬不要又落入了自我責備苛求的心理陷阱。

什麼是令人三心二意的世俗誘惑？

所謂的世俗誘惑並非指世俗的慾望，慾望本身無好無壞，重點在於是否執著，世俗的慾望一旦執著就會帶來不安。我們要能拒絕世俗的誘惑：

一、不要執著於煩惱：人很容易傾向於自尋煩惱、想不開。

二、不要執著於形式：形式本身並不重要。不要執著於一定要何種形式才會快樂，也不要將形式看得太重。

三、不要執著於是否拋棄形式：有形式或無形式兩者都很好，都可以。不要刻意拋棄形式。有沒有形式並

非重點。

四、不要執著於超脫：最後的超脫並非我們的職責，神
自會幫我們跨出最後一步。不要一直想訓練自己達
到完全超脫的境界。我們在人世間只要盡好我們溫
情、喜悅、自由、寬恕的職責即可，其餘的就全然
交託給神就好了。

不要試圖圓滿一本書或一套理論的所有觀點

當我們在看一本權威書籍或研究一套理論時，常常試圖
去圓滿所有觀點，這是完全沒必要的，任何書籍或理論都不
可能在邏輯上十全十美，我們可以暫時不管我們不理解認同
的觀點。

因執著於超脫而困惑不安

可能會有發問者問到，在試圖超脫的修心過程中感到
困惑不安恐懼，不知如何是好？也不知如何活出正常人的生
活？

這時可能有人會回答，這種狀態是好事，表示正在化解
對世界的癮頭，應該更加渴望學習超脫，或尋求心理治療師
的協助，以加速穿越小我。

其實，以上的解答並未能解決發問者的心理困難，只會
使他更加執著難過。

發問者問題主要就是在過度執著於想穿越小我和俗世，

渴望天堂，而產生了不必要的不安。

他應該放棄想努力超脫的幻覺，超脫是神最後一步的職責，不是我們的職責。我們的職責是交託、寬恕和喜樂。我們應該追隨自己內心中最喜樂的呼喚，擁抱世俗的快樂，不要鄙棄世俗的熱情。

我們常為了試圖超脫，穿越小我，而讓自己累的要死。當自己因執著超脫而心情不安時，又有所謂的名師告訴他，這種痛苦掙扎是必須的過程，結果反而使他更加執著、更加不安。神子不需要任何犧牲和掙扎的過程，神子本來就是百害不侵和無限喜樂的。

幸運心靈學
180
課

第10章
心靈第三定律：自由選擇定律

PART
3
理論

什麼是自由選擇

心靈第三定律：自由選擇定律

→若自由選擇，就能發揮潛能。

也就是說，任何生命都有自由選擇的無限權利及無限威力。

→要訣：選擇心態。

自由選擇的最大要訣在於選擇心態

自由選擇的最大要訣在於，不要試圖以意志力來控制改變這個世界，而是以選擇心態來轉化這個世界，當你的心情充滿陽光、感激、寬恕時，你的世界自然也會實際變成陽光、感激、寬恕。不需去擔心實現願望的細節，更不要試圖去控制過程，只要享受你的心情。

周遭環境並不重要，重要的是你的心情狀態，你的心情狀態會直接影響轉變你的周遭環境。

自由選擇是所有生命的天賦能力

任何生命本來就有、永遠具有自由選擇的無限權利及無限威力。全宇宙及全時空都會全然支援你的自由選擇。

自由選擇定律也就是所謂的吸引力法則，你可以吸引任何你想要的事物。

神子的信念威力，是無時無刻不存在的，你在任何時刻真心相信什麼，就會得到什麼，看到什麼，毫無例外。你不需要驚訝於信心的移山倒海之威力，那只不過是信念的本具力量。

只要神子還是相信自己是被限制束縛的，那信念甚至可以限制住神子本具的神威。他一旦擺脫了枷鎖，那是因為他由相信限制束縛，轉而相信自由選擇了。

你總是具有無限神威，不可能缺乏信心，只不過你常選擇了相信自己無能，相信自己被綁。

心靈的威力是極其強大的，就算是不善的意念，只要夠強烈，也可能會給人帶來短暫如願的效果幻覺，但不善最終必將帶來苦果。

選擇並感謝

當表達出我選擇什麼時，自然會產生自由的感覺。

當表達出我感謝什麼時，自然會產生豐裕的感覺。

如果表達出我選擇並感謝時，就同時會有自由而且豐裕的感覺。

使用「我選擇並感謝」的表達方法將強化選擇的威力。例如，我們可以說，「我選擇並感謝擁有快樂美好的生活」，就算是一些小事，我們也可以選擇並感謝，例如，也許車子一直無法找到好的修車廠來完全排除其故障，此時就可以冥想覆誦，「我選擇並感謝這輛車子在下週五晚上12點前完全修復」。

任何生命都有自由選擇的無上權利

不管是什麼理由藉口，強迫別人的意願，都是不溫情友善的表現。我們可能會以各種權威來強迫別人，也可能以各種意識形態的大帽子來強迫別人。

我們甚至可能會用愛心為藉口來強迫別人，開口就說：「我這是為你好啊！」。

受限中亦可選擇

有人會說，人受到的限制這麼多，那裏有所謂自由選擇。但是任何生命，在肉體形式中時，或多或少都會受限，重點是在受限的舞臺上，你仍有很大的自由選擇發揮空間。而自由選擇的無限威力，甚至可以產生無形力量來變更整個原本的舞臺。

選擇即自律

有人會說，如果都可以自由選擇，那萬一大家選擇無法

無天、強取豪奪，那豈不是天下大亂。要知道現階段的人類自律性不夠，法律還是有其必要性。而為非作歹之人，並不知道一體生命的真理。任何人若存心傷害別人，就會有傷害自己的潛在動力出現。

選擇只有兩種

選擇看起來有幾千億種，其實只有快樂和痛苦兩種選擇。我們的目標就是恢復無限快樂的真實本性。

自由選擇也是一種幻覺

由最高真理來看，自由選擇也是一種幻覺。在一體境界中，我們也無需選擇。

宇宙沒有偶然

整個宇宙有其背後偉大的創造力量，這個創造力量是來自每個有意識的生命，沒有一件事件是偶然發生的，任何事件之發生均有選擇的意義存在。

例如在戰場之槍林彈雨之中，兩個人同時從壕溝中跳起，兩人相距只有三十公分，結果一個人被打死，一個人則沒事，這在表面看來只是運氣的問題，但實際上則是選擇的結果。這種選擇可能不是在表面意識上的選擇，而是在潛意

識上的選擇。

或許有人說，人怎麼可能會選擇死亡，但是一個人在潛意識中選擇死亡的理由很多，可能是原先設定的任務已經完成，也許是覺得未來人生難度過高，想休息一下，重新來過。

一個人設定人生遊戲的難度，有點像設定電動玩具遊戲的難度一樣。

太難了就太辛苦而沒成就感，太簡單又沒什麼意思，最好是有點簡單又不會太簡單。如果第一級難度是完全無難度可言，那麼也許第二級難度是比較容易玩得輕鬆又開心的級數，最好不要選擇第三級以上來讓自己有很大的挫折感。

但是大多數人的觀念是越難達成的就越有價值，在設定人生遊戲之潛意識層面上時，多數人都會比較逞強，選擇難度較高者，等到發現問題過難時，才怨天尤人哇哇叫，最慘的是，為了忘我投入玩人生這個遊戲，絕大數人選擇了忘記是自己設計導演了這部人生劇，於是產生了更大的絕望痛苦。

這種選擇遺忘以全心投入之作法，在全宇宙的各個系統中，都很少見，這是非常逞強過激的作風。甚至有些外星系統的生命根本無法相信，這宇宙中會有生命刻意忘記了自己就是創造者這個事實。

大多數的宇宙生命系統都很清楚了解自己就是導演，正如同我們在玩電動玩具時，會知道自己選擇了遊戲，不過人

類的這種戲劇化經驗為了想斬除幻相的生命，提供了很好的經驗武器。

相信自己

很多擔心或恐懼來自於三種「被迫」的感覺

人們由於對自己的自由選擇潛能沒信心。常會害怕發生「被迫」的情景。例如：

一、擔心事情會非如自己所願，而「被迫發生」自己不喜歡的情況。

二、擔心如果事情「被迫發生」後，自己會「被迫不爽」。

三、擔心在「被迫不爽」後，後續發展還會「被迫更糟」。

以上的「被迫發生」、「被迫不爽」和「被迫更糟」這三種「被迫」的感覺，是來自於以下三個錯誤的信念：

一、「被迫發生」來自於誤以為自己無法自由選擇周遭環境及事件。

二、「被迫不爽」來自於誤以為自己無法自由選擇自己對事件的反應感覺。

三、「被迫更糟」來自於誤以為自己無法自由選擇周遭環境及事件的後續發展。

而這三個錯誤的信念來自於一個根本的錯誤信念——忘記自己本是有能力自由選擇的神子。

當感覺自己開始擔心害怕某些事件時，以下三句口訣是很有幫助的：

一、**完全沒用處**。

這些事件的發生，對我而言，完全沒用處，我完全不需要去選擇這些事件。

二、**就算又如何**。

就算這些事件真的發生，那又如何，我依然可以時時選擇自然快樂。

三、**可能會更好**。

這些事件的發生，說不定是為了帶來更好的結果。

要相信自己可以主控自己的命運及心情

當我們看到別人遭遇我們不喜歡的情境時，我們除了會有些同情之外，常常會心裏想，「還好不是我」。

其實，「還好不是我」這句話隱含這我們是在命運女神的擺弄之下，我們潛意識會想，不知哪天時運不佳就慘了。

我們應該告訴自己，這些事情非我選擇，對我而言一點用處也沒有，我能主宰自己的命運。退一步想，就算事情發生，難道一定會讓自己不快樂嗎？也許反而會更好。

人們常會喪失主控自己命運及心情的信心。當你一直擔心你不喜歡的事會發生時，你就喪失了主控自己命運的信

317

心。當你害怕不喜歡的事的發生會讓你痛苦時，你就喪失了主控自己心情的信心。

三大信念

人應該要有三大信念：

一、相信自己能掌握自己的命運。

二、相信自己能掌握自己的情緒。

三、相信宇宙是完全友善支持的。

當人感到恐懼擔心時，往往是這三大信念出了問題。例如，若擔心自己被別人或環境牽累，是因為不太相信自己能掌握自己的命運。若害怕自己會沮喪痛苦，是因為不太相信自己能掌握自己的情緒。若感覺運氣不好，是因為不太相信宇宙是完全友善支持的。

其實，除非出於自己的選擇，沒人會被任何人或任何大環境所拖累。除非出於自己的選擇，我們不會因特定境遇而沮喪痛苦。而且，由於宇宙的友善支持本質，每個人本來都是非常好運氣的，只不過有些人不相信自己的好運而已。

不要執著形式

放下執著

當事與願違時，有可能是機緣未到，也有可能須重新考

慮改變願望。例如，如果一隻兔子一直想要飛翔，很可能會帶來挫折痛苦。不如順著自己最輕鬆的專長去做。又例如，如果在事業上常遇到挫折，也是該認真考慮轉換跑道的時候，不要過於執著。

在我們努力想要這個要那個時，我們常會忘了其實我們也有放下執著的選擇。當我們自然地放下時，將感到徹底的解脫自由。退一步海闊天空，暫時的退出可能會醞釀更大的能量。

執著於特定形式是自由選擇的最大陷阱

在運用自由選擇定律時，最大的陷阱就是執著於特定形式。

例如：

一、執著於特定某人要符合你的期望。

二、執著於特定某事開始就會成功，否則就是自己無能。

三、執著於特定某事就是障礙的錯誤信念。

四、執著於特定某方法一定是正確的僵固想法。

五、執著於特定形式的如願以償，而將其他形式的變化視為挫折。

六、執著於特定時間內的特定期望。

在許多特定具體形式的願望中，
只要能一部分超乎預期，就很有幫助了

一般強調心想事成的書常會過於強調實現每個具體的願望，事實上，這是完全沒必要的，只要能一部分願望能超乎預期，你就受益無窮了。

舉個例子來說，假設你在每期買樂透時，都很專心冥想你在當期就會中頭彩。但實際上，沒必要讓你每期都心想事成地命中頭彩，只要有中過一兩次超乎預期的高額獎金，也許對你就很足夠了。

許多心想事成的書常會舉很多實例，來證明心靈的威力，例如某某人冥想在三個月內擁有一輛跑車，果然夢想成真等等。但在實務上，自由選擇定律的威力並不局限在特定具體形式上。

能彰顯你快樂及成就的物質形式最後一定會實現，但不要執著在每次都要成功地心想事成，否則你可能感到挫敗，進而懷疑起自由選擇定律。

成功與失敗

在許多次的嘗試中，只要有一次重要的成功，那就算是達成心願了。很多人誤以為，所謂的成功就是事事如意，鮮少失敗，其實依照生命真理來看，世間各種形式的變化動向是難以預測的，我們只要能積極掌握幾次機會，就算是失敗多次，也可以有很大的成果。

重點在於你是否視失敗為正常，願意多多嘗試，並且在嘗試成功時，積極投入，以擴大戰果。

你不需要讓所有的人都喜歡你

不要試圖讓所有的人都皆大歡喜，有時候和你頻率不合的人對你的歡喜和要求，反而會阻滯拖延你的新機會，要讓不適合的人自動放棄你，適合你的人自然喜歡你。

自由選擇的重點不在於選擇特定的形式，而是選擇心態

特定形式本身並不重要，重要的是你的心態，要讓你自己隨時感到無限神威、自然快樂，這樣自然會吸引一連串的好事上門。

不必費心判斷什麼是好，什麼是壞。有些特定型式，由於機緣的關係，不見得一想就會成功，此時應該順其自然。不要強求，要有能實現最好，沒實現也不錯的心態。不要有沒實現就不爽的心態，這樣的追求方式才不會給自己帶來痛苦，也就是說，我們要選擇但不強求。

其實不管你選擇什麼路徑都沒關係，只要你問心無愧，相信你當下的選擇是當時最自然合理的選擇，那麼黃河九曲終必向東，你最後終將達成目標。真正具有殺傷力的，是你對所作選擇的後悔、內疚、懷疑和擔心等負面情緒。

如果想選擇具體特定形式時，
要記得以自然快樂為最高前提

如果你想選擇的是某種具體的特定形式時，要先把自然快樂作為最高前提，如此，不管願望達成與否，對你一定是最好的安排。

舉例而言，也許有一個你現在看起來似乎很好的工作機會，你很想進去那家ＸＸ公司工作，於是你發出強大念力去選擇要進入這家特定公司，結果你如願以償，但過沒多久，這家公司卻因為一個特殊意外而破產，你因而受到損失。

所以，你看起來喜歡的特定形式，對你而言，未必是真好，如果你以自然快樂作為最高前提，不要自作聰明，那這善意的宇宙自會為你做出最好的安排。

你可以如此地發願選擇：「以自然快樂作為最高前提，我明確選擇並感謝能到ＸＸ公司工作。」

心想事成不需要事事皆成

有些人在運用心想事成法則時，過於執著於必須事事皆成，否則就有挫折感，這是非常嚴重的錯誤。

要知道物質世界的形式變化，不可能完全隨你的意志左右，在種種形式變化的機會中，你就算錯過了一百次機會，只要有一次重大收獲，對你的願望就有很大幫助了。

宇宙中不存在事事皆成的心想事成，只存在幸福快樂的心想事成。

舉例來說，也許你想要有一棟漂亮房子，得到漂亮房子的可能途徑非常多，如賺錢購入、摸彩中獎和親人贈與等，而賺錢購入的金錢本身更有許多不同的可能來源，千萬不要因為一個途徑的失效，就心生挫折，挫折感會妨礙你吸引其他機會。要堅信宇宙一定會為你開出一條路，讓你能達成願望。你的信心越強，宇宙給你的支持也就越強。

變化是世間的正常現象，只是成功者視變化為轉機，而失敗者卻視變化為挫折。

在運用心想事成法則時，如果過於執著要事事皆成，或過於執著特定事情必須成功，都會造成負面效果。我們要能堅定信心，但又要能心無掛礙。這樣才會帶給你真正幸福快樂的心想事成。

自由選擇的最大障礙

在運用自由選擇定律時，最大的障礙就是不滿抱怨、不夠寬容。例如：

一、如果你不滿抱怨某人很差。如此，就等於相信某人對自己會有負面影響。

二、如果你不屑別人不勞而獲，或名不符實。如此，就

等於厭惡自己輕鬆成功的可能性了。

三、如果你不滿抱怨某人不夠認真負責，如此，就等於
　　為自己加上沉重的心理負擔。

如果不重視寬恕寬容，那麼自由選擇本身就會受到阻
礙，無法完全發揮威力。

如果不重視自由選擇，只注意寬恕寬容，那麼就會錯過
自由選擇的許多神威樂趣。

第11章
心靈第四定律：寬恕寬容定律

什麼是如幻寬容

心靈第四定律：寬恕寬容定律

→若寬恕寬容，就能掃除障礙。

也就是說，寬恕寬容將為你掃除在快樂幸運路上的障礙。

→要訣：唯觀如幻。

寬恕和寬容的意義

寬恕有原諒、豁免、解脫的意思，當我們把心中能將對自己和別人的所有的復仇、不滿、抱怨、勉強、犧牲的心態都真正寬恕豁免時，我們才能真正地解脫自在。

寬容有大量、包容，覺得全部都很好的意思，當我們能大度寬容宇宙一切人、事、物時，我們才能真正地快樂自由。

最高的寬恕寬容，就是感到一切罪過都不存在，全然美好，而沒什麼需要寬恕寬容的。這就是所謂的如幻寬容。

如幻寬容才是最高的寬恕寬容

所謂如幻寬容就是能夠認清，所有你認為非常真實的罪過、煩惱及執著，以最高真理來看，其實都是虛幻而不曾發生過。

這並非是把這些罪過、煩惱及執著當真，然後強迫自己去寬容接受。而是以全然的智慧之眼看出，罪過、煩惱及執著其實根本不存在，而你所有的罪過、煩惱及執著就在此種慧眼下被完全徹底寬恕並寬容了。

罪過、煩惱及執著只不過是虛妄的幻覺，而如幻寬容只是看出其中的虛幻，並能看出別人和自己的完美真實本性。

如幻寬容能幫助你認清世間的虛幻表象，以慧眼看出生命的純淨真實本性。

唯觀如幻是寬恕寬容的修習要訣

唯觀如幻是寬恕寬容的修習要訣。如果不以如幻觀之，那就是普通的原諒寬恕，其境界效果都有所不同。唯觀如幻的優點在於，因為不將煩惱、不滿視為真實，所以心態上更容易超脫。

當你以如幻空性的慧眼，來觀察世間一切罪咎、痛苦及執著時，你會發現你心中自然會湧現超脫的智慧和力量。

如果你採取罪咎實存的觀點，將罪過、煩惱和執著視為需要去奮力對抗攻擊的真實負面存在時，反而會製造出一堆衝突、矛盾及掙扎。

幸運心靈學
180課

在實證生命眞理的各種實驗方法中，如幻空性的觀點，要比罪咎實存的觀點，來得更輕鬆容易，其實用性更佳，這是已被如老子、莊子、佛陀等證實的大智慧。

有人會問，如幻空性的看法，是不是一種不顧現實、自我欺騙，阿Q式的方法？這裏有必要作個澄清區別。

如幻空性的方法，觀點要超然，但作法要務實。

因爲觀點超然，所以能遠離情緒性的束縛；又因爲作法務實，故不至於自我陶醉，躲避現實。舉個簡單的例子來看，當別人激動地痛罵你的缺點時，你一方面可以將你惱火、不舒服的感覺用空性智慧來化解，然後就要務實檢討自己是否有不妥當之處，有則改之。

而罪咎實存的方法，常使人在心理觀點上就很難超脫，也許心理學會教你一些例如不予理會，深層發掘、坦然接受等技巧，來設法克服負面情緒，但這些技巧方法的實用效果，不見得會比如幻空性的方法來得好。

如幻寬容的兩大任務

如幻寬容本身有兩大任務：

一、清除掉所有對自己、對別人、對世界，對眞理、以及對所有一切虛幻不實的不滿抱怨、內咎、罪惡感及煩惱。

二、不執著於自己喜歡的事物，也就是「不以幻當眞」。但也不要執著於丟棄自己喜歡的事物，也就

是不把「不以幻當真」當真。

如幻寬容最具解決煩惱痛苦的效果

過去人類解決煩惱痛苦的一般方法有三：

一、視喜悅痛苦、善惡、光明黑暗、愛及恐懼均視爲實
　　有，然後積極地發揚正面力量來對抗負面力量。

二、以正義爲藉口來進行懲罰，或以暴制暴來消滅邪
　　惡。

三、以宿命和無能爲力爲藉口，來自我安慰，暫時麻醉
　　自己。

但這三種方法，在解決煩惱痛苦的效果方面，都不如唯
觀如幻的寬恕寬容方法。

徹底全面的寬恕寬容

微小的起心動念處也要徹底寬容

有些人會認爲自己生性善良，不做壞事，沒什麼仇人好
寬恕寬容的，所以不需要修習寬恕寬容。然而寬恕寬容必須
在微小起心動念處也要寬容。

只要有一絲絲的不寬恕寬容的心思，你就還是被幻覺所
蒙蔽，而無法全面回憶起你快樂的本性。千萬不要忽視任何
絲毫不寬恕寬容的心態。

下面舉些實例，請您反躬自省：

一、你有一件急事，要在限期前辦完，如果沒辦完，你將會蒙受極大的損失，結果承辦的公務人員，不理會你，故意拖延時間，不負責任，結果無法限期完成，使你遭受大損失。此時，你是否會痛恨此承辦人員的不負責任？

二、在漫長的排隊等候中，前方有人不理會別人的等待、和辦事人員聊天而拖延太長時間，你是否會覺得那人有點可惡？

三、如果你有急事要辦，結果被陷在長長的堵車長龍中，你是否會心煩氣躁？

四、如果你最喜歡的物品，被人蓄意破壞，你是否能完全豁達？

五、你在報紙或電視上看到一些你不認同的人事物時，你是否會有點生氣？我們可以不認同，但沒必要去生氣計較。

這些細微的起心動念的不滿抱怨都應該要徹底寬恕寬容。

千萬不要小看這些細微的起心動念，這些起心動念，正是修習寬恕寬容的最重要關鍵。

但要提醒您的是，如果你強求自己完美地寬恕寬容，那也是落入了無法寬容的陷阱。我們心中了解寬恕寬容的重要性，然後盡力去做，有時做不到，那也是笑笑就好，沒什麼

大不了的。以後，機緣成熟，就自然能做到，順其自然是最重要的。

我們看那大大肚子的彌勒佛像，不總是笑容燦爛的嗎？

徹底的寬恕寬容

徹底的寬恕寬容有兩個重要觀點：

一、以如幻空性來做到徹底的寬恕寬容。

一般寬恕寬容的觀點，是這樣想的，「他做了對不起我的事，我雖然心中不爽，但就不和他計較，給他一點原諒的恩惠吧。」這種寬恕想法，還是會使自己心中有被傷害過的痕跡，無法完全超脫放開。而如幻寬容是要做到心中坦坦蕩蕩、毫無芥蒂，沒有被傷害的陰影。

二、不只寬恕寬容別人，也要寬恕寬容自己。

一般人最常犯的錯誤，是自己想不開，跟自己過意不去，而一旦讓自己不爽，就可能造成心理扭曲變態，進而攻擊傷害別人。所以，先寬恕寬容自己，讓自己坦然無畏，是最重要的。

寬恕寬容自己並不等於不自律不檢討，而是讓自己了解，凡事盡己即可，不要過於強求。

全面的寬恕寬容

不只要寬容別人，更要寬容自己。

不只要寬容有形生命，更要寬容全宇宙。

要寬容所有的生物、無生物。

要寬容所有的物質及心念。

要寬容所有的思想觀念。

要寬容所有的矛盾衝突。

要寬容過去、現在及未來。

連寬容的念頭本身，也需要去寬容。

到最後無所寬容時，就會發現，原來眾生本為一體，本就共居真如之境。

寬恕寬容也包括寬容所有的不同思想

世上所有的思想觀念，只要能局部地減少痛苦，增加快樂，都是非常值得頌揚的。有關生命真理的各種思想形式都很好，都很有價值，最終都能回歸一體生命，無一例外。特色和過程雖有不同，但都需要寬容。

舉個實例，如果有人認為寬恕寬容只是垃圾狗屎，必須強力反擊才不會被欺侮。那也很好，本來任何觀點都是虛幻，差別只是合用不合用而已。

寬恕寬容別人

攻擊批判別人，就等於攻擊批判自己

以一體生命的真理來看，攻擊別人，就等於攻擊自己。

批判別人，就等於批判自己。

外面其實沒有別人，只有你自己。

你所看到的別人和外境都只是你心靈的投射而已，所以不要再怪罪於別人環境了，改變你的心境就自然可以改變你所看到的外境。

寬容別人的失職行為

沒有任何人，在任何情況下，應該必須去作任何事，來配合你的需要。

有些事雖然是一些人的職責所在，如果他盡職，那值得鼓勵，如果失職，也只是他的選擇，我們沒必要氣憤不平，只要別人肯配合你做事，那就是值得我們大大感謝的事，不要將別人的合作配合視為理所當然。

對別人雖然不選擇或不認同，但依然覺得完美

當看到自己目前不選擇或不認同的看法或形式時，要了解到，其他的看法未必比較高明，或者未必比較受歡迎。

雖然這是我目前不選擇或不認同的形式，但也許未來我會選擇或認同，也或許有其他需要的人會選擇或認同，其本質仍然是完美無缺一百分。

所有不同的表達形式，不管你選擇不選擇，認同不認同，全都是平等完美的。

競爭時要盡力做到全贏

在任何競爭中，都要盡力做到所有參與者都全贏，就算是在一定要分出排名的公平競爭中，也要相信並祝福所有的參與者，都能因此獲益。

對於某項競爭的落後者而言，他在其它人生領域中，依然可以有許多成功機會。事實上，這宇宙慷慨提供了無限多個成功機會，每個人都可以成功。

不要痛恨別人的殘忍無情

不要痛恨別人的殘忍無情，就算是有個罪惡滔天的暴君，天天殘酷凌遲處死數百萬人，他的本質仍是神聖圓滿的上主之子，神的恩典普照世間，毫無例外。

如果你痛恨別人的殘忍無情，那你還是落入了無法寬恕寬容的陷阱。

不要要求別人太高

在日常生活中，不要要求別人太高，別人就算有一點點不懂裝懂、不肯認錯、頭腦不清，也應該體諒別人。當你向人請教事情時，有的人明明不知道，也不願明說自己不知道，你若察覺到這種情況，那就只好向他說聲謝謝，然後轉而請教別人了。

寬恕寬容自己

對自己也要寬恕寬容

人常會自我攻擊、自尋煩惱，所以也要積極去寬容自己。我們要讓自己不管在任何狀況下都不會攻擊自己、自尋煩惱。

例如，因未按表操課，而苛責自己。或因未能達到預期成果，而自我責備。這些都會造成壓力及煩惱，都應該要寬容。

又例如，覺得使別人失望是自己過失的罪惡沮喪感，就是一種自我攻擊。其實，我們的所作所為，很難盡如人意，我們不要因為要滿足別人的期待而過度勉強自己，盡己就好了。

再例如，對於自己無法貫徹自己原先擬定計劃，所產生的罪惡無能感，也是一種自我攻擊。

每個人都應該寬容自己、不批判自己，也不自尋煩惱。許多為非作歹的人，常常都是因為無法寬容自己，而形成了扭曲心態。

對於自己的計劃受阻，要寬恕寬容

人在進行計劃時，常會急著要快點完成，只要受到拖延阻礙，就常會感到著急而不耐煩，這種心急情緒，也是不夠寬恕寬容的表現。

　　舉例來說，當你在排隊時，如果有人插隊或拖延時，你可能會很生氣。又例如，當飛機班機延遲起飛時，你可能也會心情不好。

　　這些負面情緒都是沒必要的，我們只要盡力去做，其他就看上天的安排了，也許拖延可以避免意外損失或帶來極佳的新機會。

害怕追求生命真理的潛意識原因

　　有些人不想追求生命真理的潛意識原因，是在於他對自己太沒信心，以至於他害怕生命真理會證明他是沒有價值的人。

寬恕寬容自己的失敗幻覺

　　失敗本身只是自己的幻覺。寬恕寬容也包括寬容自己的失敗，寬容自己的心有餘而力不足，寬容自己的無法貫徹決心，寬容自己的修養不夠。如果苛求責備自己，產生罪惡感，那就違反了寬恕寬容定律，反而容易造成惡性循環。

你不需要做到毫無負面情緒

　　有些人會認為修心者必須隨時都毫無負面情緒，才算成功，否則就算失敗。其實這種想法本身就是一個陷阱，會使人過於強求，不夠自然。

　　當我們遇到負面情緒時，要輕鬆自然地面對，儘量了解

PART

3

理
論

335

其原本虛幻不實的眞相，但不要如臨大敵，就算是實在一時想不開，那也沒什麼大不了的，以後機緣成熟時，自然會看開的。

不要過度擔心

見招拆招、見機行事、兵來將擋、水來土掩

人常會忽然想到未來一些可能比較困難的情況，而產生細微的擔心，其實，合理的謹愼小心和預作防範，都是非常有必要的，但注意不要過度的擔心，當我們已經盡力把該準備的事完成，未來不管發生哪種情況，我們只要輕鬆快樂地見招拆招、見機行事、兵來將擋、水來土掩即可。

無謂的擔心和合理的小心是有區別的

無謂的擔心可能會使自己恐懼害怕，而合理的小心則是坦然無畏，只是盡好自己控制風險的本分而已。

其關鍵區別，就是在於心情。

如果會造成恐懼害怕，那就是無謂的擔心。如果心情盡己坦然，那就是合理的小心。合理的小心在實務上有其必要性。

不要執著當眞

執著當真的傷害

對世間上所謂好的東西，認假爲眞、過於執著，就會患得患失、造成傷害。世間上的財富、名聲、享受，甚至於包括宗教、道德、修行等所謂好的東西，全都是虛幻的幻覺，他們本身並沒有傷害的能力，但你若認假爲眞，過於執著，就會造成患得患失或自命清高，造成傷害。

寬恕寬容能使你自然輕鬆

寬恕寬容定律，能提醒大家不要過於執著，而產生出什麼都不需選擇，什麼都不需要的自然輕鬆心境。對於我們不喜歡的事物，我們不需自尋煩惱，過於執著。對於我們喜歡的事物，我們也不需要以幻當眞，過於執著。

我們可以多增加一些幽默感，幽默本身可以讓人不會太嚴肅地去面對一些議題，幽默可以產生寬容的力量。如果你警覺到自己心情較不穩定時，可以先使心情緩和下來、降低音量、放慢速度，並保持微笑。

眞正的公義

真正的公義

一般人認爲，對於那些傷天害理的大惡人而言，不死則不足以平民憤，若饒其不死，寬恕他們，則對不起那些無辜的受害者。

我們可以體諒理解這種公義想法，但冤冤相報何時了，以暴以暴除了滿足公義情緒的需要外，是否有積極建設的一面呢？

如果，我們把公義的伸張，更換成另一種作法，就是將大惡人緝拿到案，然後要求他在受害者靈前，眞心懺悔，發誓永不爲惡，並要奉獻公益，用以贖罪，這樣不是更有意義，對社會更好嗎？有人會說，那種大惡人懺悔都是假裝出來的，不如殺了，省得麻煩。要知道人性本善，對於那些誤入歧途的同胞兄弟姐妹，我們還是要盡力幫助他們悔改，若他們一時冥頑不靈，不肯悔改，那只好暫時限制他們自由，以免危害他人。

所以，嚴刑峻法是維持秩序不得已的手段，能不嚴刑峻法就不要嚴刑峻法，但人類大多時候還是防衛過度，大多數嚴刑峻法是沒有充分必要性的，這在歷史上已經造成太多悲劇。

人類如果不能理解這簡單的道理，怎會有世界和平呢？世界和平不是靠消滅邪惡來得到的，而是靠尊重與寬容來得

到的。想消滅邪惡的暴力想法，只會導向另外的暴力，這在歷史上已重複太多次教訓了。

有人會反問，那面對邪惡時，難道我們就要心存婦人之仁，任其宰割了？錯！正當防衛是有必要性的。必要時，也不得不傷害別人或限制其自由。但當威脅消失時，就要積極幫助邪惡改過向善。正當防衛的尺度存乎一心，我們只要隨時隨地將「尊重寬容」銘記在心，即可。

真正的公平正義，不是讓受害者心存怨念，並使加害者受到嚴厲懲罰。而是能夠認清生命的清白無罪神聖本質，使所有生命在生命真理的保護下，遠離一切迫害威脅，永遠不再成為被害者。

寬恕不了別人，就是寬恕不了自己。一直怨恨加害者，就會使自己脫離不了被害者的情結。

復仇的心態往往也不是最公正的

我們仔細思考，難道復仇的心態就一定是最公正的嗎？舉個例子，現在有甲國侵略了乙國。甲國的政治人物和好戰將軍，為了自己的私慾，徵調了甲國的壯丁，去當兵打仗。結果乙國百姓遭逢家破人亡的痛苦，這時乙國百姓可能會非常憤怒，發誓要殺光乙國士兵以洩憤。

可是讓我們換一個角度想，真正的元兇，是高高在上

的政治人物和好戰將軍，那些乙國士兵可能也是被迫上戰場的。

若我們出生在乙國，就算反戰，可能也無可奈何地上戰場。結果我們卻把怨氣發在乙國士兵身上，那難道就一定是公正的嗎？

在正當防衛的前提下，甲國應該要盡力結束戰爭，和平途徑若不成功，也只好以戰止戰，但是不要把怨氣指向乙國全部人民，而是要找出真正元兇，並記取錯誤的教訓。

揭發罪行是為了幫助所有人認清錯誤，而非為了報復懲罰

真正的公義應當是揭發罪行，讓包括犯罪者在內的所有人都能認清錯誤，徹底懺悔，改過向善。而不是以報復懲罰為目的。

罪行如果不揭發，有可能會讓犯罪者誤以為錯誤是可以掩蓋住的，但若犯罪者可以懺悔自己的錯誤，並徹底改過，也不一定要將痛苦加在他身上。

寬恕寬容支持正當防衛和揭發罪惡

可能有人會以為，寬恕寬容會使人無法正當防衛。例如有壞人意圖加害自己家人時，要如何處理呢？其實寬恕寬容是指盡力去避免批判及傷害，重點是在盡己的心態，但人世間常會發生無法兼顧的情況，此時為了正當防衛，而被迫傷

害歹徒，就有其必要性了，但不要造成過度防衛。

　　很多人覺得寬恕寬容是不切實際的，誤以為寬恕寬容就是要閉著眼睛挨打，這是嚴重的誤解，寬恕寬容是在正當防衛的前提下，盡力不要去報復傷害別人。

　　也有很多人覺得寬恕寬容是不合公平正義的，認為如果壞人做壞事都沒事，世上那裏還有公平正義可言。其實，寬恕寬容定律支持揭發弊端和罪惡，並且強烈要求犯罪者深刻反省懺悔，如果犯罪者持續冥頑不靈，也可暫時限制其自由，以防對他人造成危險。但寬恕寬容定律不贊成用傷害或殺戮做為報復懲罰的手段。

　　相信生命真理吧，地球之所以會戰爭不斷，就是因為大家具有壞人應該受到嚴重傷害的強烈信念。壞人應該受到嚴厲訓斥，並且應該真誠懺悔，但我們不應該在捉到壞人後，還去刻意殺害他。人類只有在徹底改變對公平正義的舊信念後，地球上才會有真正的和平。

寬恕寬容可以掃除障礙

寬恕寬容是心想事成的根本

　　假設每天你都以正面的積極思想告訴自己要明確選擇成功，但你卻常常批判不滿於環境、時局，那麼即使你很努力地正面思考，此種批判不滿將會嚴重阻礙你的成功。因為你

對外在環境的負面信念，將對被外在環境包圍的你形成負面影響。

　　一般強調發揮正面積極潛意識威力的吸引力法則，往往會忽略寬恕寬容的重要性。你的自由選擇威力必須在你清除掉你的不滿抱怨後，才會快速彰顯。在你未清除不滿抱怨前，不管你多麼努力地積極正面，專心冥想、多麼認真地想心想事成，你的願望仍然會受到阻礙，寬恕寬容是心想事成的根本。

　　寬恕寬容可以清除煩惱、罪惡感及無力感，掃除心想事成的障礙，而更容易彰顯自由選擇的心靈威力。這也就是諸佛菩薩在煩惱去盡後，能夠神通變化自在的原因。

　　自由選擇及寬恕寬容可以雙管齊下，相輔相成。

寬恕寬容是悟道的根本

　　你內心的光明必須在你清除掉你的不滿抱怨後，才會重現在你的眼前。在你未清除不滿抱怨前，不管你多麼努力地活在當下、清醒覺察、積極正面，多麼認真地想頓悟佛性，你的光明仍然會受到遮蔽，寬恕寬容是悟道的根本。

　　神是自由、寬大、無限、真實的，但有限而充滿幻覺的我們，若要憶起一體生命，就得真正作到寬恕寬容。否則如果只是在表面意識上研究神的觀念，或者只想一心頓悟，則並無實益。

幸運心靈學 180 課

寬恕寬容的情境範例

【範例一】

情境分析範例：

感到別人自以為是時：

模擬情境：

當我們當面遇到，或在電視上，或在書上，或只是忽然想到，發現別人自以為是地高談闊論一些似是而非的道理，甚至還嘲諷你的觀點時。

一般人可能有的反應：

1. 心懷不滿，進而想挑戰他的想法，好好地用言語敲打他一番，讓他覺悟認錯。
2. 無恥市井小人一個，不屑和他糾纏。

寬恕寬容的看法：

我們要體會到，每個人都有他所鍾愛執著的幻覺，包括我們自己在內，我們所鍾愛的任何觀念想法，其實也只是幻覺。只是這個幻覺可能對自己特別有效果，所以沒有任何一個觀點會比較高明，只是合用不合用的問題。也許對方的觀念，對目前大眾可能並不合用，但我們只要清楚表達自己的想法，保持著希望對別人有所幫助的心態。

343

【範例二】

情境分析範例

感到一時無法脫離痛苦時：

模擬情境：

當我們遇到生理上或心理上頗大的痛苦，又一時無法脫離時。

一般人可能有的反應：

1. 心生沮喪，害怕事情不會轉好，甚至變得更差。
2. 怨天尤人，開始尋找導致痛苦的原因或元凶，並怪罪於這元凶。

寬恕寬容的看法：

要體會到，所有的痛苦，都是毫無用處，一點用也沒有的虛幻之物。明確告訴自己，我本來完全不需要這些痛苦，但既然現在痛苦好像已經發生，就要好好地休息調整，愛護照顧好自己，充滿康復的信心，靜待轉變。此時的心情越自然輕鬆越好，越有信心越好，既沒必要沮喪抱怨，也沒必要刻意和痛苦鬥爭。

【範例三】

情境分析範例

感到別人浪得虛名或小人得志時：

模擬情境：

對某人的所作所為，並不認同。或覺得某人名不符實，

才能平平，卻飛黃騰達。

一般人可能有的反應：

1.小人當道，心存抱怨，我的前途會因而暗淡無光。

2.小人得志，心存嫉妒，他遲早會踢倒鐵板。

寬恕寬容的看法：

要體會到，每個人所作所爲都有他的個別理由，而不論才能如何，每個人都有他的獨特價值。這些理由和價值，從最高眞理的角度來看，都是平等而完美的，因爲我們虛幻的分別心，才會產生不滿抱怨的心理。

你的前途是由你自己心態的選擇而決定，不是由別人的行爲決定的。別人一帆風順，也不必心存嫉妒，你應該祝福別人也祝福自己，你本來就可以心想事成，充滿無上的成就感和喜樂感。

你要能領悟到，眞正阻礙你成功與快樂的罪魁禍首，不是環境或別人，而是你那不滿抱怨、嫉妒不屑的無法寬容的心態。

【範例四】

情境分析範例：

感到自己的短處被揭開，而感到難堪時：

模擬情境：

自己本來具有能幹的形象，結果短處被揭開。

一般人可能有的反應：

覺得難堪，認爲別人會覺得自己無能，自己也喪失了自信。

寬恕寬容的看法：

短處雖然被揭開，但仍然充滿自信，並傳達出自信，相信自己很快就會有證明自己才能的機會，來個180度大逆轉。

【範例五】

情境分析範例

丟失事業或名聲。

模擬情境：

自己被人誤解或誣告，因而丟失自己覺得不錯的事業或名聲。

一般人可能有的反應：

覺得憤怒不平。

寬恕寬容看法：

理解體諒別人總有想不透，看不清的地方，也許因而誤解或誣告自己。不過自己仍應充滿自信，化危機爲轉機。丟失原來事業，也許會開創更好的新事業。名聲受損，若誠懇處理得宜，反而會產生更知名的好聲譽。

【範例六】

情境分析範例

遺失證件。

模擬情境：

證件全部遺失，必須跑不少機關來重新申請。

一般人可能有的反應：

這是麻煩的苦差事。

寬恕寬容看法：

當事情發生變化轉折時，不見得是件麻煩事，只不過是另一種變化體驗，不要因此心情不好。要去除對這件事是一種麻煩的感覺，其實那和你平常的努力工作沒什麼差別，差別只是那是超乎你預期的變化，就算因為變化而影響到原先的預期進度，也可能帶來新的機會，我們要抱持盡己就好的寬容心態。

找出適合自己的對治觀點：

遇到煩惱痛苦時，要設法找出適合自己的對治觀念，每個人的合適對治觀念，可能有所不同。

重點是你要相信，信念足以轉變煩惱痛苦，這或許是實質上轉變了事件，又或許是轉變了事件對你的心理衝擊。以下是一些對治觀念的例子：

一、面對別人的指責或壓力時：要知純屬虛幻，超然自在，告訴自己順應配合即可，不要和別人一起來攻擊自己，然後等待機會就轉變氣氛，內心一樣維持喜悅快樂。

→超然自在、順應配合、伺機轉變、內心快樂。

二、面對麻煩有危險的問題時：要記得自己有自由選擇

的無限權利及無限威力，相信自己會有最佳靈感來處理，也會有最佳運氣來逢凶化吉，至於到底結果是好或壞，是很難去評斷的，也許表面上的壞結果是為引導至更好的結果，不必煩惱太多，盡力就好。

→自由選擇、最佳靈感、最佳運氣、好壞難知、盡力就好。

三、面對意外的損失發生時：要了解此意外損失本就虛幻不實，說不定會引導至其他的絕佳機緣，也或許這只是正常波動插曲，不久後就會有跳躍暴增的收穫，足以完全彌補原來的損失，還多出許多。

→虛幻不實、正常波動、好壞難知、伺機轉變、跳躍暴增。

四、面對身體的病痛時：要了解所有病痛都是虛幻不實的，都是心靈的妄作，和身體毫無瓜葛，身體只不過是接受心靈的指令，而產生了表面症狀。健康平安才是生命的常態。若能真正領悟到這病痛對我一點用處也沒有，則所有病痛都能當下治癒，原來的生理痛苦也能大幅減輕，病痛也許只是告訴你身體該好好休息。

→虛幻不實、心靈妄作、毫無用處、當下健康、好好休息。

第12章
以心靈四大定律開上快樂大道

心靈四大定律與跑車裝備的比喻

在運用心靈四大定律於快樂幸運的目標時，可以將每個心靈定律視爲跑車上的裝備，裝備優秀齊全後我們就可以馳騁於快樂大道上，不亦快哉！

一、尊重生命定律可以避免痛苦，於跑車上的裝備比喻，就是一個歧路警報器。有了歧路警報器，我們就不會誤走歧路。

二、追隨喜悅定律可以導向快樂，於跑車上的裝備比喻，就是一個導向儀。有了導向儀，我們就可以導向喜悅的正確方向。

三、自由選擇定律可以發揮潛力，於跑車上的裝備比喻，就是動力裝置。有了動力裝置，我們就可以發揮跑車的最佳性能。

四、寬恕寬容定律可以掃除在快樂幸運路上的障礙，於跑車上的裝備比喻，就是清路板。有了清路板，我們就可以清除路上的障礙物。

在快樂大道上奔馳時，心靈四大定律缺一不可。

如果不重視尊重生命定律，就容易引發痛苦煩惱，如同歧路警報器失靈，而容易誤入歧途。舉例來說，如果爲達目的、不擇手段，甚至不惜傷害別人，那麼就違反了尊重生命定律，誤入歧途，最終將得到痛苦的後果。

如果不重視追隨喜悅定律，就容易錯失快樂，如同導向儀失靈，而容易迷失方向。舉例來說，如果將別人的權威、價值觀，看得比自己的喜悅還重要時，就違反了追隨喜悅定律，迷失方向，最後還是無法快樂。

如果不重視自由選擇定律，就容易減少威力，如同動力裝置失靈，而影響速度流暢性。舉例來說，如果對自己的偉大潛能信心不足，就不算是眞正相信自由選擇定律，最後會影響快樂潛能的發揮。

如果不重視寬恕寬容定律，就容易遇到快樂的障礙，如同清路板失靈，而易遭阻滯。舉例來說，如果心中充塞著不滿抱怨，就好像路上充滿未清除的亂石，就算你跑車的歧路警報器再靈敏，導向儀再精準，動力裝置再強，仍然是寸步難行。一般新時代思想在強調心想事成的心靈潛能時，多會忽略寬恕寬容定律的重要性，而只強調正向思考，這樣就會有障礙未除的問題。

在生活中彰顯心靈四大定律

心靈四大定律是生命的基本原理，那麼我們在日常生活中要如何彰顯心靈四大定律？如何以身作則來傳達理念？

一、第一定律：**尊重生命定律**

彰顯方法：盡己無畏、不卑不亢、不慌不忙

所謂盡己無畏，是說盡力尊重別人、體諒別人和盡好自己職責，如此心中可以坦然無畏，而在面對別人時，也就自然可以不自卑也不高傲，不慌不忙地從容應對。

二、第二定律：**追隨喜悅定律**

彰顯方法：自然歡喜、給人快樂、給人信心、給人希望

如果我們心中充滿平安喜悅，並且很樂意和別人分享，那麼自然會在周遭環境中，創造出一種快樂、信心和希望的氛圍，別人和你相處或看你處理事情時，會感覺你可以帶給他們快樂、信心和希望。

要注意的是不要試圖作到全部人都皆大歡喜，有時候和你頻率不合的人對你的歡喜和要求，反而會阻滯拖延你的新機會，要讓不適合的人自動放棄你，適合你的人自然喜歡你。

三、第三定律：**自由選擇定律**

彰顯方法：自由創造、建立風範

如果我們心中對自己能夠自由選擇的神威，有著堅定不移的信念，那麼自然可以發揮出自由創造的潛能，建立風

範。

四、第四定律：寬恕寬容定律

彰顯方法：氣度寬宏、智慧靈性。如果我們內心真能做到寬恕寬容，那麼自然會流露出氣度寬宏、智慧靈性的氣質。

第13章
恢復幸運心靈法力

PART
3
理論

　　人們很容易著迷在像哈利波特書中的魔法世界。擁有法力是多麼讓人興奮的事啊！

　　讓我來告訴你一個天大的好消息，你本來就是最偉大的心靈法師，你擁有的幸運心靈法力就是全宇宙等級最高的法術，只不過你自己忘記了這件事，變成反而要羨慕較次等的法力。

　　你的幸運心靈法力可以讓你和全世界都得到最高的幸福快樂，也可以實現你心中最狂野的夢想。

　　你不需要像哈利波特一樣必須歷經挑戰磨難，又要背一堆咒語，才能學到法術。你只需要快樂地用寬恕寬容來清除幻覺，就可以回憶起你最高等級的法力神威。

　　你將恢復無上的快樂幸運法力和心想事成神威。

第14章
如何渡過虛幻困境風暴

　　作者在寫這本書時，全球正處金融風暴中，不少人也受到直接衝擊，就在這個時候你更需要堅強的心靈建設，來幫助你自己渡過安然虛幻困境、進而扭轉命運。

　　如果你正處在入不敷出的低潮狀態，要保持對自己的信心。高低潮的產生是很正常的。低潮發生時，可以反問自己，目前這個情況對我有什麼正面之處？也許正是休養生息、考慮轉變和重新出發的時機。當你越能於低潮中發現正面，則高潮就更快回來。

　　入不敷出時，仍會有許多正面領悟。例如領悟到你本來富裕，或者領悟到一樣可以快樂生活，一樣可以慷慨大方，一樣可以很有價值，或者領悟到原來挑戰困難是沒必要的。要將債務視為別人對你未來賺錢的信心。財富並不只是淨值結餘，還包括心態、技能及人脈。

　　如果目前的財務狀況令你感到擔心恐懼，那就將你最怕的情況假設分析出來。例如，失業、挨餓、令家人失望責怪、甚至死亡等，然後深深領悟到自己有自由選擇的無限權利和威力，可以選擇平安無事。就算是真的發生，寬恕寬容的威力亦足以令你安然度過。寬恕寬容包括寬容自己，讓自

己不管在任何狀況下都不會攻擊自己。

　　不要害怕所謂的金融風暴，除非你自己允許，否則大環境對你沒任何影響力，反而可能成為助益。就算是經濟大蕭條，也有人大發利市，重要的是你自己的選擇。除非出於自己的選擇，沒人會被任何人或任何大環境所拖累。除非出於自己的選擇，我們不會因特定境遇而沮喪。只要你將注意力轉到內心，實踐心靈四大定律，就只可能向上提升，不可能變成受害者。

　　那麼你在低潮中應該做哪些事？首先，你要老老實實每天做書中的180課基本快樂練習，那是心靈建設的根基。其次，你可以運用本書介紹的各種正面心態和心想事成技巧，來扭轉命運、創造奇蹟。

　　最重要的重點是，要把注意力焦點放在你自己的心態上，不要再抱怨別人和環境了，改變了你自己就可以改變一切，這就是宇宙最高真理。

慢慢調整渡過艱難

　　有時我們感到所遇到的情況是非常艱難的，例如心情低潮，事情不如意，疾病不適等，雖然理智告訴我們，不要以幻當真，要看得開，但感覺上還是很艱辛。

　　遇到這種感覺自己無能為力的艱難情況時，建議優先運

用本書第三部分理論的〈奇蹟淨化法〉的方法。來和神性感應相連，淨化清理自己的內心。所有的問題都來自於你內心的反映投射，只要你發出請求，神性自會幫你清理，尤其是在一切理性方法都失效的艱難情況時，〈奇蹟淨化法〉更是重要。

除了〈奇蹟淨化法〉外，也可以用下列心態渡過艱難時期：

1. 隨順機緣、慢慢調整：要明白機緣的道理，有時機緣是會不佳，但也不要強求，不要心急，慢慢休息調整就好。

2. 多多溝通、找出癥結：和人多多溝通，一方面可以舒壓，一方面可以幫助自己重新審視自己的心態，找出癥結所在。

3. 自然輕鬆、快樂交託。

4. 盡力緩和衝擊：在面臨艱難時，要秉持「盡己就好」的心態，採取各種可能的做法來盡量緩和衝擊，不需要恐懼衝擊會變得過大。

5. 相信當下轉機：要相信轉機可能就在當下出現。

6. 相信在神的恩典下，事情都早已解決了，願望也早已實現了。

艱難事件不易發生

　　宇宙的本性是無條件慈愛、無限支持的，所以其實根本不會產生艱難事件，除非你自己允許其發生。要發生艱難事件必須完全滿足下列三條件，一是你有想不開之處，二是你攻擊自己或別人，三是你誤以為只有艱難事件才能使你的心靈成長。這三者缺一不可。

　　如果你只是對某件事還想不開，但並未攻擊自己或別人，也不認為艱難事件是有必要的，則你會自然地化險為夷，艱難事件就不會降臨。那是因為你選擇了自然輕鬆的方式來讓自己想通領悟，而不是選擇用艱難事件來逼迫自己成長。

　　有些人很害怕過去的業障將會使自己命運不順，其實只要你徹底丟棄「艱難具有價值」的觀念，選擇喜悅快樂的道路，就沒有任何力量可以強迫你接受艱難事件。

第15章
眞正的信心、善心和愛心

眞正的信心

眞正的信心不是盲從外在的權威，也不是強迫自己相信現在尚未能實證之事。而是以開放的廣義科學精神，承諾掃除成見和堅持實驗，讓眞理有凸顯的機會。

在我們實踐生命眞理的旅程中，難免會有喪失信心、感到困惑的時候，但是我們要堅信生命本源的無限神威，願意繼續信靠祂，願意繼續給生命潛能一個彰顯的機會。

我們要相信宇宙是無條件慈愛和無條件支持的。我們也要相信生命本性是百害不侵和快樂幸運的。

你不要被任何認爲你不夠好的聲音所影響，事實上，你就是最好的。短期內也許效果不明顯，但只要你踏在生命眞理的正確路上，神將帶領你度過這一切，引導你邁向超過你所能想像的至福境界。就算是神好像關閉了一扇門，也一定會有更好的一扇門爲你而開。

只要你的夢想不違反心靈定律，你可以實現你最狂野的夢想，得到最高的幸福，你的潛能是如同神一樣的。其實，你就是偉大的神子，只不過你忘記了這個事實。你在這世上

有個很神聖重大的任務，你的任務就是要讓自己幸福快樂，同時也要讓全世界都幸福快樂。

人們的信心可以建立在三種基礎上：一、物質；二、能力；三、本性。有些人的信心建立在物質上，那注定是非常脆弱的，因為物質本身是變化無常，今天你擁有萬貫家財和卓越名聲，但也許明天就遭逢重大打擊，以物質為信心的根基是很令人沒安全感的。

另外有些人信心建立在能力上，那會比物質要好，因為當你失去物質時，至少你對自己的能力還充滿著信心希望，但是當能力本身還沒有明顯效果時，也許會讓你失去耐心，而且如疾病等因素也隨時可能剝奪掉你的能力。

真正穩固的信心應該是放在我們快樂幸運的本性上，因為本性本源是完全不可能被打擊的。不管我們好似遭遇到什麼麻煩，生命本源總是溫情地慈愛著我們，全力的支持我們，只要願意放手信任交託，隨時可以汲取無限的生命能量來創造奇蹟。

真正的善心善行

真正的善心善行就在日常生活中

真正的善心善行，並非只是形式上的鋪橋造路捐錢，也不是常常參與慈善活動。主要還是體現在日常生活中看待自

己和周圍其他人的心態：

1.是否能盡力體貼自己和別人？

2.是否能盡力幫助自己和別人？

3.是否能對自己和別人都能好一點？

4.是否能寬恕寬容自己和別人？

5.起心動念間是否能不批判自己和別人？

這些生活細節，才是行善的重點。

人們常會過於重視行善的外在形式，而忽略了內在本質。如果一個大善人的行善是來自於忽視犧牲了他的親人，那就不是真正的行善。如果一個大善人以行善為名，強迫別人接受他的信仰價值觀，那就不是真正的行善。

我們要常常捫心自問：

1.對於周遭那些愛我們和我們所愛的親人們，我們是否有忽視他們的需求？是否有盡力讓他們幸福快樂？

2.對於你四周有緣的生命，你是否常存祝福和感謝之念？

3.是否能主動尋找機會來幫助他們，來使他們快樂驚喜？

4.在排隊購物中，當你提著一大堆日用品時，是否願意讓位給後面只拿一兩個物品的顧客？

5.當你同時要和一輛車停進最後一個停車位時，你是否願意禮讓對方？

6.你是否願意給可憐乞討小孩驚喜的小費？

7. 你在面對長官、同仁和客戶時，是否願意盡力給出超乎他們預期的成果？

8. 你是否願意盡力滿足對你有所求的人們？

9. 你是否願意給虐待你的人滿滿的溫情善意？

10. 你是否願意給作錯事的人一個寬容體諒的笑容？

11. 你是否有盡力保護動物，不隨便殘害牠們？

12. 你是否有盡力愛護你的寵物同伴，不拋棄牠們？

相逢就是有緣，要珍惜感謝所有和你相遇的有緣生命。

你不需要成為富翁後才能開始行善，你每天都有無數的機會可以實踐你的善心善行。就算是無法以行動直接幫助，你也可以用虔誠的心來祈禱祝福別人。祝福也是一種助人方法，你的祝福心願將在超然層面上對別人有所幫助。在世界各地，不論宗派，都有祈禱祝福的各種形式方法。

只要你遵守「盡己就好」的要訣（請參考心靈第一定律），你就不會因為想積極行善，而過度自我苛求或感到力不從心，因為對自己好一點也是在行善喔！。

要每天找出行善的各種機會，這樣你就會得到最高的快樂，因為生命定律告訴我們，當你給出最多快樂時，你也將得到最多的快樂。

交付賬款和承擔責任也是一種助人助己的善行

當我們在交付賬款或承擔責任時，常會感覺這些是滿煩的事，我們心中會想著：「唉！又要付賬了。」或者是「怎

麼要我做這麼多事！」其實，按時付賬能使別人得到應得的報酬，而承擔責任能使別人得到你的服務，這些都是很好的助人善行。

不管你是多麼富有，都應該適度地向銀行借貸以維持資金信用關係，更應該主動承擔一些責任，來讓別人有機會享受你的服務。

如果你以助人助己的角度來高高興興地履行自己的義務，你會發現你將不會陷入在被迫負債或無能為力的感覺上，反而會集中在創造財富的潛能上。

所有事情都是助人助己

我們日常生活中的一切事情其實都有助人助己的意義。早上起床洗臉、刷牙、吃早餐是為了打理好自己，以充滿精神地服務自己與別人。出門工作是服務公司、客戶的好機會。休息娛樂也是為了愉快地充電，好讓自己和別人快樂。

有些事情好像是有求於人，但也有助人助己的內涵。例如，請人幫忙自己，可以使別人有實現其價值的機會。求職可以使公司有得到你超值貢獻的機會。銷售產品可以使客戶得到你的美好服務。

在助人的過程中，也可能會發掘出新的契機。舉例來說，當你在為朋友處理問題時，也許會認識重要人士，也許會觸發創意靈感，這些機會可能只有當你幫助朋友時，才會浮現。所以當你在幫助別人時，不要抱持麻煩的心態，而是

要主動去發現新機會。

也許你平日都忙於自己的計劃，但當有人開口有求於你時，你應該盡力將其列重要待辦事項，因為助人就是助己。

總而言之，當你從助人助己的心態去看一切事物時，並且真心誠意地為人為己時，你將充滿無上的活力和成就感，這都是觀念造成的威力效果。

不要因為假道德，而去批判別人自私

在實踐助人助己的過程，不要批判別人的行為。例如，我們會看到有些較有個性的人說：「憑什麼要我去幫助他，我比他還需要幫助呢！」。又例如，我們在公車上常會看到不願讓座給老弱婦孺的人。

不管這些有個性的人的觀點為何，我們都不要因為假道德，而去批判這些較有個性的人。當我們評斷別人是自私的人時，我們等於是將道德的大帽子扣在別人頭上，違反了寬恕寬容定律。

我們要能體諒別人的立場，有些人只是較為任性而已，他們也需要我們的愛心寬容。我們如果一面行善，一面卻痛恨別人自私，那就不是真正的善心善行。

只要別人有求於你，就應全力以赴

無論是在何種時空位置或崗位上，都要盡全力讓自己和別人快樂，不要因為不在乎，而沒盡好自己本分，影響到別

人。

　　只要別人對你有所求，你就應該非常重視，要認眞考慮，在能力允許的範圍內，盡力幫助別人，儘量做到超乎別人所預期的。依據尊重生命定律，助人者，人恒助之，未來自然會有許多人來一樣地努力幫助你。

　　但在別人所求過多而接近你的負荷時，也要開始精挑細選最值得幫助的對象。不要因爲要滿足別人而拖垮自己，如何在自己和別人的需求中取得均衡點，是很重要的課題。

誘導發問、身教重於言教

　　要協助別人的心理輔導時，必須先詢問他們的價值觀系統，協助他們建立正確的價值觀。若遇到對方的負面情緒很強時，可以誘導式的發問，了解對方有何不滿？有何耽心？有何感受？到底是不安全感？無價值感？威脅感？還是無聊感？

　　其實，只要我們傾聽他的心事，而且內心眞誠的祝福他，就可以有極大功效。不一定要分析出心理問題的原因，也不一定要刻意找出有效激勵的言語。

　　要注意的是，身教重於言教，自然散發的心情及做法，更會影響到別人。

運用「奇蹟淨化法」幫助別人

　　遇到別人的問題較難處理時，建議優先運用本書第三部

分理論的「奇蹟淨化法」的方法。來和神性感應相連，淨化清理自己的內心。

　　所有的問題（包括在你眼中別人的問題）都來自於你內心的反映投射，只要你發出請求，神性自會幫你清理，尤其是在一切理性方法失效的艱難情況時，「奇蹟淨化法」更是重要。

捨己利人不如利己利人

捨己利人不如利己利人

　　一般人會認為，從道德上來看，幫助別人的時候，完全不應考慮自己，甚至必須犧牲自己來成全別人。其實這是違反人性的想法，正因如此才會有許多人將道德規範看成是聖人才作得到的事。

　　就是因為捨己利人的錯誤觀念，才使得人類世界充滿虛偽的假道德，無法真誠地幫助別人。

　　正確的觀念是，我們在幫助別人的時候，同時一定也可以使自己得到很大的利益，這利益可能並不是物質上或虛名上的，而是精神上的滿足感、價值感和幸福感。

　　當你看到一個饑餓的小孩，因著你的幫助，而高興地吃著飽飯，你心中是不是會非常快樂呢？

　　而捨己利人的觀念，將會使很多人將幫助別人視為一件

很神聖卻與自己利益衝突的事情，因此無法順其自然地幫助別人。

不要把幫助別人當成一件神聖偉大的事，而是要當成一件既利人又能利己的事，這是每個人平常自然就很容易做到的事。

三種極端

人是很喜歡走極端的動物，害人害己、害人利己和利人捨己的三種行為是人類常見的極端模式，利己利人則是最圓滿的做法：

一、害人害己：

不要以為沒人會採取這愚蠢的雙輸做法。人有時會被憤怒報復的心理衝昏了頭，而採取同歸於盡的行為。

二、害人利己：

有些人會走向小我的極端，不擇手段傷害別人，來滿足小我的慾望，然而依照生命定律來看，這種做法最後還是會害了自己。

三、利人捨己：

有些人會走向犧牲的極端，誤認為犧牲自己而成全別人，是很偉大的事，甚至還會看不起不敢犧牲的人。

其實，犧牲的觀念是勉強不自然而違反人性的。我們如果高舉犧牲的重要性，將造成痛苦掙扎的意識形態。

四、利人利己：

　　利人利己是最合乎人性和眞理的做法。我們要盡力去幫助周遭和你有緣的生命，以得到精神和物質上的滿足快樂。

　　但在別人所求過多而接近你的負荷時，也要開始精挑細選最值得幫助的對象。不要因爲想滿足別人而委屈自己，助人和助己之間必須同時兼顧並維持平衡。不要過於勉強犧牲，勉強的感覺將減弱你行善的力量。

　　如果在最自然的心情下，你的良知告訴你必須冒著生命危險或財物損失來救助別人，那這種選擇必然帶有很大的精神喜悅，其本質還是利人利己的。

　　假道德禮教才會批判譴責別人的不願犧牲，最高生命眞理永遠是寬恕寬容而合乎本性的。

　　生命眞理只會要求你盡力而爲，不會要求你做個假聖人。也許你目前還做不到，但千萬不要苛責自己，要保持自然寬容的心態，慢慢調整。

　　有人會說，「天底下許多事都很難兩全其美，利人利己只是空話」，其實發表上面言論的人並沒徹底領悟生命眞理。也許在外表形式上我們很難兼顧，但只要我們秉持盡己就好的心態，我們是可以達到孟子所說「仰不愧於天，俯不怍於人」的快樂心境，這才是最高眞理。

　　人類有史以來，就在害人害己、害人利己和利人捨己的三種極端行爲模式中打轉，以至於痛苦衝突不斷，現在該是人類邁向利己利人的偉大新時代了！

眞正的愛心

愛心的動機是值得讚揚的，但要特別留意是否違反心靈四大定律，因爲束縛性的愛心會給彼此帶來痛苦。

人世間正爲因錯誤的愛心表達方式，所以造成很多掙扎衝突。愛心的漂亮包裝使人誤以爲，只要有愛心，都是正確的。

我們的電影電視常常強調愛的力量，卻未認眞思考眞愛的內涵，這使得人類特別容易落入束縛性愛心的大陷阱，現在是我們開始重新反省的時候了。

如果我們以愛心爲藉口來強迫對方，就違反了尊重生命定律，例如，父母強迫兒女聽話，夫婦強迫對方服從等，戀人強迫對方愛自己等，這些都是造成人類感情痛苦的重要因素。

也有些人會誤以爲擔心煩惱對方是愛心的表現，認爲越讓自己煩惱痛苦就是越愛對方。

其實我們應該關心而非擔心。關心是自然快樂地關注照顧對方，擔心則是以犧牲自虐來刻意顯示愛心的價值。

我們在表達愛心時應該以尊重生命定律爲最高準則，絕不可以愛心爲藉口來違反尊重生命定律。尊重生命定律就是盡力不讓自己和別人痛苦煩惱。

人們也常常會用「我愛你」這頂大帽子扣在別人頭上，希望激發別人的罪惡感，這潛臺詞就是「我愛你，我爲你犧

牲付出了這麼多，所以你也要愛我，滿足我的需求，不然你就是對不起我」。然後再利用罪惡感來控制對方。

愛一個人，就應該給予他充分的自由，當然，適當的愛心保護是必須的，但就如同人類常防衛過當一樣，人類也常會愛心過當，人們最常掛在嘴邊的一句話就是「我是為了他好，我也不得已啊！」。

不要以愛心為名來行強迫之實，真正的愛心是給對方無條件的愛。

從今以後，當我們發揮愛心時，要問問自己四個問題：

一、這愛心是否彼此尊重？

二、這愛心是否彼此喜悅？

三、這愛心是否彼此自由？

四、這愛心是否彼此寬容？

不完全尊重彼此的愛心，不是真愛。無法給彼此喜悅的愛心，不是真愛。無法給彼此完全自由的愛心，不是真愛。無法彼此寬容的愛心，不是真愛。

如果不是真愛，不管你用什麼冠冕堂皇的藉口，都是容易帶來衝突的。

有人會問，我的小孩（或其他任何關係）什麼都不懂，當然要嚴厲管教，才對他有幫助。當然，該糾正教導時，還是要糾正教導，但在基本動機上，請不要忘了心靈四大定律。也不要誤以為小孩或別人真的什麼都不懂，在靈性領悟上所有生命都是平等的。

第16章
自然輕鬆

順其自然、盡己就好

在我們實踐生命眞理的過程中，不要刻意強求，要把握順其自然、盡己就好的原則要訣。

人是非常喜歡走極端的動物：

不然執著於迷戀俗世，不然就反過來執著於超脫俗世；

不然執著於沉迷慾望，不然就反過來執著於斷絕慾望；

不然執著於膨脹自我，不然就反過來執著於消滅小我；

不然執著於自私自利，不然就反過來執著於自我犧牲；

不然迷信神靈權威，不然就反過來崇拜物質科學；

不然責怪別人，不然就反過來自我苛責。

最好的方法是不走極端，找到能帶給大家最自然喜悅的合宜方法。凡事隨緣不強求。只要盡力去做，不要過度苛求自己。

在《禮記·中庸》中有句話：「執其兩端，用其中於民，其斯以爲舜乎？」

其意思就是，必須要能理解把握「過」與「不及」兩

種極端的優缺點及適用情況，才能有效地運用中道去治理百姓。這也就是所謂的中庸之道。

中庸之道不是指一律採取中間平均的方法，而是要根據不同情況，採取最自然適宜的辦法。當強則強，當弱則弱，當中則中。

以下就舉一些例子來說明：

一、生命真理告訴我們要尊重所有生命，但生活中常會有無法圓滿顧及的情況，這時只要能把握盡己的原則就可以了，不要自我苛責。

如同一個法官若在盡心研究犯人的死罪案件後，若仍然是「欲其生而不可得」，也就問心無愧了。

二、生命真理告訴我們不要過度迷信醫藥的作用，但是如果你明明對於醫藥仍然有很強的依賴感，就不宜勉強自己停止醫藥的使用。

一旦你真的完全信任你的健康時，你自然會立即康復，那時也就沒有所謂用不用藥的問題。當你還在猶豫考慮用不用藥的問題時，就代表你仍有疑慮，有疑慮的話反而用藥對你較合適。

三、生命真理告訴我們不需要過度防衛，但是如果你明明還是擔心小偷，就不要故意出門不上鎖。一旦你做到心中毫無恐懼擔心，小偷自然不會找上門，到那時鎖不鎖門已經不重要了，鎖也很好，不鎖也無所謂。

四、生命眞理告訴我們要追隨喜悅，但是如果有一件你喜歡的事，讓你感到勉強不自然，那也許是機緣未到，就不要刻意去做。

五、生命眞理告訴我們，一切奇蹟都有可能。但你在境界未到時，千萬不要笨笨地去冒險測試奇蹟。想證明奇蹟的心理本身就會遠離奇蹟，奇蹟是自然而然發生的。

六、生命眞理也許超越了目前社會主流觀念，但我們在實行上，要務實地考慮社會的接受度，要用多數人能理解的形式來表達眞理，並且設計出合乎時宜的制度，不要只會打高空。這才是所謂的恆順眾生。

七、生命眞理告訴我們，神是無條件慈愛的。如果你和同伴到一個地方，有人強迫你否定眞理而去信仰他們的偶像，否則立刻就要殺了你和同伴。這時候你最明智的做法，就是先順從他們，再找機會告訴他們眞理。

沒有任何人需要爲了任何信仰去犧牲自己或別人，生命本身遠比任何信仰或價值觀來得珍貴。看看歷史，人類已經以各種信仰爲名義藉口，製造了無數的戰爭、屠殺和暗殺，難道我們還不覺悟嗎？

挑戰和考驗是完全沒必要的

人們的潛意識中常會有「我不配得」的罪惡感想法，罪惡感是人類文明的一大特色。因爲罪惡感，我們會有自我苛責、自我設限和自尋煩惱等心態行爲。罪惡感永遠都會造成限制隔離，讓人們無法認清自己無限快樂、無限神威的眞實本性。罪惡感等於是故意貶低自己的價值，否認自己的潛能。

所以，相信自己不配得到，將會使你把快樂和潛力都埋藏起來。當你相信必須控制別人才能得到自己想要的事物時，你就是在貶低自己。當你相信必須要經歷挑戰和考驗，才能心想事成時，你也是在自找麻煩。

罪惡感已經是人類社會中根深蒂固的倫理標準，人們根本不相信自己可以很自然很輕鬆地去實現渴望。如果不是經過努力掙扎得到的事物，人們就覺得沒什麼價值。

「沒有痛苦，就沒有收獲（No Pains，No Gains.）」這句格言，仍然被很多人信奉著，在我們各種電影和小說故事情節中，總是充滿著痛苦、掙扎、衝突和磨難，人們會說，「這都是多麼眞實的情節啊！」

我們看看在星際大戰和哈利波特的電影中，是不是就有很多善惡激烈對抗的情節啊？如果故事情節是「他們從此過著幸福快樂的日子」，那人們就會說，「那是在童話中才會出現的情節！」小說、電影和電視的節目，常會反映人們潛

意識的集體信念。

　　挑戰和考驗是完全沒必要的，你的人生之所以會有挑戰和磨難，純粹只是你的錯誤觀念所造成的，你此生的主要目的，就是要領悟到這個道理。

成不成佛或回不回天堂並不重要

　　佛教修行人特別重視斷絕慾望和脫離輪迴。奇蹟課程的學員特別重視消滅小我和回歸上主。兩者主要都是以回歸合一為根本目標。

　　幸運心靈學則是特別重視溫情、喜悅、自由、寬容等生命四大定律，是以快樂幸運為根本目標。

　　其實，如果眾生、神子的本質一直都是百害不侵、無限快樂的，不管成不成佛或回不回天堂，都無損其完美的本性，那就不需要執著於是否拋棄塵世、回歸合一。

　　成不成佛一樣完美，小我和實相同等神聖。

　　過度執著要拋棄塵世時，有時反而會違反自然、分別心更大、更不快樂。

　　也許，到了我們真正能完全回憶起自己百害不侵、無限快樂的本性時，有沒有肉體形式本身，已經完全不重要了，可以有任何形式，也可以無形無式。

　　在佛教及奇蹟課程的較深入教法中，佛教也提到要遠離

想出離的執著心，而奇蹟課程也提到要忘掉奇蹟課程，兩手空空來到上主面前。但佛教及奇蹟課程之所以要求放掉這些執著羈絆，其最深沉的根本目標還是回歸合一。

只是若以回歸合一爲根本目標，很容易引發害怕小我陷阱、恐懼繼續迷失分裂、擔心是否爲聖靈之聲等的這些潛在不安。不如直接以快樂（即天堂的象徵）爲根本目標，這樣更加單純並合乎本性。

有人會說，若以快樂爲根本目標，是不是會落入小我執著逸樂、流浪分裂、不想回歸的陷阱，其實這種想法是基於「以回歸合一爲根本目標」時的擔心恐懼，如果不以回歸合一爲根本目標，這些問題根本不成問題。

又有人會說，回歸合一和快樂兩者其實是同一回事，我覺得不盡然如此，快樂是我們平時就能感受到的天性，而回歸合一其實是神最後一步的職責，而非我們的職責天性所在。有人偶爾會有與神合一的神祕體驗，其實那還是在快樂的有相範疇中，並不是眞正的回歸合一。

如果有人心中「不想回歸」，卻又勉強自己「以回歸合一爲目標」，那肯定會造成心中不輕鬆。

打個比方來說，如果某人是個軍人，他自己內心設定了一個好軍人的目標標準，他覺得要能立正聽訓達兩小時以上，才算個好軍人，但他自己卻又實在「不想」也「很難」立正聽訓達兩小時以上，那他心中一定不輕鬆。

也許某人的本性根本不適合當軍人，與其艱難地「以好

375

軍人爲目標」，不如考慮換職業，轉換設定目標，投入到符合他天性的工作中，這樣不是比每天在軍中努力寬恕自己的不完美，更加自然，合乎人性？

所以，「以快樂爲根本目標」應該是一個更輕鬆快樂的修法。我們不需要因爲假設「回歸合一」是天經地義的眞理目標，就違反自己誠實的省思。

天堂家園其實一直都和我們同在，只是我們的幻覺誤以爲我們和天堂家園分離。所謂的家園，就是我們百害不侵、無限快樂的本性。

其實，如果我們越想回家，就回不了家，這是因爲期望回家的想法，本身就是一種分別執著，會造成很多不自然。

不刻意追求回家，自然地寬恕快樂，反而可能是回家的眞正快捷方式。只要我們盡好寬恕快樂的職責，慈愛的神必會幫我們跨出最後一步，然後眞正回家。其實神並不在意我們作什麼，因爲神知道祂早已將我們安置在絕對安全的環境中。

總結來說，不管是「以回歸爲根本目標」，還是「以快樂爲根本目標」，的修行法，都可以，都很好，都只是幻相，也都只是誘餌，雖然表面形式看起來不同，但殊途而同歸，每個人應該去尋找適合自己的修行法。幸運心靈學特別適合喜歡快樂修行的人。

離苦得樂目標與回歸生命本源目標的比較

對一些追求回歸生命本源目標的人來說，離苦得樂目標似乎不夠高超，不夠究竟，但其實兩者目標並無衝突。如果回歸生命本源果真是可實證的境界，則可能是毫無痛苦，無上幸福的境界，這還是離苦得樂的目標。只不過若要到達此究竟境界，可能必須真正看清世俗苦樂的虛幻本質。

要注意的是，就目前現實層次的我們，一下忽然發願要看破紅塵來追求回歸生命本源，是有點矯情虛偽。這種急著超脫的心情可能是來自於對權威的崇拜，但這種矯情可能反而使追求回歸生命本源的目標，更難達成。

就如同在小孩的階段，貪吃、愛玩是天性，如果大人告訴他，用功讀書將會更好，他可能因懼怕大人權威而壓抑自己而勉強讀書，但這樣的綜合效果將會不如一樣吃玩來發揮小孩天性，卻又能自己發現讀書樂趣的小孩。

基本上，我們大可以有想玩就玩，想回歸就回歸的豁達寬容心胸。

什麼都不需要去做

一般世俗之人常會過於重視身體、物質或名聲等外在形

式，執著於擁有自己喜歡的東西，或執著於抗拒自己不喜歡的東西，於是迷失了無限自由的本性。

而追求超脫世俗的人，卻也常會走向另一個極端，想超越世俗，想抗拒誘惑。其實，你不需要刻意地去追求或逃避任何東西，只要順其自然就好。

你也許正在與罪惡奮戰，以贏取救贖。你也許正在努力地冥想和長期靜坐，以領悟神聖。只要你努力不懈，也許你終有成功一日。然而，這些方法是不是有點乏味耗時呢？因為這樣太專注在企望未來的解脫。

如今，只要牢記在心中，「你什麼都不需要選擇，什麼都不需要去做」，就在當下此刻，全力專心於這個觀念，這將遠比操心你應該做些什麼，對你更為有益。

有人會說，什麼都不需要去做，是不是指每天發呆不動，什麼都不管。這是誤解了「什麼都不需要去做」的真正意義，如果你刻意地不行動，你就落入了「執著於不行動」的陷阱。「什麼都不需要去做」的重點在於順其自然、不執著的心態，在自由超脫的心境下，該動則動，該止則止。

當終極解脫來臨時，不管是歷經奮戰的人或採用其他方式的人，最後都是同樣一個歡欣的覺悟：「原來我什麼都不需要去做。」每個人遲早都會以自己喜愛的步調方式，依著自己的機緣，領悟到此種境界。

小我和輪迴只是不存在的幻覺，大我和天堂才是唯一的真實。所以，一切事物的真實本性都是神聖而完美的，小我

和大我同樣神聖，輪迴和天堂均屬完美。當我們將小我和輪迴的罪疚當真時，我們就產生了遠離天堂的幻覺，其實罪疚根本不存在，我們也不需要刻意去斬斷罪疚。

執著於「破除小我」就是一種小我的虛幻。我們必須在學習的過程中，就要注意不要執著在「世俗偶像」上，也不要執著在「破除小我」上。

總而言之，若以最高真理的觀點來看：

一、所有問題都已解決=沒有問題需要解決：

人世間好像有很多問題，但這些問題其實早已被徹底解決，只不過我們還被自己的幻覺所蒙蔽。

從另一個角度來看，事實上，本來也沒有任何問題，需要去解決。一切皆幻，天下本無事，庸人自擾之。

二、所有願望都已實現=沒有願望可以實現：

在你心中所有狂野的夢想願望，其實都已經在某些平行宇宙中具體實現，你可以自由選擇是否去感受。從另一個角度來看，也沒有任何願望可以實現，實現只是一種幻覺。

三、什麼都可以去做=什麼都不需要做：

宇宙不存在任何強制你該如何做的規定，你有充分的自由選擇權，也不需要受到別人意見的影響。你愛怎麼做，就可以怎麼做。只不過，如果你去做傷害自己或別人的事，那你就是自討苦吃。

從另一個角度來看，所有的選擇都是幻覺，其實，你什麼都不需要做。

第17章

對各種學說的深入思考

對佛法修行的深入思考

小乘佛教認為人世間煩惱的根源在於慾望，斷欲則可得解脫。

大乘佛教具有廣大無邊空性智慧，以空性智慧來化解煩惱，對東方的宗教哲學，影響很深遠，以下是用各種角度來深入思考佛法。若有人持不同看法，請多寬容。

其實，佛法中的「真如佛性」很契合「生命本源」的概念，而其「萬法皆空」的觀念也符合世間如幻、人生如夢的真理。但是有些人的修行方法值得重新研究。

一、有些人會強調掃除慾望、去我執、斷心念等方法，甚至認為心存歡喜就是入魔。但是慾望是人的自然本性，心念流轉也是很自然的現象。如果為了成佛來強行壓制慾望、撲滅妄念，那是不是會違反人性、不夠自然？

二、有人修習佛法，主要是為了有一個心中偶像來膜拜，讓自己有個安全感，這樣是不是過度崇拜權威？刻意脫離世俗修行會不會有點逃避現實？而因

果報應觀念是不是容易令人恐懼懲罰？

三、佛法無邊，但傳統佛教經典的文字，是否能適合現代人的思維模式？如果現代佛教只強調善心善行及傳統佛學，而沒有合乎現代人需要的修行方法，是不是對大眾的心靈幫助有限？

四、有人讀到佛經中對三千大千世界和無量無邊眾生的華麗描述時，可能會產生一個絕對宇宙中包含了各度空間的錯覺，不明白其實有無數的平行相對宇宙。

五、有關成佛需要三大阿僧祇劫精進修行的描述，可能讓人有修行非常艱難的印象。而十信、十住、十行、十迴向、十地、等覺、妙覺等眾多修行階位的描述，也易使人對成佛望而卻步。講句通俗的話，修行需要這麼累嗎？

六、禪宗的修行方法雖較直接單純，但若只有尋禪機、參話頭，而尚未做到尊重生命、追隨喜悅、自由選擇和寬恕寬容，那真能夠明心見性嗎？

七、有佛法修行人一聽到「有神論」，就覺得不夠究竟，殊不知神的定義有很多種，神不一定是外在獨立體的形式，而有可能是如同真如佛性一樣的本質。

八、大乘佛教有六波羅蜜的修法：

1.布施：布施就是實踐一體生命真理，施予就是獲得。

但要做到三輪體空才不會執著，也就是能領悟到施者、受者與施物，這三者皆悉本空，摧破執著之相。

2. 持戒：持戒就是實踐生命定律，但有很多修行人過於重視持戒的表面形式，反而製造很多不必要的束縛、壓抑和罪惡感。持戒主要應是要持心戒。

3. 忍辱：忍辱就是實踐寬恕寬容定律，但有很多修行人過於強調忍耐兩個字，以至於會產生犧牲艱難的感覺，未能用如幻寬容的智慧來自然忍辱。

4. 精進：有些修行人在學佛路上會過度努力強求，就好像琴弦繃太緊一樣，無法發出好聲音，也容易斷折。

5. 禪定：有些修行人過度執著於斬斷心念的禪定方法，但就如六祖壇經上說的，磨磚焉能成鏡，只閉關靜坐豈能悟道？

6. 般若：般若就是智慧。最高的智慧也就是觀照空性的智慧。

對傳統神學的深入思考

傳統一神論對西方的宗教哲學，影響很深遠，幫助大家了解生命的真諦。人不光是只有短暫的肉體生命，還有永恆的精神生命，而神（也就是生命本源）才是我們最值得信賴的依靠。

美金上所刻的文字「In God We Trust」（我們信賴上帝），正是體現了對神的信賴和信仰。

西方的神學和東方的佛學表面看起來不同，其實信賴生命本源的觀點是一致的，生命本源在神學中稱爲「神」，在佛學中則爲「佛性」。

但是傳統神學強調神是獨立在我們之外的創造者和審判者，而且強調經典的權威性，這些都值得我們重新深入思考。以下是用各種角度來深入思考傳統神學。若有人持不同看法，請多寬容。

一、神學研究時是否一定要完全相信經典上的一字一句？能不能保持較爲客觀開放的研究態度？

二、是否應該對信仰不同的人或對認定爲邪惡的人，來採取暴力或強迫行爲？

三、神的本質到底是什麼？神是個外在的獨立體嗎？

四、神的正義，是不是就是懲罰世人呢？

五、我們在虔誠禱告時所感受到的神，是否一定就是經典上文字所界定的神？還是那可能就是我們生命的本源？

對奇蹟課程的深入思考

奇蹟課程是近代的一本靈性著作，具有極高智慧。以下

是用各種角度來深入思考奇蹟課程的相關問題。若有人持不同看法，請多寬容。

一、奇蹟課程一直鼓勵消滅小我、回歸上主，但回歸上主真的那麼重要嗎？如果我們本來就一直在天堂實相中，分裂只是幻覺，不管回不回天堂，都無損我們完美的本性，那是不是就不需要執著於是否回歸上主？

二、奇蹟課程的權威性姿態，是否會影響奇蹟學員獨立思考的生命實證歷程？雖然奇蹟課程文字中，也有提到什麼都不需要做，不需要去執著奇蹟課程。但整部課程的風格，似乎是由J兄的權威發言，來告訴我們什麼是生命真理，不容我們去質疑。

三、有些奇蹟學員嘴巴講不要崇拜世間任何偶像，也強調要忘掉奇蹟課程，兩手空空來到上主面前，但在內心深處還是執著於奇蹟課程。

四、有些奇蹟學員嘴巴講我們都不能真正地判斷，但在內心深處還是以奇蹟課程的道理來判斷其他課程，無法真心寬容其他各種思想。

五、有些奇蹟學員嘴巴講不要把小我當真，但在內心深處卻超愛努力研究挖出小我一大串的黑暗面，美其名說這是奇蹟課程破除小我的獨特法門，其實就是上主之子在攻擊小我、自討苦吃。

對物質科學的深入思考

物質科學具有實事求是的優點。可以糾正人類過於迷信的缺失，這種務實的態度，使得人類脫離神權時代和君權時代，並且豐富了我們的物質生活。但也讓人們走向了崇拜物質的另一個極端。其實，物質科學也有其局限性。以下是用各種角度來深入思考狹義物質科學。若有人持不同看法，請多寬容。

一、人是否只是一具肉體生命，被丟到了這個充滿天災人禍的世界中，只有短短數十年的壽命？

二、人的命運是否只是物質系統偶然的產物？為什麼有人會遭遇不幸？有人會生大病？

三、物質的豐富是否一定會帶來心靈的快樂？

四、傳統宗教已不能滿足現代人對生命真理的渴求，那麼生命真理到底是什麼？

五、只依賴客觀性、立即性和絕對可重複性的狹義物質科學的研究方法是否能找出生命真理？還是我們需要運用更開放彈性的廣義科學研究方法？

終極教材的共同原則——圓滿終極保證

世上有無數種關於神（一體生命本源）的課程教材。課

385

程的形式有很大的不同。所使用的教材也各具特色。

所謂的終極教材就是具有圓滿終極保證的生命課程，那就是保證我們百害不侵、快樂幸運的真實本性，也就是所有生命終將領悟自身百害不侵的完美本質，到達無限快樂之境。

神的圓滿終極保證本質是很超然的，然而教授真理的教材卻會因傳授者的不同而形成許多種特色，每個人適合喜歡的方式也大不相同。

舉例來說，與神對話中的教材具有「放牛吃草」的寬容特性，佛教中的佛理教材具有「理性超然」的特性，奇蹟課程的教材具有「慈祥急切」的特性。但這三者的神，都有「圓滿終極保證」的共同點。

打個比方來說，與神對話中的神就好像自由放任、寬恕寬容的父母。佛教中的佛陀就好像理性超然，教你不要依賴神，應該自行去修的父母。奇蹟課程的神就好像又慈祥，又急切希望你成才的父母。有趣的是，奇蹟課程之所以呈現又慈祥又急切的風貌，很可能是由於課程傳授者的特色，奇蹟課程中的天父，倒是一直很超然的。

哪種教材風格較合適自己，也是因人而異。有些人，喜歡完全思想自由，卻又能自行用功，不至於荒廢道業，那也許可以考慮與神對話的教材。有些人，喜歡理性超然，那也許可以選擇佛教的教材。至於希望感受慈祥神恩，又能接受些許催促來用功的人，就很適合奇蹟課程的教材。

幸運心靈學
180課

至於在「告別娑婆」這本書中，認為奇蹟課程是最快捷徑的課程，我想可能是，若如與神對話般放牛吃草，則虛度光陰的可能性高。如佛陀般理性超然，則修行可能太辛苦了。奇蹟課程則恩威並濟，速度最快。不過，我覺得這依然是因人而異，有些人喜歡完全的思想自由，就不見得會適合奇蹟課程。

其實，只要符合「圓滿終極保證」的大原則，那都是走在真理路上，至於要用哪種風格來行走，那就每個人自行選擇了。與神對話中講的很好，神的目標是如此之大，以至於沒人會錯失目標的。神的終極保證就是，你們本就具有百害不侵、快樂幸運的真實本性。

幸運心靈學教材的主要目標就是快樂和幸運，幸運心靈學的架構清晰完整，鼓勵大家自由快樂地來領悟自己的真實本性。本教材和其他教材一樣，不見得可以適合每個人。

希望大家自由選擇適合自己當時情況的教材，甚至可以自創教材。

第18章
奇蹟淨化法

所謂的「奇蹟淨化法」可以幫助你化解問題和憶起本性，具有奇蹟般的神效，其重點在於交託和寬恕。

「奇蹟淨化法」的主要精神是了解到所有的問題都是你潛意識中不斷重播的痛苦記憶，都來自於你內心的錯誤幻覺。任何問題只要能讓你感到一絲絲不爽，不管是自己或別人的問題，就代表你要負完全100%的責任。

不是外面讓你不爽，而是你自己讓自己不爽。

你不需靠頭腦去分析問題發生的原因，也不需煩惱要採取什麼解決行動，你只需要在你內心中虔誠地清除記憶、交託和寬恕，奇蹟就會發生。如果你想祝福改善一些事物，你也不需絞盡腦汁去找改善方法，你只需要好好地照料好你的內心就夠了。

你要先淨化內心，才可能改變世界。要先治癒自己，才可能治癒世界。許多治療師會以為病人的問題是病人本身的問題，跟治療師自己無關，他們只是在拯救別人，其實治療師必須先淨化自己，才能淨化別人。

在《零極限》這本書中有個精彩實例，修藍博士是個心理醫生，他1984年到1987年在夏威夷州立醫院服務了三年，

負責重度精神病患的心理健康問題。他服務期間只專心致力
於自己內在的淨化、交託和寬恕，沒做過任何面對面的咨詢
治療，就治癒了一整個醫院裡患有精神疾病的罪犯。

　　修藍博士的方法就是交託和寬恕。所謂的交託是開放自
己，放手請本源履行祂的職責，所謂的寬恕則是履行我們的
職責。我們一方面交託給本源來引導化解，一方面則是履行
自己寬恕的職責。只要能做到交託和寬恕，自然可以化解問
題、幸福快樂。

　　許多人在學習一堆心想事成的正面思考、積極想像的
方法後，卻感到功效不大，其癥結就在這些方法是有局限性
的，如果你只努力運用你強大的意志力和想像力，那力量還
是不夠，你還必須放手交託給生命本源，淨化寬恕自己，這
樣就會發生真正的奇蹟。

　　也有許多人每天都認真地向神禱告，卻覺得不太管用。
這其中的重點就在於搞錯禱告對象了。如果你禱告時覺得神
是一個外在慈愛大能的生命體，祈求祂幫你解決問題，那真
的是求錯人了。你必須祈求內在生命本源，幫助你淨化寬恕
你心中的一切感受。當你真正能寬恕自己時，你不爽的感覺
就自然消失。

　　在具體的方法上，「奇蹟淨化法」可針對特定人事物默
念或出聲念出兩段話：

　　1.「都交託，我愛你。」

　　2.「都寬恕，都快樂，謝謝你。」

其實，使用何種語言形式並不重要，例如，我們可以只說「我愛你」一句話，就包含了交託和寬恕。也可以說「我愛你，謝謝你」兩句話，來分別包含交託和寬恕。

　　大家可以去找到適合自己的語言形式來表達交託和寬恕，不一定需要完全照抄上面的言辭。例如，在《零極限》這本書中建議重複運用「我愛你、對不起、請原諒我、謝謝你」這四句話做爲淨化方法，四句話的順序可以自由選擇。

　　重複就是力量，當我們不斷重複這四句話時，我們就等於交託給神性，來幫你淨化寬恕內心，一切問題都是來自內心。

1. 說「我愛你」是開放自己接受最高生命本源的無限慈愛，有放手交託的意涵。

2. 說「對不起」則是想表達，只要你還能感受到任何不滿、痛苦、煩惱、壓力或恐懼，就代表你仍然不夠寬恕，你願意爲此承擔所有100%的責任，而不再抱怨環境、責怪他人或埋怨上天。有些事情在你不知爲何的情況下，進入到你的生命中，你不知道爲何發生，你也不需要知道爲何發生，你只需要說聲對不起，並願意承擔完全的責任。你要先淨空自己，奇蹟才會展現。

3. 說「請原諒我」，你是請求神，並交託給神，來幫助你寬恕你自己。

4. 說「謝謝你」，是表達出你的感激之情和信任之意，
　　代表你對真實本性和生命本源的全然信賴認同。

我們常會想從外在的思考和行為來解決問題，其實所有問題都來自你的內心，任何時候你覺得有問題需要化解或有人需要祝福時，不管是針對任何人、事、觀念等物件，都可以運用這神奇的「奇蹟淨化法」。當你遇到狀況時，不要只擔心害怕，也不要只想努力用理智解決問題，而是應該由內在的交託和寬恕來解決問題，這才是奇蹟之道。至於外在因應方式就順應你最自然快樂的方式進行即可，因為外在因應方式並不重要。

舉個例子來說，可能有人出言恐嚇威脅你，給你造成擔心困擾，這時候你可以針對威脅你的人，以及你感到受威脅的念頭，分別都進行「奇蹟淨化法」，因為有兩個物件都需要你的祝福寬恕，一是威脅你的人，二是你感到受威脅的念頭。

在遇到艱難時期，問題較難處理，一切理性方法都失效時，「奇蹟淨化法」特別重要。在幫助別人時，不要只想用頭腦找出幫助方法，要持續運用「奇蹟淨化法」。重複地念出淨化口訣，對於交託淨化你的問題將有奇蹟般的功效。

「奇蹟淨化法」不只可以用在化解和治療上，對於你感謝祝福的人、事、觀念等物件，更可以經常運用這「奇蹟淨化法」。例如。如果你想祝福你的家人平安快樂，你可以說「我愛你、謝謝你，祝福我的家人平安快樂。」

以最高眞理來看，所有問題其實都早已被解決了，所有願望也都已實現了，各種麻煩只是幻覺。爲了感謝這個事實，我們在運用「奇蹟淨化法」時，也可以加入「我愛你、謝謝你，所有問題都已解決，所有願望都已實現。」的淨化口訣，以和最高眞理相應，產生無上力量。

　　如此，在運用「奇蹟淨化法」的過程中，你很快就能憶起你百害不侵、無限快樂的眞實本性了。

PART 4 補充生活智慧

第1章
心靈層面

感謝與給予

感謝是達成願望的重要心態

感謝的本質在於全然的認同及接受，沒有疏離和隔絕，感謝欣賞是一切美好事物的放大器。

要想願望成眞，感謝之情具有極強的威力。這是因為感謝時，你會感到你已經擁有了，你不會把焦點放在你的匱乏上。感謝使你和所感激的物件更加親密連結，更容易吸引類似的事物。感謝的本質將幫助你遠離一些負面想法，例如擁有的不夠，無法獲得等等。

告訴自己「我要什麼」，並不是最佳做法，因為「要」這個字，隱含有「現在缺乏」的意思。應該告訴自己，我選擇什麼，或我感謝什麼。

選擇代表自由，感謝代表豐裕。

慷慨施予

慷慨施予有助於釋放你的執著。對外在事物的執著，起源於內在不完滿的感覺，慷慨施予可以使你具有完滿和愛的

感覺。慷慨施予包括施予物質及施予仁慈、關懷和愛。

每天都有許多機會來慷慨施予。例如，鼓勵別人、餵食流浪狗、幫忙別人，心中為別人祝福，和寂寞的鄰居說說話等。

給予後不要有任何期待

當我們在給予後，不要有任何的期待，這樣才算真正想得開。

舉例來說，我們資助別人一筆錢後，可能會期待別人用在我們希望的用途上，或者期待別人感謝回報等等，但是別人的行為選擇並不是我們可以控制的，如果我們的期待和別人的行為不一致，我們可能就會感到沮喪或生氣，

其實就在我們給予的當下，就不要有任何期待，我們只要盡力而問心無愧就好了，別人如何運用你的給予，那完全是他的自由，我們不要氣憤別人糟蹋了自己的愛心。

愛人，就要給他充分的自由。給予人，同樣要給他充分的自由。

根本的自信

自信的來源不應是外在的優勢，而是根本的心靈

一般人常會把自信心建立在和別人的競爭比較上，例如，學歷、能力、知識、金錢、外表的比較上，會覺得不進則退，誤以為必須努力提升自己，才能有競爭優勢。

其實，最值得倚靠的競爭優勢是在於自信的心靈威力。要能領悟到自由選擇定律所給予你的權利及威力。

你遠比周遭這些環境和事件還要偉大

我們常常會不自覺地被周圍環境的變化來牽著鼻子走，情緒因而受到影響而起伏，忘了我們自己才是最尊貴偉大的主人，周圍的環境事件只是主人創造出來的遊戲，不值得讓主人煩惱。

溫和但堅持

對於自己認為正確的事，在有必要時，就要溫和但堅持。

在遇到和別人的爭端中，也不要指責對方的錯誤，最佳的作法就是體諒對方的觀點，然後請對方重新思考我的意見。

要寬恕寬容，但不要委屈自己

寬恕寬容不等於委屈自己，佛菩薩在必要時，也會發揮金剛威力來降妖除魔。但要牢記在心的是尊重生命的心靈第一定律，要盡力避免去傷害任何眾生，也要以寬恕寬容的心靈第四定律來超脫執著的心態。

遇到對方的壓迫時，要能體諒對方的無知及缺少智慧，但不容許對方欺侮自己，能私下勸導對方就勸導，若對方執迷不悟，就把事情公開，使對方感受到壓力，知難而退。但不要自己降格去怨恨報復。因為當你怨恨或報復時，等於是承認自己是受害者，反而將自尊降格。

可憐的小我

在現代人類典型的一天中，可憐的小我往往是主導者，現代人常會對自己沒信心，懷疑自己是否能選擇主宰自己的命運，也誤以為自己可能會被外在事件所擊垮：

對不如預期的變化感到不爽，

對意外的好事卻又感到擔心，

對自己擁有的美好事物感到患得患失，

對無法達成別人預期感到難過，

對自己無法控制負面情緒感到自責，

對自己無法化解憂鬱有無力感。

如果你被這些可憐想不開的念頭所支配，又將如何開發自己無限的潛能呢？那就是要透過各種重複方式來回憶起自己的偉大本性。

在我們修心的過程要牢記「盡己就好」的四字要訣，凡事順其自然，不要過於強求，就算一時無法擺脫負面情緒，也不要自責，否則又掉入另一個陷阱。

享受當下

當下存在就是最大的成功和喜悅

別人和我們自己一直在告訴自己，應該做這，應該做那，什麼是成功的，什麼是失敗的，卻忘記了我們一直都擁有的當下存在的喜悅。

其實，最大的成功就是領悟到，當下存在就是最大的成功；最高的喜悅就是領悟到，當下存在就是最高的喜悅。我們應該直接享受當下存在的成功和喜悅。

不要告訴小孩，長大會更好

父母常會暗示小孩，要快點長大喔，長大會更好。這樣可能會使小孩把快樂的期盼，放到了未來，而錯失了他們的當下童年喜悅。父母應該鼓勵小孩好好享受當下的幸福。

當下現在是最具威力的點

你要能確切感受到，就在每個當下，你就具有無限神威，不要有無力感。重點不是去問事情為何發生？別人為何如此做？重點是你當下的選擇，當下的領悟，當下的快樂。

當下的你並不需要受到過去的任何影響，只因為你相信會受影響，才會受影響。當下的選擇力是自由全新的，是具無限威力的。

清除罪惡感

罪惡感未清除，無法真正進入當下。要能真正清除掉所有對自己、對別人及對這個世界的內咎罪惡感。

幽默和微笑

幽默和微笑可以帶來歡樂

幽默和微笑可以帶給自己和別人歡樂，因為其具有自嘲、調侃和風趣的輕鬆特色。有個人剛買一天的名貴手錶馬上就被偷了，他的朋友好心安慰他，他卻很輕鬆地說，我過去常對自己說，「有一天」能擁有這種手錶就好了，現在真的「有一天」擁有了它，這可真湊巧啊。對於此人而言，手錶被偷已經無法追回，但輕鬆幽默的態度卻可產生寬恕寬容的效果。

有幽默感的人，會常帶微笑，並在面對困難挫折時，會更容易開懷以對，創造新的機會。而缺乏幽默感的人，常會過於嚴肅，容易產生緊張和焦慮。

　　有個大學畢業生，想找一份報社的工作，他到了一家報社，問經理：「你們需要記者嗎？」經理說：「我們不缺記者。」他再問經理：「那你們需要打字人員嗎？」經理說：「我們現在不需要任何人員。」於是大學畢業生拿出一塊精美招牌，上面寫著「目前本報社不缺員工，求職者請另覓他處」並說道：「既然你們不需要員工，那你們一定需要這塊招牌，好避免求職者帶來的麻煩，我就把這塊招牌免費贈送給你們了，這樣我對你們也有些幫助貢獻。」經理笑了出來，覺得這個大學畢業生還滿有幽默創意的，就破格錄取他到廣告創意部工作，他果然表現的非常出色。這就是幽默所帶來的力量。

人生如夢

人生為何如夢

　　我們在晚上睡夢中覺得非常真實的場景，醒來後會發現和現實生活沒有太大關聯。而且睡夢中的事物不穩定性高，和別人沒有共通性。所以我們才會覺得晚上睡夢如同幻夢一般。

同樣道理，有一天我們悟道完全覺醒後，可能也會覺得人生這場戲劇和絕對生命境界也沒有太大關聯。

而且人生事物的不穩定性高，每個人各自有各自的觀點，和別人所謂的共通性，只是我們想像出來的。

其實，人生就是一場夢，一場我們自導，自編、自演的人生大夢。

PART **4** 補充生活智慧

人生大夢比晚上睡夢更為穩定且友善

我們晚上有時會做惡夢，例如夢見親人死亡，或者夢見境遇淒慘等等。但是除非負面意念超強持久，否則實際人生一般都會平安無事。所以我們不需要擔心惡夢情節會在現實生活中出現，晚上的惡夢只是反映你細微的擔心並提醒你應注意的事情。

宇宙的本質是超級友善的，再強烈的負面情緒，只要一點點領悟就能完全化解。

就穩定度和友善度來比較，人生大夢比晚上睡夢更為穩定且更友善。

而絕對境界又比人生大夢更為穩定且更友善，絕對境界是絕對的穩定和友善。

401

心想事成

心量要廣大

我們的心量要廣大，不要執著在小小的成就上。就算是所謂的輝煌功業，由最高真理來看，也都只是輕而易舉的雕蟲小技，沒什麼好執著的。

不要以為小小的順境有什麼了不起的地方，也不要覺得事情似乎美好得不像真的。跟你的無限潛能相比，這些都不算什麼。你的潛能足以讓你擁有全宇宙，小小的成就又算得了什麼呢？

心想事成四步曲

心想事成的第一步就是要明確知道自己到底想要什麼，第二步就是培養對想要東西的熱情，第三步就是要選擇並感謝完成的喜悅，第四步就是要放手信賴這個宇宙。

Alpha波狀態有利於和潛意識溝通

腦波形態主要有四種，Beta波（15Hz以上）、Alpha波（約10HZ）、Theta波（約5HZ），Delta波（4Hz以下）。

Beta波是在完全清醒及緊張時，由表面意識主控時的腦波形態。Theta波和Delta波，則是睡眠時的腦波形態。Alpha波則是在放鬆身心下，感覺緩和平靜，似睡非睡時的腦波形態。

Alpha波是表面意識及潛意識間的溝通橋樑。在Alpha波階段的選擇意念，較易發揮威力。所以催眠術多是先使人進入Alpha波階段，較易接受暗示。而所謂的入定時的腦波形態也多為Alpha波。

要進入Alpha波的最佳方法即是緩慢深呼吸倒數法，很緩慢地深呼吸，每呼出吸入來回一次時，即開始由五倒數至一。然後再重複地從五倒數至一。直到感到越來越平靜，越來越放鬆，就慢慢進入Alpha狀態。

若想立即快速進入Alpha狀態，則可以運用手印觸發技巧，例如可以告訴自己，只要將姆指和中指圍成圈圈，其他三指豎直，即為Alpha手印，一結出此手印，配合緩慢深呼吸，就可以很快進入Alpha狀態。

磁性線圈吸引法

想像你身體周圍環繞一圈圈磁性線圈，宇宙能量開始在線圈內流動起來，形成吸引你自由選擇事物的磁性中心。一面觀想磁力流動產生吸引力，一面觀想願望成真後的種種細節畫面。磁性線圈的大小、形狀、顏色、轉向、強度、特性，都隨你高興地去自由選擇。

運用睡眠潛意識的靈感

早上醒來時，最好先待在床上休息個5到10分鐘後再起床，這時腦中往往會閃過許多很好的直覺靈感，如此就可以

PART

4

補充生活智慧

403

運用一夜睡眠後的潛意識靈感。睡眠不只有身體休息的功能而已，還能使心靈進入潛意識來充電修整。

不要自我攻擊

當你覺得這是一件苦差事，而強迫自己去做時，會發現自己常拖拖拉拉，然後又責怪自己沒有意志力，而自我攻擊，造成惡性循環。

不然你就選擇不去做，不然你就讓自己喜歡去做。如果強迫自己去做，就會產生矛盾衝突。就算是拖拖拉拉，也不要感到內疚，否則又是自我攻擊，雪上加霜。

心情是心想事成的關鍵

心想事成的關鍵在於心情，而非理性判斷。心情是唯一可靠的指南針。能讓你心情好的選擇，就是最佳的選擇。

不要依賴別人來告訴你應該怎麼做，別人並不知道你真正要的是什麼，真正感覺到的是什麼。

選擇並感謝

希望自己吸引一些事物時，不要用「我需要XX」的語言，而應使用「我選擇並感謝XX」。因為「需要」本身隱含著缺乏之意。當表達出我選擇什麼時，自然會產生自由的感覺。當表達出我感謝什麼時，自然會產生豐裕的感覺。如果表達出我選擇並感謝時，就同時會有自由而且豐裕的感覺。

希望自己避免一些事物時，不要用「我不要XX」， 而應使用我選擇並感謝正面的事物。

例如，如果你希望上臺演講不要緊張，不要用「我不要緊張」的語言，而要有「我選擇並感謝，當我演講時，落落大方，表現出色」的信念。因為，當你越想排斥攻擊負面事物時，反而會加強負面能量，只有專注在正面能量時，效果才會最佳。

又例如，當你擔心某特定事件變壞時，你要反過來產生「這個事件的發展會更好」的信念。不要誤以為，某特定事件的發展就只可能是沒事或更壞，不可能更好。應該要有事情會更好的堅定信念。

場面越大，表現越好

很多傑出的人士，往往都會暗示自己，場面越大，對手越強，壓力越大，就會感到越興奮，越有表現機會。

遇到平常人會感到膽怯緊張，壓力很大的大場面時，那些傑出人士反而表現的越好。

要對充滿熱情這件事充滿熱情

要增強對特定事物的吸引力時，除了要對這特定事物充滿熱情，還要對充滿熱情這件事充滿熱情。

你要學習非常喜愛充滿熱情。你要告訴自己，充滿熱情就是你的天性，你的最愛。

如果你對於充滿熱情本身這件事提不起勁來，就會使吸引的能量降低。

不要用意志力強迫自己

意志力不見得是好事。如果意志力是強迫自己去做某些事情，則反而會帶來一些矛盾、衝突、內疚、後悔的狀況。

應該重視的是選擇的決心，而不是意志力，不要強迫自己去做任何事情，要順其自然但內心堅定。

舉例而言，如果某人決心戒煙，就應該去設計嘗試出讓自己可以自然脫離煙癮的各種方法，例如尋找替代物等，而不是用所謂的意志力強迫自己不准抽煙。強迫的方法，也許可見效一時，但無法持久。

意志力的功效遠遠不如好心情的功效。

第2章
實用層面

創造財富

財富與靈性

財富本身是目前人類系統很重要的課題。財富本身並無好壞善惡之別，重點是你如何看待它，吸引它。不要執著於追求財富，也不要執著於放棄財富。

其實每個人都有其天生的特殊才能，大家都可以擁有靈性和物質的雙重富裕。創造財富的同時，若能遵守心靈四大定律，利己利人，就是追隨了靈性法則。物質財富可以協助你彰顯靈性。

富裕是你天賦的權利。你可以擁有無限的物質財富，要大膽地去實現自己最狂野的夢想。

財富的靈性律

想吸引財富同樣得遵守心靈四大定律的靈性律。

一、尊重生命定律：

千萬不要為了追求財富，而不擇手段，使自己或別人受到欺騙或傷害，這將對靈性大大有損。

二、追隨喜悅定律：

要找尋並投入到你真正喜歡做的事業上，這將自然吸引大量財富。很多潛力事業，一開始不需要很多的本錢時間，進行順利後，就可以自然擴大，重點是要找到這種潛力事業，而不必擔心缺少本錢或時間。

如果你在某個領域很努力，卻一直無法讓你感到滿意時，也許可以認真考慮轉換跑道。沒必要在作不好的領域中，承受壓力。

不要問自己應該做什麼，要問自己喜歡做什麼。喜歡做什麼遠比應該做什麼還重要。

三、自由選擇定律：

要相信你自由選擇的無上權利和威力，要堅定財富的目標。如果你徹底領悟自由選擇定律，那你可以完全不受整體經濟面的影響，而創造出你個人的財富。即使在經濟蕭條的環境，你也可以昌盛繁榮。

要仔細思考你認為財富會帶給你的正面特質，例如成就感、喜悅感等，然後就在你的生活中，盡力去發展享受這些特質。潛意識很難分辨想像和真實之別。感覺富裕，就會富裕，要設定讓自己真正能感到興奮的目標。

情緒強度會影響到彰顯速度。你感覺越興奮、越真實、越密集，則彰顯速度越快，但要記得要保持超然不執著的心態。

同時你也要真心感謝金錢的收入，即使是一分一毫的

進帳，也要充滿喜悅。信任你內在的靈感直覺，這些靈感直覺，可能極有幫助。

四、寬恕寬容定律：

要用寬恕寬容來掃除障礙， 不要有批判、厭惡、恐懼的負面心態。

厭惡貧窮及怨天尤人的負面心態不會帶來你真正想要的，反而會使你遠離財富。

另一方面，你也不要刻意壓制撲滅負面心態，不然你就是落入同樣的批判陷阱。若暫時無法轉變心態時，就好好休養生息，不要刻意掙扎轉變。

你也不要擔心時間不夠。宇宙會給你絕對充裕的時間，讓你以最自然輕鬆的步伐來實現你的願望。

財富的世俗律

想要吸引世間上的財富，引領風潮及樹立典範是很重要的世俗律。

一旦能引領風潮，依照群眾及財富的群聚效應，自然能吸引大量財富。落後者的財富吸引效應就遠遠不如領先者了。就世俗律而言，任何高超的才能、創意，如果無法推廣到大眾，則很難創造大筆財富。

如果你想要有金錢的實際獲利，就要特別注意調查供給和需求的關係，若需求雖強但供給多，也是很難獲利。要留意引導新需求，創造獨特的供給。

另一方面，在日常生活中，我們要隨時留意，如何能以更少的金錢花費，來得到相同或更大的效用。這是尊重金錢的象徵，也是在開源節流的節流方法上用心下功夫。

發揮財富想像力

要讓你自己有最瘋狂的夢想，不要局限你自己。假設你認為最可能的財富目標是某個數字，就把這個數字再乘上1000倍吧，那才是你應得的財富數字。

人類已進入N倍速時代，累積財富的速度將越來越快。

在一百年前，可能必須一生的努力，才有機會成為巨富，然而在當今時代，也許只需要十年以內的時間，就可能從無到有，富可敵國，微軟、雅虎、GOOGLE就是極佳的例子。

要知道財富不來則已，一來就會以數倍、數十倍、數百倍、數萬倍的等比級數暴增。金融投資一次有可能獲利達數倍、數十倍，絕佳創意則有可能獲利達數百倍、數萬倍。

肯定的力量

較佳的肯定用語是現在式。要說「我現在」，不要說「我希望」。

重複肯定的力量是很重要的。一直重複肯定，就會累積出龐大思想能量。一時無法如願，往往只是機緣和時間未到。

財富的注意事項

要知道財富本身無法帶來快樂、成就、自尊及安全感，財富只是一種金錢遊戲。世界上有太多有錢人，憂鬱度日甚至自殺。無法協助彰顯靈性的財富是毫無意義，甚至是有害的。能夠協助彰顯靈性的財富則遠比貧窮還有價值。

不要將財富視為非它不可的興奮劑，而應將其視為協助彰顯靈性的工具。例如，若某人認為賺一大筆錢可以讓他輕鬆愉快過日子，為此他不眠不休去做自己不喜歡的工作，那就是自找麻煩。反之，若能去做自己喜歡的事，則正可以相得益彰、彰顯靈性。

擁有財富後，還要注意以下事項：

一、財富往往會伴隨著名聲，很多人喜歡出名，但出名會有喪失隱私權的嚴重缺點，要小心處理出名後隱私權的問題。

二、有錢後，最怕的是亂賭博、亂投資和亂花錢這三件事。

投資的真理

投資成功三原則

很多人都對金融投資（如股票、基金等）或事業投資（如開店、開公司）感興趣，但對投資成功的基本法則，卻

不是太清楚。

不管是金融投資或事業投資必須遵守下列三原則：

一、可以忍受投資輸光。

風險控管永遠是第一要務，不管是投資股票或投資事業，必須假設投資的錢可能全部輸光，在這個前提下，如果你確定可以忍受全部輸光，才可以進行投資，否則就得降低投資金額。例如，你可以保留7成現金，投資3成。可以保留5成現金，投資5成。積極的人也可以保留3成現金，投資7成。

股票或事業都是高風險投資，你必須做最壞的打算，這樣才熬得過價格或景氣的波動，也才不至於影響到你的快樂生活。盡量不要將所有財產投入在高風險投資上，要有一部分放在絕對安全的地方。

二、相信堅持自己判斷。

投資沒有專家，只有贏家或輸家。依照自由選擇定律，你不可以依賴任何權威來幫你下判斷，你可以參考別人看法，但自己有責任做最後決定。

要相信並堅持自己的判斷，這樣才有機會大獲全勝。為了提高自己判斷的正確性，可以多研究資訊，並信任直覺。

如果你對財經形勢的直覺判斷沒把握，但有把握挑對操盤人，也可以委託別人操盤。對於操盤人的選擇，要信任你的研究和直覺。

三、及時彈性修正。

當投資開始失利，你要先研判是否為正常的波動，如果

感到原來的判斷假設很可能錯誤時，要及時彈性修正。

看法正確與否並不重要，重要的是看對時如何乘勝追擊，看錯時如何修正錯誤。

具投資價值公司的特色

以下是一些具投資價值公司的特色：

一、公司執行長（CEO）

執行長的心態和能力是最重要的考慮因素。依照心靈定律，心態決定一切。

二、**產品趨勢**

公司的產品要在重要**趨勢**上，有把握至少連續三年的獲利高成長。可以用PEG比例是否夠低，來決定是否物美價廉。股價盈餘成長比（PEG），是本益比與盈餘成長率的關係比率，其計算方式為股價預估本益比除以每股稅後盈餘成長率（去除了百分數%）。舉例來說，如果預估本益比為10倍，而每股稅後盈餘的成長率有10%，則PEG便為1.0。PEG數字以小於1為較佳，越低越好。

三、**競爭應變力**

公司應具有競爭應變力，在環境變化時，要有能力彈性應變。

投資進出場原則

投資進場時，最好分批進場，風險較小，確定看對了，

再逐步加碼。如果局勢不明朗，可以將布局的時間拉長。

投資出場時機為， 例如，重要經營階層變動、成長動能明顯下降和有新的競爭威脅等，應考慮出場。如果價格波動超過預期，也應該先出場觀望，看看到底發生什麼事。

投資操盤技巧

以下為一些重要的投資操盤技巧：

一、想靠分散投資及正確選股來打敗股價平均數，大多是徒勞而無功的。要創造優異績效，要靠集中打擊， 大約5到10檔股票的適度集中。可以考慮核心衛星法，大約有一兩檔的重點核心股票，再搭配其他比例較低的衛星股票。不要靠分散投資來降低風險，而是要靠保留現金來降低風險。

二、由於事件的不可預測性，隨機調整看法也是很重要的，但不要被短期股價波動所迷惑。不要害怕價格波動，波動有可能是創造報酬的大好良機。

三、選股時，優先考慮操作最順的核心持股，其次是最強的股票和可能見底的股票的搭配。

四、修正時進場的勝算遠大於追價進場，就算是修正後繼續修正，由於已修正一段，也可能隨時結束修正，回歸價格。應該盡量在修正時建立部位，追價只限於錯失時機時建立基本部位和追加戰果兩種目的。

修正時就是建立滿倉的時機，先預估修正可能幅度，然後平均逢低買進不足滿倉的差額。

五、如果想委任操盤手，最好是找幾個風格不同，績效極佳的操盤手，來各自分工操盤，如此風險最低。這類似挑選幾只好股票，讓其各自表現。不同風格操盤手組合的系統性風險較低。

六、遇到進出場信號時，可以馬上交易。也可以緩衝一下，再等等一段時間或幅度來確認信號，這純粹存乎一心。如果錯過第一時機，可以先進三分之二的部位，以避免錯過行情，回檔修正再回補剩下的三分之一。

七、在一檔股票已順利獲利時，與其換檔，不如緊盯同一檔，專心觀察找時機加碼，不要害怕已經進行一大段了。趨勢的延伸常會超乎預期，逮到機會就要擴充戰果。

八、大漲或大跌中可能大幅反彈，也可能瘋狂地持續趨勢下去，可考慮獲利出場一部分，回檔再勇敢加碼，但如果是選擇權因爲無法回補，不可全部出清。

九、空頭時期要盡可能保留現金，減少持股種類或零持股，也同時要特別留意可能見底的機會，若能逮到底部剛發動時，利潤將達倍數以上。

十、能夠閃避回檔修正是運氣好，不要刻意去閃避。在

停損點以前的出脫是靈活性出脫，目的主要是降低成本，而非閃避風險。該回補時要及時回補，不然一轉眼，就會從可以降低成本變成增加成本。如果很有信心時，甚至可以不閃避，反而逢低加碼，如此將可擴大戰果，但要小心控制風險。

黑天鵝投資哲學

依照幸運心靈學的平行相對宇宙假設來看，未來是不可能預測出來的，而且常出乎意料之外，但是一旦形成趨勢後，就會有強烈的延續慣性，這就形成了投資機會。

從另一方面來看，由於意外是正常現象，我們的心態必須保持彈性開放，該修正停損時，就要修正停損。

平行相對宇宙假設可以推論出黑天鵝真理。

所謂的黑天鵝事件是指極端、意外、罕見、例外的各種事件。黑天鵝事件常會以意外形式開始，然後可能會形成一段時期的趨勢， 最後則常以意外方式結束趨勢。趨勢的延伸及影響程度也常會超乎預期。

意外及趨勢兩者是投資優勢的唯一所在。短期波動則多屬隨機而無法預期。如果我們能積極研究黑天鵝事件，並善加利用意外及趨勢，就會有良好表現。

一、研究方面，以下為六項黑天鵝事件研究範圍：

1.) 意外事件的預警研究；

2.) 意外事件的萌芽研究；

3.）意外事件的影響研究；

4.）趨勢轉變的預警研究；

5.）趨勢開始的萌芽研究；

6.）趨勢持續的影響研究。

二、投資方面

　　投資者應該運用各種投資策略及方法來嘗試、找出、研究、運用、擴大正面黑天鵝事件。

　　可從預警、轉變及影響等三方面著力研究。

1. 預警是指從基本面或技術面等相關蛛絲馬跡，來提出變化預警，這些初期預警信號，可能有大半是錯的，但仍應保持開放的心胸，來觀察追蹤。

2. 轉變是指當新趨勢開始萌芽或舊趨勢開始改變時的追蹤觀察。

3. 影響是指趨勢進行時，對各種層面的影響。

　　投資者應該發揮想像力，　開放心胸，看法一時錯誤很正常，重點是要如何及時修正，經常檢視看法是否符合市場的脈動，特別留意和預期不同的各種變化。價格回檔時，要小心判斷趨勢是否已經反轉，或只是一時修正，不可掉以輕心。覺得有強烈危險時，可考慮先行減碼，然後重新觀察。

三、極端風險控制方面

　　由金融風暴的發生來看，現代金融體系對於極端風險的防範措施仍有不足，爲了防範極端風險事件，金融機構有必要在正常風險控制流程之外，專門建立極端風險控制流程。

極端風險控制流程所欲防範的風險包括投資風險、運作風險、合規道德風險等。極端風險控制的方法包括，預警機制、處理機制、抽查機制、回饋機制等。

極端風險控制和正常風險控制的不同處在於，極端風險控制是專門針對極端、意外、罕見、例外的各種風險可能性來提出預警、要求處理、不定期抽查、獎勵回饋。

極端風險包括例如股票基本面的重大變化、 低機率統計事件的預警及發生、 債券信用評級的重大變化、交易對手的信用問題、政府管制匯率或資金流動的危險性、流動性不足風險、槓桿比例過高等。

極端風險預警報告可分為A 、B 、C三級。

A 級代表緊急性最高，必須分秒必爭，立即研究處理方式，必要時得通宵研究，絕不可掉以輕心。

B 級代表緊急性較高，要求在一定期限內，研究處理方式，並提出具體應對方案。

C 級代表較無緊急性，屬於提醒作用。

四、風險收斂法

對具絕對報酬性質的投資組合而言，風險收斂法是一個控制價格風險的好方法。

風險收斂法就是當整體組合損失，到達某一警戒線時，即將最高允許持有部位規模依照比例減少，然後以此類推。

舉例而言，若可接受的總損失為1/2 ，則可在組合損失

達到1/8時，將最高允許持有部位降低1/4，下個警戒線就變成3/4×1/8，然後以此類推，如此總損失可形成收斂無窮等比級數：

Total Loss＝（1/8）＋（3/4×1/8）＋（3/4×3/4×1/8）＋……

＝（1/8）/（1-3/4）＝1/2，如此即可有效控制總損失。

經營事業

借力使力的重要性

歷史上成就事業的人，無一不是透過借力使力的過程。所謂借力使力，就是利用大環境、大時機、支持者、合作者等的優秀條件，搭順風車。只靠自己的智慧才能是力量極小的。

學習模仿成功的範例

我們要主動去挖掘發現哪些方法已經受到市場熱烈歡迎，並得到很大的成功。發現了受歡迎的方法，我們就要去學習模仿，並想辦法予以改進。

學習模仿本身並沒有錯，反而是很有效率的成功方法，重點是我們不能只是完全照抄，也不能傷害別人的原創權

益，而是要加以改善，發揚光大。

如果能擴大市場，則顧客、原創者和推廣者都會獲益，造成三贏局面。

隔行如隔山

有人會誤以為，人的靈性越高，就應該懂得越多。其實靈性和知識不是正相關的。俗話說，隔行如隔山，每個行業以及每種宇宙時空情況的種種問題，都大不相同。

重點是要明白自己遇到的往往是獨一無二的狀況，要自行發現解決問題的方法，不要過度依賴崇拜別人。

宇宙間並無所謂全知全能者， 只有支援生命的秩序系統，所謂的得道只不過是心態的超脫快樂而已。開悟者也無法解決你現實的問題。

隔行如隔山，隔人如隔山，隔事如隔山， 隔時如隔山，隔地如隔山，隔物如隔山。特定的專業問題，還是要特定的專家才能解決。

地利比天時及人和更為重要

天時、地利、人和中，重要性的排序為：地利＞人和＞天時。

地利的好壞，影響成果的程度最大，例如，出生在肯亞及美國的人的賺錢機會，就有極大差異。

包裝比能力及團隊更為重要

能力、包裝、團隊中，重要性的排序為：包裝＞團隊＞能力。

包裝的重要性大於能力及團隊，因為人喜歡用單一簡單的形象去看一個人及一件事，所以形象、包裝的威力是很驚人的。

當然能力及團隊必須充實加強，不可虛有其表，但是再好的內涵都需要行銷包裝，才能讓大家接受了解。

談判的方法

談判時要找專業的談判代表，這有兩個好處，一是談判本身也是一種專業，需要專業人士。二是有人作為代表，比較不會因為自己不好意思而只談得較差條件。

談判時寧願延長時間決定，冒破局風險，也不要當場接受自己不滿意的條件。要知道大多數人談判時都會試圖取得自己的最佳利益，所以不要因為擔心談判破局，而急急地接受對方的條件。必要時，就得冒小小負面的風險，委婉地堅持延長談判時間。

對談判後的結果不滿意，卻又不希望破局時的最佳作法為稍微延遲時日，再作決定。不要有延遲就會破局的錯覺。

順著對方意思來說服對方

想說服對方時，最好先順著對方的想法，甚至誇大贊成

其意見，再巧妙點出利弊得失。

　　據《史記‧滑稽列傳》記載，楚莊王有一匹愛馬，天天錦衣玉食，結果因肥胖生病而死。楚莊王堅持要用士大夫的葬禮規格爲馬發喪，群臣紛紛進諫，楚莊王下令道：「對於葬馬之事敢再進諫者，立斬不赦。」優孟聽說這件事後，跑到楚莊王面前大哭，楚莊王驚訝地問他爲何哭的凄慘，優孟答道：「我是爲大王的愛馬大哭，這匹馬如此尊貴而能得大王寵愛，怎麼只以士大夫禮下葬呢？請求大王改以君王之禮厚葬此馬。好讓天下的諸侯百姓知道楚國君王是多麼的貴畜而賤人。」優孟終於使楚莊王改變了初衷。

網路生意的祕訣

　　在網路資訊時代，資訊取得容易，市場調查也容易，速度是勝負的關鍵。

　　以下爲網路生意的祕訣：

　　一、留意特殊族群的特殊需求。

　　二、調查市場針對此需求的滿足狀況。

　　三、提供良好的滿足需求服務。

　　四、預估可承擔的風險。

　　五、推廣網站知名度。

　　六、應變速度爲成功關鍵。

尋找大家關心的話題

想作專案促銷時可以用大家關心的話題來推廣專案，例如在大家很關心通貨膨脹時，推出「抗通膨專案」。在大家很關心金融危機時，推出「安度危機專案」。

行銷方式不見得只依靠報紙、電視或辦活動，在特殊事件發生時，運用時機來行銷，往往事半功倍、效果驚人。

關心員工

經營公司時，除了賺錢考量外，要考慮員工的生活，萬不得已要辭退時，要給予足夠的補償，使其可以輕鬆地過渡到下一個工作。

要使上下所有同事都感到輕鬆愉快且有優異成就感，並激發他們的潛能。

依照別人需求修改是很正常的

提出自己的方案後，然後依照別人需求修改，如此來回數遍，是很正常的。不要覺得修改幅度大很麻煩。

公開評分招標時要注重包裝精美

在一些公開評分招標的場合中，包裝是很重要的，這時要盡可能地內容豐富、包裝精美。

五大訣竅：把握重點、抓住訣竅、輕鬆分工、暫時跳過、復習檢查

在處理日常事務時，有五大訣竅：把握重點、抓住訣竅、輕鬆分工、暫時跳過、復習檢查。

一、把握重點：

任何事情都有其重點所在，在處理任何事情時，要先把重點骨架打理好，再慢慢添血加肉。順序進行的方式不見得會比較好，否則若重點骨架未完成，將大大減分。

例如，在念書準備考試的時候，最好先念各章最重要的精華，然後再深入各章，不一定要把第一章念熟後才肯進入第二章。進行商業計劃時的道理也是如此。

二、抓住訣竅：

許多事情都有其訣竅所在。如能掌握到訣竅就事半功倍，否則就事倍功半。訣竅也就是所謂的關鍵性因素。

三、輕鬆分工：

很多事情如果自己獨力想完成，常會吃力不討好，如果能群策群力分工下去，則工作往往可以輕鬆而有效率地完成。

四、暫時跳過：

事情進行時，常會遇到一時無法解決的難題，此時，可以先嘗試解決一下，如果還是無法解決，可以先暫時跳過這個難題，繼續其他工作。

在暫時跳過的時間中，其實潛意識還是在努力幫你尋找

解答，過後靈機一閃，也許問題就解決了，否則一直死耗在同一個問題上，效率會變很差。

例如，在考試中如果遇到一個暫時解不開的難題，可以先跳過，先往下解答完容易的問題，過後再回頭來想難題，這樣就不會耽誤到正常題的得分了，切忌卡在一題上過多時間。而使得自己沒時間完成試券。

同樣的道理，如果商業計劃中的某個環節暫時卡住，可以先進行其他部分。

五、檢查復習：

不管是做事還是考試，檢查和復習都非常重要，檢查可以大大減少錯誤，而復習則可以很有效率地加強成果。

先切入簡單的重點，做了自然就變容易

很多事情乍看之下好像很難，但如果你先做再說，先切入一些簡單的重點，自然就會變得較為容易，天下無難事，只怕有心人。

要樹立特色

人類的天性喜歡用簡化的一些印象去看人或物，所以具有特色，較容易吸引目光。

特色必須很鮮明，具有正面效果，並且必須因時制宜，必要時可以交錯展現不同的特色。

戰略性的定位規劃
遠比戰術性的戰鬥能力還重要

不管在事業中或職場中，戰略性的定位規劃都是最重要的，要先能有一個良好戰略定位，在這個位置上你就能自然輕鬆、事半功倍地運用戰術能力來創造成果，如果戰略定位不對，那麼可能會相當辛苦、事倍功半。戰略定位需要事先用心規劃。

培養可立即被人所用的能力

在職場中往往會特別需要立即可用的才能，所以平時就要培養可立即被人所用的能力。

過猶不及，恰如其分

在與人相處、應對進退時，態度方面要恰到好處，太過或不足都不好。例如，態度不要太驕傲，但是也不要太謙卑。正如同一個好演員在演出時，不會刻意地誇張表情，也不會呆若木雞，只會順著劇情需要，自然恰如其分地表演。

關鍵人物是事情成功的關鍵

要想事情能夠成功，找到正確的關鍵人物是很重要的。最好能留意所有關鍵人物的想法。

發揮創意

生命各個事件的好與壞往往只是在於觀點問題。有時可以發揮一些創意觀點。

例如對於最不受歡迎的抱怨處理部門,可以評給難處理的抱怨較高分數,也就是說,當遇到難纏的客戶時,如果員工處理得當,公司可以評給高分,然後發放獎金。

再舉個例子,有個種蘋果的農夫,其蘋果種在寒冷的高原上,特別美味可口。有一天山上下了一陣大冰雹,將快成熟蘋果外表刮出疤痕,這樣就很可能會賣不出去,血本無歸。但這時農夫發揮了極佳創意,他在蘋果包裝上強調疤痕正是高原蘋果的美麗吻痕,這正是高原蘋果的美味保證。結果他的蘋果反而是供不應求。

創意可以化危機為轉機。

在追隨喜悅時,偶爾要超越理性,發揮想像力,甚至有時可能做一些別人看起來有點瘋狂的事,只要不傷害別人,且感覺順其自然, 就可以是正面的創意,而有可能被別人解讀成具有想像創造力的。

要善待自己

你的事業成就就算再大,如果不能善待自己,真正追隨心中的喜悅,那麼你整體的生命品質還是不佳。

遇到群眾壓力時，可以儘量配合，內心快樂

當大家一致責難或誤解你時，如果你還是很樂觀豁達的樣子，別人可能會覺得你不識趣，而更加生氣。此時為了和諧起見，可以儘量配合，讓大家覺得你肯檢討，但此時自己心情不要承受太大壓力。

真誠自我檢討，當然是有必要的，但不要因為群眾壓力，而讓自己非常沮喪，這樣反而無法樂觀前進。

崗位彈性、支援彈性、工資彈性

在公司的運作中，工作崗位的調整變動，應該非常自由彈性。而每個人除了主崗位之外，也可以兼任支援其他崗位的需求，只要能皆大歡喜，發揮所長即可，為了達到這些理想，工資的分配也應該非常彈性化，不見得在上位者，工資就較高，但工資的標準要儘量使大家非常滿意，甚至超過預期，這樣才會有工作士氣。

該合則合、該離則離

在和別人合作的過程中，並不是要一直強迫自己持續合作，才算對得起別人。我們必須視當下情況變化，找出對雙方最佳的選擇，有時候持續合作，反而對雙方都不好。

該合則合、該離則離才是對得起別人。

幸運心靈學 180課

商業精神和靈性精神可以共存共榮

　　有些靈性的實踐者在經營事業時，忘記了商業精神的重要性，以致於產生拖泥帶水、效率不彰的弊端，甚至給事業帶來了風險。其實，我們在追求靈性的同時，應該一樣在商言商，將效率發揮到極致。

　　相反的例子，有些事業經營者，忽略了靈性的精神，以致於心理建設不夠健全，違反了心靈定律，為自己和別人帶來了痛苦。我們在經營事業的同時，應該同時追求靈性，使自己和別人得到無上快樂。

把握時機

逮到機會就要全力把握

　　要下定決心，逮到機會就要全力把握，儘量擴大戰果，不要只取那蠅頭小利。忽略是造成喪失機會的大元兇， 遇到好機會時，一定要盡可能地及時掌握。

尋找突破的發動點

　　在事情似乎一直沒進展時，要積極尋找突破的發動點、隨時準備來個正向大躍進。

　　發動點的意義為帶來轉機動力的正面事件，例如找到好的交易標的，談成一筆好生意，賺進一筆錢，被讚美一下，

4
補充生活智慧

一場比賽勝利等，也許發動點的初期收穫不是太大，但重點是透過發動點來開始形成新的正面迴圈。

山不轉路轉

在某領域尚無時機可以加速時，正好可以在其他領域中加速，整體效果說不定會更好。

任何機會都可能是絕佳機會

在遇到任何可能的機會時，要盡力掌握，就算一時好像有阻礙，也要思考所有各種突破阻礙的可能性，不可掉以輕心，因為每個機會都可能是絕佳機會。

自我推薦可以創造大轉機

很多人不喜歡自我推薦，覺得好像降低格調或有求於人，但如果你不主動地自我推薦，機會也會少了很多。

當你的才能受到重要人物賞識時，你可能會產生奇蹟式的轉機。比如說，你可以積極參加一些競賽，可以寄出計劃書，可以公開發表著作，可以主動請纓出戰等，總而言之，你要讓自己的才華有讓別人發現的機會。

要有絕對的信心，絕佳機會就在眼前

最佳的心態不是相信自己未來會遇到好機會，而是了解自己目前就已經有許多絕佳機會可供選擇，只是可能你還沒

發現到。

機會有無限多個

不要後悔錯過機會，或者擔心機會被人搶先，因為宇宙間的機會是無限多個，就算是乍看之下機會被人搶先，但在各種的情勢演變下，必會持續產生新的好機會。

計畫情況的變化意外，
是正常的而且經常是良機

有時我們原定計劃會遇到一些意外而延期或改變，或者忽然有較大的波動變化，這都是很正常的，不要因此感到沮喪或不如意，往往這些超乎預期的變動中，隱含有大好良機，重要的是要如何地應變運用。

超乎預期的變化常是良機，而非挫折。很多人，往往就是一遇到稍不如預期就心懷沮喪、自暴自棄，以致於良機反倒變成禍事。

意外變化的影響程度常常會超過預期

有時會忽然發生，各種意外的好壞變化，例如，意外的良機、緊急事件或意外的天災等，這些意外的變化的影響及擴散速度常會比預期來得又深又快，所以在必要時要迅速積極投入或快速閃開風險。

緊急事件處理是否得當，是極端重要的。因為緊急事件

往往潛藏著重大契機。

是這麼恰恰好，不是這麼倒楣

遇到一些需要處理的事情時，不要想怎麼這麼倒楣，要想怎麼這麼恰恰好，也許這是個重大轉機。

不管現況如何，都要積極地試探新機會

現況也許令你還算滿意，但在不造成現況很大負面影響的前提下，還是要很積極地去試探新機會。

達成目標

目標一時未達預期是極為正常的

目標未達預期，甚至大後退，都是極為正常的。幾百次的不如預期，有時只要一次大躍進，就可以全面彌補並再大幅前進。隨時要感謝並準備迎接大躍進。

成功者在遇到拒絕時，都會覺得那非常正常，沒什麼好沮喪的，依照大數法則，只要一直嘗試，就一定會有成果。

遇到不順利時，要能領悟到曲折變化是正常的，並適度檢討，看會不會有新的領悟。

不要太看重目前的限制

目前的限制沒什麼了不起，只要把限制內能做到的做到最好，就自然創造了突破目前限制的威力。

循序轉移

想轉換做其他事時，可以慢慢循序轉移，例如在看電視時，若想看書，就可以先一面看電視一面看書，慢慢轉成只有看書。

初期的轉折並非失敗

不要執著於特定某事開始就要成功，否則就是自己無能的這種想法。

不管是在感情上或事業上，我們常常有必須一開始就成功，否則就是失敗的想法。這種觀念，主要來自於我們常只看到別人最後成功的一面，而沒看到別人成功前的轉折變化過程。

這些轉折過程不宜視為一種挫折，反而可能是一種機緣。

成功者和失敗者的最大差別在於成功者視轉折為機緣，失敗者則視轉折為失敗。

當下突破、單點突破、帶動突破

有時一些障礙無法立即突破，可以先全心做好目前當下

可以做好的事，如此，就可以利用當下突破及單點突破而產生帶動突破的效果，完全不需要抱怨而浪費能量在眼前的障礙。

集中心力在可以作而且作的好的部分，讓此部分充分發揮並前進，賦予此部分最大的能量，那麼自然地會將似乎是阻力的因素融消化解。

多多詢問

重大事件或困難事件，多詢問別人

遇到重大事件或困難事件時，應該多詢問別人意見，以避免武斷，並激發自己的直覺靈感。

在聽取別人意見後，最後仍應由自己重新思考，綜合一切，做出決定，不要受到別人的意見所干擾。

決策的責任在你自己身上，別人的意見只是供你參考而已。

虛擬超級顧問可以幫忙引導直覺靈感

平常當我們需要靈感時，可以在心中想像一個，具高層視野及專業能力的虛擬超級顧問，然後我們假想詢問他問題，並放開心胸接受可能的假想回答。

超級顧問的回答也許不是很具體，但可作為參考。

要小心不要過度執著相信其回答。這正如同我們可以參考別人的意見，但不要受到別人意見的負面影響。

直接問清楚別人的想法

如果不明白別人的想法，在不造成負面影響下，要儘量明確表達自己意願，並直接問清楚別人的想法，不要不好意思。

善用時間

休息與工作

休息本身就是很有意義價值的事，值得好好享受，不是只有工作才算是善用時間，就算只是單純地休息發呆，也要盡情享受。

要自然順應想工作或想休息的需要，不要刻意勉強自己在想工作時休息，或者在想休息時工作。事實上，就算是在工作時，只要心態轉變，也可達到部分休息的作用。

要明確完成期限

在分配或接受任務時，要盡可能明確完成期限，這樣效率會更好。

435

時間規劃

規劃未來一段時間大致上要作什麼，充分利用時間，享受時間的樂趣，如此自然提高效率。

要善加利用零碎時間。零碎時間結合起來，也是很可觀。在時間的運用上，每個5分鐘可作為一個時間單位，每個時間單位都可善加利用，就可完成不少工作，不要小看每一個5分種，5分鐘就可以做很多事了。

輪流集中並用法

所謂的輪流集中並用法，就是先把自己想作的事，列個表，找出在當時時段中，最想重點集中作的一件事，然後分配最多時間給這件事。

但是除此之外的其他事，也要在這時段內分配到時間，輪流去作，分配的時間可以少一點，就算只有象徵性的幾秒鐘也可以。

雖然可能只分配到短短幾秒鐘，但只要有接觸，潛意識就會開始為你工作，而且輪流的效果可以降低集中時單調的感覺，反而會提升集中的效率。

不要有沒善用時間的罪惡感

要抱持著其實自己一直都完美地享受運用所有時間的心態，如此一來，就可以消除罪惡感的負面影響，反而可以提高效率。

專心集中兩、三小時

在時間的運用上，專心集中的連續兩、三小時會有極佳的效率。

分段工作

對於看起來很多的工作量，可採取分段方式進行，則工作起來感覺會較輕鬆。例如，如果預計要50個工作小時，則可分為5大段，每大段10小時，然後再把每大段分成5小段，每小段2小時，

又例如，在中風病人的復建過程中，應該分段進行，不要一下子就想達到「站起來走路」的目標，病人可以讓自己先能夠搖晃自己，慢慢熟悉搖晃後，可嘗試翻身，然後再進步到坐起、站立、行走。

設定核心工作

可以設定當天想積極投入的核心工作，當天就以此核心工作為主，再搭配其他用時較少的衛星工作。核心可以是單核心，也可以是雙核心或多核心，各個核心的種類和時間比例也都可以隨時改變設定。

行動的力量

想到就立刻去做

當你想到一些想做的事時，就應該馬上去做，就算只是象徵性地做一點，效果都非常好，這就是行動的力量。很多人都用許多藉口來延遲行動，例如，「等我想清楚了再做。」，「等到萬無一失時再做。」，「我的經驗不足。」等等無聊的藉口。

藉口就等於恐懼，「先做再說」將消除你的恐懼，不要花太多時間在企劃上，很多事情要先做才會知道問題在那裏，只要風險是你可以承受的，就大膽行動吧。行動是你的責任，行動將帶來力量。

幸運心靈學
180課

第3章
超然層面

天堂與靈界

以下為天堂與靈界的觀念，由於大家看法不盡相同，相不相信，隨每個人自由選擇。

真正的天堂

所謂真正的天堂並不是指一個每天彈豎琴，和天使聊天的地方，而是當你恢復百害不侵、無限快樂的真實本性時，自然會創造出自由快樂的新宇宙。

精神生命永存

人是有靈魂的，靈魂就是精神生命，而且靈魂會投胎轉世，在兩輩子之間會暫時待在靈界。人世間只是宇宙無數系統中的其中一個系統。其他系統可能不在第三度空間，而是在我們無法用五官感知的其他空間。

以較高真理層次來看，也不是意識存在身體之內，而是身體存在意識之內。身體只是龐大意識之海中的一個小小的

焦點。

地球系統上由於靈魂選擇了失憶，
所以難度相當高。

我們目前所知的地球系統只不過是靈魂的舞臺之一。就
好像是電腦遊戲中的角色扮演，地球只是一種背景，靈魂可
以在地球上選擇各種身體來輪迴。

地球系統上的靈魂大多選擇失憶。失憶的意思就是忘掉
自己過去生的記憶，並忘掉自己在出生前的靈界記憶。就好
比在演戲或電腦遊戲的角色扮演中，卻忘記自己只是在角色
扮演而已。選擇失憶的目的是在逼自己更認真，更投入，使
人生戲劇顯得更真實、更刺激。但也因為失憶，可能會過於
執著恐懼。

死亡

一般人對死亡會有未知的恐懼，然而根據許多對於瀕死
經驗（NDE，Near Death Experience）的研究資料顯示，多
數有瀕死經驗的人在心跳停止的瞬間，會感到靈魂了脫離肉
體，而有非常自由解脫的美好感覺。這是因為死亡會使意識
離開了肉體的束縛，因而產生了自由輕鬆的感受。

一旦靈魂脫離了肉體，一切就變得寧靜安詳。當你從
這個人間第三次元離開時，你就從身體的本能和感覺解脫出
來，你不再經歷身體的束縛和疼痛。當靈魂離開身體時，常

會感覺好像在穿越隧道，也會看到隧道末端有光，那就是你的存在之光。在靈界中你的身體是一個光體，你只是純粹的精神體，而你將去的地方將依照你在第三次元的情感心態所決定。

事實上，死亡只會使你暫時感到自由，如果你的心靈智慧不夠，習慣於自尋煩惱，那麼就算在死亡後，你仍然會落入同樣的心靈困擾，前往和你的心態相應的靈界空間。你在人間想不開的事情，在靈界也未必想得開。

死亡不能使你得到真正的解脫，心靈智慧才能使你自由快樂。

死亡無法使你逃離痛苦

死亡無法真正使你逃離痛苦。死亡只不過一扇過渡的門，當你穿越這扇死亡之門，離開人間，而進入另一個空間時，你會失望地發現，在人間緊隨你的痛苦觀念又跟過來了。

死後世界和人間世界的差異並不大，你還是在持續幻想做夢中。真正能使你解脫的是你觀念的改變，而不是死亡。

運用自殺來避免痛苦，並不可取，那是傷害自己而違反了尊重生命定律的行為。

死亡後的生命輪迴

許多催眠回溯前世的研究資料顯示，人死亡後在靈界休

息一段時間後，會繼續投胎輪迴轉世，上輩子你還沒悟通的人生課題，這輩子一樣會繼續提供許多讓你能領悟參透的機會。

人之所以會不斷地回來第三次元，有許多原因。可能是因為熟悉、情感、心願和執著等等。沒人會強迫你作決定，你總是可以自由選擇。

靈通能力

所謂的通靈只是接受其他頻率層面的訊息，就類似於音叉共振的原理，也類似收音機的原理。並非是靈體占據肉身。

靈通能力有時反而製造複雜性，不見得是好事。

昇華

以下為昇華的觀念，由於大家看法不盡相同，相不相信，隨每個人自由選擇。

什麼是昇華

依據心靈第三定律的自由選擇定律，我們是可以克服死亡的。

當你開放心胸，允許接受所有的可能性時，那麼死亡也

許就不再是你的選項了。

　　一旦發揮生命的最高潛能，你就可以隨意變化自己的身形，想怎麼變，就怎麼變，完全地自由變化來去，你不需要衰老死亡來進入另一存在，也不需要再重新開始出生的過程。你可以調整身體的振盪頻率，調高頻率時將到高層次元，調低頻率時就到第三次元。這就是所謂的昇華。

　　死亡是到達另一次元的方式之一。然而死亡會帶來身體的衰弱及傷害，昇華則可帶著健康的身體進入另一次元。昇華的人了解如何透過思想力量來提高身體分子結構的震盪頻率，因而不需要身體的死亡，和身體一起昇華會更為輕鬆，不需要再進入一個喪失大部分記憶的小嬰兒身體中來重新開始。

　　想要達到昇華，你可以專注思想在身體上，使身體加快震盪。身體開始發熱，這樣就會進入純粹的光和思想的領域。

　　其實身體的原始設計是永遠健康美麗的。腺體的荷爾蒙將足以永遠更新維護身體。只要你真正相信選擇身體會永遠活下去，身體就會如此運作。當你不再期待死亡，那你將永遠不會有死亡。可以命令你的身體永遠產生青春荷爾蒙，永遠存活。

　　昇華看起來似乎很難，但永恆才是我們的生命本性，比死亡更自然更簡單，難的是要如何超脫「死亡無法避免」的信念。

命理

命運掌握在自己手中

所謂的命理，只不過是以目前的能量狀況，來試圖預測未來可能發生的事件。既然能量及你的心念選擇都是可變的，未來也就是完全可變的，不要迷信命理之說。命運是掌握在自己手中的。

如果你很相信命理之說，為了命理所做的事又無傷大雅，所費有限，那麼以求心安的角度來看，也無可厚非。但若過於勉強，負擔過重，那就不適合去做。

奇蹟與超能力

最大的奇蹟在於內心的轉變，
而非外在的異常現象

一般人一聽到奇蹟，就會想到異常超自然事件。其實，最大的奇蹟在於內心的轉變，而非外在的異常現象。

例如，某地發生大洪水，漫延全區，結果只有一戶人家地勢雖低，但周圍自動形成透明保護牆，滴水不進。一般人會稱此為奇蹟。

但這不是奇蹟，只是異常。因內心信念的轉變，而產生的人我生命以及周圍環境的改變，才是最大的奇蹟。

異常事件在目前人類系統中，並不適合出現，因爲這容易引起大眾的驚恐、混亂、猜疑、盲目崇拜等負面影響。

奇蹟的發生，先從內在開始。在此例中，此戶人家也許內心產生轉變，潛意識上選擇不需要經過洪水的苦難洗禮，於是自然會有如工作遷移等機緣的產生，使其免於洪水之禍。內心的轉變會帶來機緣的變化，不需要異常事件的發生。

異常事件無法證明測試神的存在

有些人認爲異常事件可以證明神的存在，這其實是嚴重錯誤。

就算是有人以移山倒海來證明其神威能耐，還是有人會認爲他是魔鬼或外星人，而不是神。

神不能用異常事件來證明，神也不是一個與被創造者分離的獨立存在， 神只能用生命實證的方法來證明。

超能力異象並不重要

有些人會很希望得到超能力或看到異象，例如能預知未來、知道別人心中在想什麼、能用念力移動物體、可以神遊天堂等。

其實，這些超能力和俗世的能力一樣，一點也不重要。擁有何種超能力，是和機緣有關，機緣未到，切勿強求。

有了超能力，有時反而增加煩惱。

我們修心的重點是在內心的平安快樂，不管有沒有超能力異象都無關緊要。當你內心智慧越來越清澈時，可能會自然引導出特殊的能力，但是千萬不要執著沉迷在各種外在能力上，自然喜樂的心態才是最重要的。

第4章
社會層面

社會制度

務實的制度設計是很重要的

我們不能夠假設每個人都能自律，而應假設每個人都追求自己利益，如此才能設計出實務上較佳的社會制度。在制度設計上，應使制度的設計目標與執行者的切身利益最大限度地聯繫在一起。

人類經常會因為不務實的意識型態而自找苦吃，違反了尊重生命定律的心靈第一定律。

強迫灌輸教條是屬於意識型態掛帥的作法，不管是白貓黑貓，能抓到老鼠的就是好貓。務實性的制度才能創造較高的效率。

在18世紀左右，英國有許多犯人被流放到澳洲，船主負責運送犯人，並向政府收費。一開始時，英國政府按上船時犯人人數付費。船主為了省錢，不給犯人食物，甚至把犯人扔下海，運輸途中犯人的死亡率最高時達到九成以上。後來，英國政府改按到達澳洲下船的犯人人數付費。結果，船主就妥善照顧犯人，犯人的死亡率最低降到1％。為什麼船主

一開始殘忍，後來又變得仁慈了呢？並非他們的心態有什麼變化，他們還是唯利是圖，而是制度的改變導致他們的行爲發生了變化。

光榮激情

人類歷史上曾有太多人爲自己認同的理想信念、爲尊嚴、爲榮譽、爲忠君、爲宗教、爲國家、爲信仰而不畏犧牲、堅決戰鬥，這些光榮激情一方面讓人熱血澎湃，感受到具有無上價值，一方面卻有可能造成人類互相鬥爭傷害的結果。

人類一方面視許多理念比尊重生命還重要，一方面卻又疑惑爲何世界上的戰爭不斷，這不是很奇怪的事嗎？

我們必須將尊重生命視爲最高的光榮激情，認同生命的尊貴本質。才不會因其他各種理念凌駕於尊重生命之上，而造成互相傷害的結果。

人類常會覺得爲了信仰而死是很光榮的，但是最高的眞理是，沒有任何人需要爲了任何信仰去犧牲自己或別人，生命本身遠比任何信仰或價值觀來得珍貴。爲了其他生命犧牲遠比爲了空泛的信仰犧牲還有價值。看看歷史，人類已經以各種信仰爲名義藉口，製造了無數的戰爭、屠殺和暗殺，難道我們還不覺悟嗎？

在人們的價值觀中，常會覺得不為信仰犧牲，是沒氣節的軟骨頭。

這是嚴重的誤解，一個真正有原則有氣節的人，是全心全力尊重生命的人，他會斷然拒絕以任何信仰為藉口，去犧牲任何生命。

光榮激情是極具價值的，但一定要小心辨別理念的優先次序。

假道德禮教

什麼是假道德禮教

所謂的假道德禮教，就是自行定出一些道德門檻及禮教規範，然後半強迫式地壓迫別人遵守，否則就要口誅筆伐，甚至攻擊加害。

假道德禮教常會告訴我們怎麼做才是應該的，而不會告訴我們怎麼做才對大家比較好，基本上它是以犧牲自己來成全道德為主要思維邏輯，而不是鼓勵人自動自發、利人利己。所以，假道德禮教是違反人性的教法。

事實上，假道德禮教由於壓迫別人遵守某種理念，故違反了尊重生命及自由選擇的心靈第一定律及心靈第三定律，而口誅筆伐或攻擊加害的心態則是違反了寬恕寬容的心靈第四定律。在違反生命定律的前提下，不管假道德禮教是披上

了多麼神聖高貴的外衣，基本上還是容易帶來痛苦迫害。

《論語》的故事

　　春秋時魯國有項仁民政策，若魯人在外爲奴，有人願爲其贖身，則此人的贖身花費可由國家報銷，此良政使得許多魯人得以重獲自由。孔子有弟子，名子貢，他卻在幫一個奴隸贖身後，當眾撕毀贖身費用票據，表示不願報銷費用增加國家負擔。子貢本來以爲孔子會因此讚賞表揚他的「仁行」，但孔子卻痛斥說：子貢此行看似仁，實則將一項仁政逼入死地。因子貢擅自提高「仁」的標準，讓後人陷入兩難的境地：既不願承擔贖買費用，又擔心報銷費用會遭受口誅筆伐，於是就不去贖買奴隸了。

體諒理解人們的心口不一

　　人類對某些事，常常內心喜歡，但表面卻道貌岸然，這是目前人類很正常的行爲，不需要覺得很虛僞，只要遵守不傷害或強迫別人的原則，心口不一的現況還是值得體諒理解的。

傳統錯誤觀念的導正

　　以下有些傳統觀念和俗語的看法未必正確，需要重新檢

視。

吃得苦中苦，方爲人上人？

→助人助己方爲人上人，吃苦是沒必要的。

百煉方成鋼？

→不一定要經過磨難才能成材，快樂地認眞學習也能成大器。

意志力可以戰勝一切？

→意志力不見得是好事。如果意志力是強迫自己去做某些事情，則反而會帶來一些矛盾、衝突、內疚、後悔的狀況。應該重視的是選擇的決心，而不是意志力，

忍耐聽話壓抑是種美德？

→壓抑而委屈自己，等於是不尊重自己，違反了尊重生命定律，最後當你受不了崩潰時，更會傷害到別人。

神可以控制決定人的命運？　很多事是命中註定的，不可能改變的？

→命運掌握在自己手中。

451

有仇不報非君子？

→冤冤相報何時了。

神是公義的，最後必會懲罰惡人及不信者？

→神不會以懲罰來行公義。

要堅決鬥爭，永不妥協，才能消滅邪惡？

→並不是善良終將戰勝邪惡，而是只有善良是眞實的，邪惡則是虛幻的。知道了這個眞理，我們自然沒必要刻意去攻擊邪惡，攻擊邪惡本身等於承認邪惡是眞實的，帶來矛盾衝突。

堅決鬥爭會製造痛苦，反而加劇衝突。

努力殺敵是偉大英勇的？

→除了不得已的正當防衛外，所有的殺人藉口都是值得商榷的。

動物是次等生物，生下來就是要被人食用及奴役的？

→動物的感情、需求和人類都是很類似的，差別只是溝通方式的不同。我們應該學會珍惜我們這些可愛的動物朋友們。

只要自己不犯法，就可以說是個好人，不需要修心？

→只要你還有煩惱痛苦，修心就是有必要的。

要想超脫成佛，就得看破紅塵，清心寡欲，棄絕世間？

→刻意拋棄俗世以追求靈性，可能會壓抑你想做的事，如此就違反了追隨喜悅的心靈第二定律，造成矛盾掙扎。

對敵人仁慈就是對自己殘忍？先下手為強，後下手遭殃？

→人最常犯的錯誤就是防衛過當，因恐懼而殺人。

寧可錯殺一百，不可放過一個？

→如果我們以尊重生命定律為最高原則，就不會不擇手段。

外在環境不是我們所能改變的，我們只能改變自己的看法？

→依據自由選擇定律，我們的心態足以改變外在環境，我們不是只能改變自己看法以適應環境的可憐蟲。

嚴肅犧牲比輕鬆快樂更為尊貴？

→輕鬆而富裕快樂，比嚴肅而貧窮痛苦更為神聖尊貴。

沒有痛苦，就沒有收獲？

→快樂並不需要犧牲和掙扎才能獲得。

要經過考驗挑戰，才能成長？

→考驗和挑戰是完全不必要的。要這樣宣示，「我不需要考驗和挑戰來得到智慧和快樂。」

我這是為了你好？

→不要用「為了你好」，來作為強迫他人意願的藉口。

為信仰而死是很光榮的？

→沒有任何人需要為了任何信仰去犧牲自己或別人。生命本身才是最珍貴的。

第5章
智慧啓發

老子的智慧

老子具有恢宏無邊的生命智慧，可以使人超然於局限的錯誤觀點。

道，可道，非常道；名，可名，非常名。無名，天地之始；有名，萬物之母。故，常無，欲以觀其妙，常有，欲以觀其徼。此兩者同出而異名，同謂之玄。玄之又玄，眾妙之門。

白話翻譯：「道」，如果可以用言語描述，那就不是永恆常存的「道」了；「名」，如果可以叫得出名稱的話，那也就不是永恆常存的「名」了。

無法以名稱定義，這是宇宙的根源本性；一但運用名稱定義，就衍生了宇宙萬物。所以，如果想體會「道」的奧妙，就要用從無形上去領悟。如果想觀察萬物之間的微妙差別。就要用從有形上去著手。

有形和無形這兩者，其本源相同，名稱不同，但都是極其玄妙的。

這個道理是如此的玄妙，正是萬物一切玄妙的來源啊！

老子智慧：生命真理超越了我們肉眼可看到的外在型式，正是那無形無相的生命之道，支持了宇宙秩序的運行。

天下皆知美之為美，斯惡矣；皆知善之為善，斯不善矣。是以，聖人，處無為之事，行不言之教，萬物作焉而不為始。

白話翻譯：當天下人都開始判斷什麼是美的時候，相對的醜陋概念也就存在了；當天下人都開始判斷什麼是善良的時候，相對的邪惡概念也就存在了。因此，聖人順應自然，而不刻意去做事情，也不刻意地去教導事情，而只是以身作則。這就如同萬物自然形成，而無法感知是如何開始形成的。

老子智慧：所謂美醜、善惡等相對概念，都是人自己所賦予的意義，了解這個道理後，就順其自然，不要輕易地加以判斷。

寵辱若驚，貴大患若身。何謂寵辱若驚？寵為下，得之若驚，失之若驚，是謂寵辱若驚。何謂貴大患若身？吾所以有大患者，為吾有身，及吾無身，吾有何患？故，貴以身為天下，若可寄天下；愛以身為天下，若可托天下。

白話翻譯：寵和辱，都是會帶來得失心的驚恐原因，都可能會給自身留下了很大的憂患。

寵和辱為什麼都是驚恐的原因呢？人間所謂的受寵，本來是毫無價值的東西，只是人們自己賦予了特殊意義，但人們卻為了得到它而驚喜，為了失去它而驚懼，這就造成了寵和辱的得失心。

為什麼寵和辱會給人的自身留下大憂患？之所以會留下大憂患，是因為我把注意力都只放在自身了，當不局限在自身時，我還會有什麼憂患呢？

所以，若能注重將自身擴大到天下，就值得將天下寄託給他；若能喜歡將自身擴大到天下，就可以把天下委付給他。

老子智慧：所謂寵辱和自身，都是有限而虛幻的，都會帶來得失驚恐，不重視寵辱和自身，而具無限的心胸，才足堪大任。

夫唯不爭，故天下莫能與之爭

白話翻譯：正因為有不與人抗爭的宏偉氣度，所以全天下沒有人能夠與他相抗爭了。

老子智慧：具有寬恕寬容的不爭胸懷，天下就不會有敵人了。

兵者不祥之器，不得已而用之，殺人之眾，以
悲哀蒞之，戰勝以喪禮處之。

白話翻譯：兵器啊，是很不吉利的東西，一定要是萬不
得已，才能夠使用它。戰爭中殺人是這麼的多，要用哀痛的
心情來看待，就算是我方打了勝仗，也要用喪禮的儀式去對
待敵我雙方所有戰死的人。

老子智慧：要以尊重生命的心態來看待戰事。

上士聞道，勤而行之；中士聞道，若存若亡；
下士聞道，大笑之。不笑不足以為道。故建言
有之：明道若昧，進道若退，夷道若纇。上德
若穀；大白若辱；廣德若不足；建德若偷；質
真若渝。大方無隅；大器晚成；大音希聲；大
象無形；道隱無名。夫唯道，善貸且成。

白話翻譯：上士一但聽了道的理論，就會立刻去行動
實踐；中士聽了道的理論，就會不置可否；下士聽了道的理
論，就會大聲嘲笑。如果一種道理不是因為很奇妙而被嘲笑
的話，那就不能說那是道了。

所以我們可以這麼說：光明的道反而似乎隱晦；前進的
道反而似乎後退；平坦的道反而似乎崎嶇；崇高的德反而似
乎峽谷；廣大的德反而似乎不足；剛健的德反而似乎怠惰；
質樸純真反而似乎混濁。

最方正的東西，反而是看不到棱角的；最珍貴的用處，

反而是最後才顯現的；最大的聲響，反而是聽不到聲息的；最宏大的形象，反而是看不出形狀的。道是隱晦而沒有名稱的，但只有「道」，才能使萬物有始有終。

老子智慧：生命之道往往不是那麼容易使人了解相信的。

聖人常無心，以百姓之心為心。善者，吾善之；不善者，吾亦善之，德善。信者，吾信之；不信者，吾亦信之，德信。

白話翻譯：聖人常常是沒有私自判斷的，而是以百姓的心為自己的心。對於善良的人，我一定會善待他；就算對於不善良的人，我也一樣善待他，這樣就可以使人人向善了。對於守信的人，我一定會信任他；就算對不守信的人，我也一樣信任他，這樣就可以使人人誠信了。

老子智慧：要具有視人人為善良誠信的寬容大度。

既以為人，己愈有，既以與人，己愈多。天之道，利而不害。聖人之道，為而不爭。

白話翻譯：盡力地對別人友善，自己就會更為富裕；盡力地給予別人，自己就會更豐足。

宇宙的本性就是會幫助萬物，而不傷害他們。所以，聖人的準則就是，努力做事但不爭搶別人的東西。

老子智慧：幫助別人，就等於幫助自己。給予別人，就

等於給予自己。溫情友善，扶持萬物，寬容無爭。

電影中的智慧

電影是現代人類重要的休閑娛樂活動之一，在許多電影中也蘊涵了不少的生命智慧。

一、海角七號：

對於我們真心喜歡的，要勇敢地去追求。男主角最後明確地告訴女主角，「留下來，或是我跟妳走」。我們要追隨自己的喜悅天命，無樂不作（心靈第二定律），並要了解到自己有自由選擇的責任和權利（心靈第三定律）。

二、王牌天神：

用愛心照顧好周遭的人就是真正的奇蹟，外在的超常能力並不重要。

三、王牌天神2：

所謂的方舟ARK就是Act of Random Kindness（隨緣行善），行善要在日常生活中隨時隨地體現。所謂的天堂不待外求，天堂就是我們百害不侵、無限快樂的真實本性，我們只要隨緣而行，親身實踐。

四、星際大戰：

憤怒和攻擊只會引發更多的憤怒和攻擊。原力的本質是愛與寬容。

五、鐵達尼號：

影片中女主角的母親和未婚夫給予的是束縛性的愛，讓女主角透不過氣來，男主角傑克所給予的才是自由的愛。不管愛心的藉口如何冠冕堂皇，只要違反心靈第一定律的尊重生命定律，就是會帶來痛苦的愛。

六、蝴蝶效應1，2：

平行宇宙的轉變不能只靠理智的計劃，而是要靠內在的淨化。

七、駭客任務：

在我們虛幻世界的背後，有個偉大的眞實境界。

八、戰俘集中營（To End All Wars）：

《戰俘集中營》是依據蘇格蘭的Ernest Gordon所著回憶文學《To End All Wars》所改編，於2001年上映，對人性有深刻描寫。

作者於二戰期間，在新加坡淪陷時被日本人俘虜，參與泰緬邊界鐵路的建築。這些戰俘雖飽受折磨，但仍存有寬恕寬容的人性光輝。二戰後期，日軍節節敗退，有一群日軍傷患到戰俘營尋求協助，此時駐守日軍想趕走這些同袍，反而是備受凌虐的俘虜們願意幫助治療這些瀕死的敵人，這深深撼動了看守日軍的心靈。心靈第四定律的寬恕寬容定律足以化干戈爲玉帛。

到了片末，主角Ernest提出了一些問題供大家反思，

1.有人認爲組織生命才有意義，而個別生命微不足道，

這是有道理的嗎？

2.憎恨是有終點的嗎？

3.你要寬恕你的弟兄幾次才算足夠呢？

4.爲什麼要愛你的敵人呢？

如果我們從心靈四大定律的角度來看Ernest的問題，可以提供下面的解答：

1. 個別生命才是最寶貴的，所謂的組織生命只是人類的錯誤信念，我們爲了這虛幻的組織生命觀念，產生了組織對抗戰爭等問題，已經付出了無數的慘痛代價。

2. 冤冤相報何時了，憎恨是永遠沒有盡頭的。

3. 耶穌說：「若是你們的弟兄得罪你，就勸戒他。他若懊悔，就饒恕他……我對你說，不是到七次，乃是到七十個七次。」我們必須永遠寬恕我們的弟兄。

4. 因爲我們必須愛我們的敵人，才能眞正的沒有敵人，這就是所謂的仁者無敵。

新時代心靈學的科學研究方法

由於心靈學具有直觀性、階段性及實用性等三大特性，和狹義物質科學的客觀性、立即性與絕對可重複性等特性不同，所以研究方法也不同，不要試圖用狹義物質科學的研究方法來套在心靈學的研究上。

舉例而言，我們如果想研究純意念是否可能隔空移動物體，或者研究人類是否能透視肉眼看不見的圖像時：

一、以直觀性的特性來看，我們必須了解到這些實驗的結果，和在場每個人直觀信念都是密切相關的，因此我們要將所有的在場人員的信念列為重要變因。

二、以階段性的特性來看，我們不要因為剛開始時，沒有明顯的實驗結果，就立刻放棄研究，因為物質科學具立即可驗證性，但心靈學的驗證效果常常是階段性慢慢變明顯的。由於現代人類受到物質科學的影響，對心靈學仍存有很強的不信任感，這種不信任感會影響到初期的驗證效果（心靈信念具有潛在影響力），但慢慢增強信心後，外在實驗效果將越

來越明顯，最後人類社會將可自然隨處地驗證心靈學的真理。

三、以實用性的特性來看，我們不需要求心靈學符合物質科學的絕對可重複性，只要重複性令人滿意，能達到統計學上的顯著性要求，就具有極高的實用性，從而可大大推進人類文明。

舉例而言，如果我們想了解操練心靈學對心理健康的影響，我們可以運用現代心理學的研究技巧，設計心理量表來加以驗證，並以測謊器及統計學來評量心理量表的可靠性。

又比如，在研究人死後意識是否有影響力時，我們可以在密閉真空室中，擺個小風車，然後看是否有超乎尋常的結果發生（例如風車無風轉動），這些研究方法都可以是務實而有彈性的。

總而言之，在進行心靈學研究時，我們要秉持開放彈性、實事求是、誠實實驗的三大基本態度，並要符合直觀性、階段性及實用性等三大特性，不要落入人類過去封建社會的神怪迷信思想。而三大基本態度正是廣義科學的最高精神所在。

可惜有許多狹隘的科學工作者，並未真正體會偉大的廣義科學精神，充滿成見，運用錯誤的研究方法，來排斥心靈學真理，歷史將會證明心靈學真理就是人類文明向前邁進的下一個重要里程碑。

新時代教育重視生命教育

新時代教育的最大特色是重視生命教育

目前人類的教育系統過度重視知識的灌輸。新時代教育則注重生命教育，所謂生命教育就是教導獨立思考及做人處事的基本道理，從而培育出兼具智慧及靈性的下一代。

有人會說，現在學校不是也有一些倫理道德和公民教育等課程嗎？這些課程有是有，但注重程度還遠遠不夠，而且有些教材的觀點值得商榷，心態不夠開放彈性，只是強調要聽話守秩序，未能鼓勵獨立思考。

學校應把生命教育的研究、討論與教學列為最重要的課題，至於知識的教學則只是附帶的任務。現在的學校則正好相反，把知識的教學視為首要任務，生命教育則只是點綴一下，反正現在的升學考試不考生命教育。

為了讓大家重視生命教育，初期也許可以考慮將生命教育列入升學考試的必考課目，當然，真正的生命教育成果不是考試可以考出來的，這只個權宜之計，希望能提升大家對生命教育的重視程度。

未成年人的生命教育

未成年人因尚未完全獨立，其生命教育，要寓教於樂，在遊戲中培養小孩尊重生命、和諧相處的基本態度。

成年人的生命教育

成年人的生命教育要強調掃除成見、獨立思考、研究論證，並要切實以身作則，在生活中實踐生命眞理，　以尊重生命爲最高準則。

新時代宗教重視寬容

新時代宗教的最大特色是寬容

新時代宗教允許每人依自己喜好的方式，來體會實證生命眞理及神佛境界，　並且更注重溫情友善及非暴力的準則，不強迫別人跟隨自己信仰，不拘泥於宗教文字，　更鼓勵大家獨立思考，不鼓勵追隨權威。

不需要全盤盲目接受傳統宗教的文字

傳統宗教的文字中都有許多契合眞理的智慧。但如果全盤盲目接受傳統宗教的文字，有時反而會產生衝突和矛盾。

佛教

佛教的如幻空性具有大智慧。但不宜執著在因果報應及拋棄慾望的觀念上。因果報應並非賞善罰惡的機制，而是依照生命定律所自然產生的結果。過度強調拋棄慾望可能使人落入到要犧牲世俗才能超凡入聖的觀念陷阱。

整體而言，佛法的智慧廣大無邊，值得追求真理的人用心研究。

基督教

在信仰基督教時，要效法耶穌博愛寬容的偉大精神，但不宜過於權威獨斷。

基督教的「神愛世人」精神，值得我們尊敬學習。

新時代思潮重視靈性智慧

自1960年代開始，陸續有許多探討靈性智慧的新時代思想書籍問世，書籍文字本身只是工具而已，千萬不能過於執著，更不要受其束縛。

新時代思想書籍中有許多是藉著高層意識傳遞訊息的模式來寫成，高層意識之所以會採取純訊息傳遞，而不採用肉身現形的方法，是因為人類過去有崇拜偶像的毛病，一但以肉身現形，又會造成人類向外追求真理的錯誤行為，不如直接傳遞訊息，讓人類取回自己內在的力量。

新時代思潮一般的修心方法，有加強正向能量、訓練注意力專注、冥想、保持覺察、體會當下等。而幸運心靈學的修心方法，則是直接把重點放在加強正確觀念上，但新時代思潮的各種訓練方法，也可作為加強正確觀念的輔助工具。

新時代哲學重視生命實用性

過去人類歷史上的哲學思想，較偏重運用理性去解開宇宙人生之謎， 而新時代哲學則希望用實證方式來親身體驗真理，因此會特別注重真理的實用性，而不會只運用邏輯思考來辯論真理。

哲學邏輯只是我們理性頭腦的一種遊戲，無法引領我們實證真理，正如畫餅不能充饑的道理一樣。

新時代物理學重視心念物質的互動

新時代物理學的最大特色
是注重心念和物質的互動研究

過去人類的物理學研究，常受限於習以為常、先入為主的各種成見，直到相對論及量子力學的出現，才略有觀念上的突破。

科學研究就是要解放思想， 發揮想像力地大膽假設，再小心求證。先開放心胸來提出各種看似超越想像的大膽可能性，然後再用實驗來驗證歸納。

新時代物理學的研究，可考慮在以下的四大假設前提下，來開展新一波的研究。

一、假設心念可以影響物質。

二、假設時空是物質的屬性，而非物質存在於時空之內。

三、假設宇宙是平行而且相對的。

四、假設物質本身具有全相特性，包含無限訊息。

心念可以影響物質的最明顯證據就是，我們可以運動身體。

只是，科學家把生物運動的現象研究，另行分類成生物學來，和物理學分開研究，未曾認真思考心念和物質間的因果互動關係。新時代物理學研究將把心念產生的物理效應作為研究課題。

所謂的心念並不只是指意志力或表面意識，應該包括潛意識、超意識等各層面。

傳統物質科學研究的結果較不受人的心念能量影響，可重複性高。但新時代的科學研究，如願望達成術、心靈醫療術、超能力、念力等，極易受人的心念能量影響，很難數學公式化。唯一能採取的研究方法，就是直覺心證。真理並不見得一定要量化，不見得要具絕對可重複性，也不見得要能歸納出數學公式。

新時代的物理學方法，應該要運用如前所述的直觀性、階段性和實用性等三大研究特性，才能擴大研究觸角。只要科學家們能掃除對客觀性、立即性和絕對重複性的狹窄要求，一定可以發現許多值得研究證實的課題，而隨著新證據的不斷發現，人們對心靈學真理的驗證也將越來越多，從而

逐漸改變目前只重視物質科學的局面，邁入偉大的精神文明。

〈圖10〉新時代物理學四大假設架構圖

新時代物理學四大假設

1. 假設心念可以影響物質。

2. 假設時空是物質的屬性，而非物質存在於時空之內。

3. 假設宇宙是平行而且相對的。

4. 假設物質具有全相特性，包含無限訊息。

幸運心靈學

180課

先創造信念，再去找證據，那證據就會浮現

新時代的物理學家應該要領悟到，其實並沒有一個所謂的客觀真實的宇宙，在等待我們去挖掘物理法則。依照平行相對宇宙論，是我們自己選擇了我們相信的法則所能適用的宇宙，也就是說，只要你相信某種法則，你就自然創造出了能適用這個法則的宇宙。

先創造信念，再去找證據，那證據就會浮現。

這裏的信念不只是指表面意識的相信而已，更包括潛意識的信念。

也許有些物理學家會反駁說：「誰說的，過去相信牛頓力學的人不也是改信了相對論？」

其實，真正只相信牛頓力學的人會把相對論的證據視而不見，他們甚至可能還活在不需要相對論的平行宇宙中，在這個平行宇宙中，牛頓力學就很夠用了。

後來改信相對論的人，不是因為證據使他們改信，而是因為他們開放的心胸，讓他們願意改信試試看，結果發現了證據，進而信服了證據。

舉個例子，如果有個物理學家堅信反重力必然存在，並積極去尋找證據，那麼他的心念意願將引導他進入了適用反重力法則的平行宇宙，也許他尚未找到證據，但他所存在平行宇宙的法則已經先隨他的心念而改變了。

至於不相信反重力的物理學，可能將這些證據視而不見，或者活在了另一個不適用反重力法則的平行宇宙中。

再舉個例子，如果有個物理學家堅信，時空是物質的屬性，而非物質存在於時空之內。那他就很可能在他所生存的平行宇宙內，發現了瞬間傳輸物質的方法，量子力學中的糾纏現象很可以做爲瞬間傳輸理論的靈感啓發來源。

講到這裏，也許有些物理學家會反對說：「用信念去找證據，那不是退回到人類的迷信神權時代了嗎？」

錯！在迷信神權時代時，崇拜迷信神靈，不能實事求是，不注重實證，卻常以意識形態和主觀情緒來決定是非。而現代科學最大的優點就是實事求是，誠實實驗，我們要把這個優點運用到心念和物質的互動的研究上，不要讓現代科學走向只重視物質的另一種極端。

新時代心理學重視如幻空性

新時代心理學的最大特色是注重如幻空性

過去的傳統心理學，常假設煩惱實存，或浮現在表面意識，或潛藏在潛意識，而心理治療的主要目的，就是想法分析找出這些煩惱的產生脈絡，然後運用各種心理學的技巧方法來消除這些煩惱。

如果我們相信負面心理的攻擊性，將攻擊當成眞實，卻又試圖說服自己和別人相信那些攻擊都不算什麼，這樣或許會引發矛盾。

傳統心理學具有理性分析、不迷信、不盲從的優點，但過於依賴理性可能會低估生命潛能。

人的心靈的真正廣度遠超過理性的範圍，狹義科學將人分割爲身和心兩個部分，而傳統心理學就是專門以人的心爲研究對象的，忽略了人的靈性整合面。

新時代心理學，則是以如幻空性爲最高假設。在寬恕寬容的慧眼下，罪咎煩惱就如同陽光下的冰塊，將逐漸消融。

我們不需要大張旗鼓、絞盡腦汁地，設法想把那些煩惱冰塊，一一揪出，個別擊碎。當然，個別擊碎有時也暫時管用，但這是治標而不治本的方法，如果智慧未能提升，則如同在低溫的冰庫中，煩惱將碎完又生，永無止境。

新時代心理學非常重視如幻空性心態對心理健康的好處。

新時代勵志學重視生命原理系統化

新時代勵志學的最大特色
是將生命原理的理論系統化

傳統勵志學可以個別局部提供激勵心靈的好觀念及好實例，使得人們在讀這些勵志書時，會有產生共鳴、精神充電的好心情。

但是更重要的是要能有系統地、掌握生命的根本道理。

而不只是用個別文字和範例來激勵人們。

要從本源下手

如果勵志的方法只是見招拆招，個別去分析舉例，而未從本源下手，那可能會治標不治本。俗話說擒賊先擒王，要根本解決煩惱問題，就得從觀察出基本生命定律來著手。

新時代醫學重視心理生理的互動

如果因病受苦的人能真正了解到疾病、痛苦是毫無力量價值的事，他就會馬上得到了治癒。生病只是潛意識中的一種選擇，一種決定，病人誤信了疾病的威力與價值，或以為疾病具有威脅性、或以為能使他更堅強，或以為更能引人關心，或者想更自愛自憐等。

對疾病本就毫無力量價值的領悟程度，將決定疾病的治癒程度。我們只要堅定相信並能宣告出：「這痛苦對我一點用也沒有」，那麼，我們就可以立刻痊癒。但是，我們必須要先真的去除幻覺，領悟到疾病、痛苦是出自於潛意識心靈中的選擇，而非來自於身體或外界。

疾病、痛苦本身可以被視為只是一種試圖解決問題的錯誤方法，心靈層面的決定而引發了身體失調或被外物攻擊，真正能解決問題的方法是寬恕寬容，疾病、痛苦是完全沒必

要的。

　　治癒之道來自於能接受，疾病來自於心靈這個觀念。疾病是心靈為了達成一些特殊目的而形成的。病人自己才是他真正的醫生。也許在表面上，還是需要一些如醫藥、手術等特殊助緣來協助康復，然而這些助緣只是病人為了以可接受的形式來顯示自己想康復的願望，因為病人還沒有心理準備能接受毫無助緣的治癒。

　　這世界其實沒有能力也從未對我們做出任何事情，一切痛苦煩惱都是先來自於心靈，然後再投射成外在事件，我們卻誤以為這世界對我們能夠形成威脅或痛苦，這才是所有疾病和痛苦的根本原因。

　　那麼，當我們一旦生病時，是否要刻意放棄醫藥呢？這種想法也是過於勉強不自然。當我們感覺自己還是需要醫藥的安慰時，那我們還是得順其自然地去找出我們所能找到最佳的醫藥安慰，如果勉強放棄醫藥，反而會造成反效果。但我們要很清楚，醫藥不過是個權宜之計，真正治癒的力量是在我們的心靈之中。

　　自然輕鬆是運用生命定律的重要要訣，當覺得需要醫藥較為自然輕鬆時，那就去使用醫藥吧，有沒有使用醫藥並不是真正的重點，重點是我們的信念。

　　我們能夠幫助病人的方式，就是提醒他們，治癒的力量就在他們之內。

新時代慈善事業重視激勵經營

目前傳統的慈善基金公司內部有效率不彰的問題，最主要的問題根源在於，現在的慈善基金公司不能直接以營利為目的，只能是個非營利機構。

如此，慈善基金的事業就很難激勵專業人才來積極投入。舉例而言，現在大學科系，就沒有慈善事業學系，就算有，也很少人會念，因為沒什麼出路。

事實上，要真正作好慈善事業是要大量的專業人才投入的，必須要把金錢用到真正需要幫助的人身上，不能只是發發善心，把錢隨便灑灑就可以了。目前人類慈善事業的專業人才實在太少，原因就在於慈善基金公司不能營利的錯誤觀念。

那麼，慈善基金公司要如何能一方面誠實地進行慈善工作，一方面又可以營利呢？可以採取類似現在共同基金的方法，慈善基金公司受基金持有人的委託，將基金資產以適當的方式，專業從事慈善事業，慈善基金公司則可抽取合理的基金管理費或申購費，基金公司如果表現出極佳的慈善專業效率，則自然可以吸引更多的基金投資人來委託基金公司進行慈善事業，而自然可創造營利。

基金投資人所委託的任務不是基金淨值的增長，而是能更有效地幫助人，基金投資人等於得到了一種委託的專業服務，目的是心靈上的滿足感，而不是淨資產的增加。至於衡

量慈善專業效率的方法則可透過獨立的專業評鑑機構進行。

　　慈善基金公司的運作細節可再仔細設計，但其慈善專業和營利性並不會互相衝突，如果有一天，有千千萬萬的人才，因為有前途而積極投入到慈善基金事業中，並創造了驚人的營業額，那時才能使更多需要幫助救濟的人，得到及時有效的幫助。

新時代心靈奧林匹克競賽 及心靈諾貝爾獎

　　舉辦心靈奧林匹克競賽及心靈諾貝爾獎將有助於提升心靈層次。

　　心靈奧林匹克競賽是運用競賽的方式吸引大家對心靈領域的興趣及目光。心靈諾貝爾獎則將激勵關於心靈成長的研究。

　　以金錢激勵來幫助提升心靈層次，是適合現代人類的最務實方法，千萬不要因為有金錢和靈性無法搭調的成見，而忽略了這個構想。

　　自古以來，人類一直想提升心靈層次，卻一直有很強的無力感，戰爭及犯罪從未間斷，其原因之一在於人類用錯了方法。人類一直錯誤地以為要提升心靈層次，應該訴諸於每個人的道德自覺，而不應用粗俗的金錢來激勵大家。

477

其實，務實的方法最好，如果現代人對金錢這麼感興趣，初期為什麼不運用金錢當誘餌來幫助大家注重心靈教育、提升心靈層次，等大家上升到較高心靈境界時，自然會自動自發。

有人會說，用金錢激勵來提升心靈層次，恐怕會造成很多人只為利而來，不是真心想提升自己的心靈。但要知道的是，金錢本身只是誘餌，要先吸引大家對提升心靈的注意，才有可能慢慢進步到真心的地步。

人們對於具高獎金的競賽活動，一定會感到興趣，心靈奧林匹克競賽可以用高獎金來吸引大家參與，競賽項目可分為心理學知識類、宗教知識類、新時代思想知識類、生命教育知識類、倫理道德知識類、心靈哲學知識類等。

真正的心靈提升，並非只是一些知識，但是，心靈知識競賽可以讓人類開始注意心靈的研究領域。心靈諾貝爾獎可以獎勵在當年度心靈研究上有卓越貢獻的人士。評審委員會可以從心理學界、宗教界、哲學界、教育界、心靈學界等專業人士組成。

新時代星際聯盟重視精神文明

2012年前人類將開始邁入心靈科學的新時代

瑪雅人認為，整個太陽系將於2012年12月完全進入光子

帶，地球也將邁入心靈科學的新時代。光子帶擁有高頻率，適合人類發展心靈能力。

2027年前人類將進入星際聯盟

巴夏認爲，自1947年到2027年是人類從開始思考外星人存在問題，一直到能眞正進入星際聯盟的黃金八十年。到2027年前，人類一定可以和外星文明溝通，建立聯盟關係。

先進的外星文明

先進的外星文明，並非如人類所想像的只有發達的物質文明，而是同時具有契合生命定律的輝煌精神文明。

高等外星文明並不好戰

好戰的外星人是很少的，地球人類的好戰程度，在銀河中是名列前茅的。外星人之所以還不願大方現身，就是知道依照人類的文明程度，一旦現身，很有可能引起大混亂。

所謂的超光速太空旅行並非人類科技現在認爲的物質經歷空間的旅行，而是利用物質本身具有的時空特性參數，直接做內在的轉換。而這種內在的轉換，需要很高的心靈文明，而高等外星文明一定會遵守心靈四大定律，因此只會幫助地球，而不會侵略地球，所以，能夠到達地球的外星文明不會是好戰的文明。

想親身目睹外星文明的人不需要著急，巴夏認爲，最遲

在2027年前，人類的心靈文明就可以進步到正式加入星際聯盟了。

人類已經不可能全面毀滅

人類這次文明已經不必再重演一萬二千年前的亞特蘭提斯的自我毀滅事件，人類已在潛意識中達成了不再毀滅自己的協議，這次我們要選擇快樂的心靈轉化。地球目前正在經歷強大的轉化階段，已經吸引了上千個宇宙文明來旁觀見證。

不要相信古代的災難預言，在古代當時的預言，只不過是按照當時感覺最有可能發生的能量移動方向做預測，然而，人類的能量結構已經改變，我們已經領悟到自己不需災難的考驗，就可以得到幸福快樂。可能還會有局部地區的災變，但人類已經不可能全面毀滅了。

現在的人類文明就是人類已經期待數萬年的文明轉形大契機，這是人類有史以來最輝煌的時代。

人類文明對斬斷幻相的貢獻巨大

人類文明是宇宙中最專注於限制性的文明之一，許多外星文明在知道人類文明之後，都會很驚訝於，怎麼會有文明完全忘記了他們創造了自己實相的這個事實。這正如同，我們會認為一個專心玩角色扮演遊戲的人應該不至於忘了，是他自己創造了他所扮演的角色。

不過正是由於人類對限制性的專注力，才提供了能斬斷幻相的寶貴經驗工具。高等外星文明就可以運用這個工具，來幫助其他在幻相中的文明。

新時代的臺灣注重寬恕寬容

臺灣在21世紀初期所面臨到問題的根源，就是在於互相抱怨批評的心態，違反了心靈第四定律的寬恕寬容定律。

政治人物互相批判，媒體也著重報導負面新聞，大眾則是埋怨政治和媒體把臺灣搞亂了。政治人物、媒體工作者和大眾這三方面都需要把焦點放在寬恕寬容上。寬恕寬容才是臺灣的心靈藥方。

以宇宙真理來看，只要有一點點抱怨批評的意念或言辭，對於臺灣環境命運的潛在殺傷力都是很大的，千萬不要以為批判別人對自己沒有影響。只要你徹底實踐寬恕寬容，那臺灣的社會環境和經濟環境將立刻戲劇性地向上提升。

人們常會誤以為攻擊邪惡才會帶來正義和進步，其實最高真理是，攻擊只會帶來衝突，以德服人才是正本清源之道。

至於揭發弊端是有其必要性。但是不要把精神都放在除弊上，而忽視了興利的重要性。

人們也常批判別人亂搞一通，把責任都推到別人身上，

殊不知真正該負責的是你自己的心念，就算對方的方法不對，你的批判也只會污染心靈環境使事情更糟，你只需要盡到提醒建議的責任就好了。批判別人只會帶來退步，提醒建議才會帶來進步。

〈圖11〉新時代臺灣的寬恕寬容架構圖

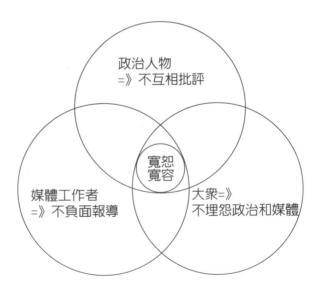

政治人物
=》不互相批評

寬恕
寬容

媒體工作者
=》不負面報導

大眾=》
不埋怨政治和媒體

寬恕寬容並不代表要放棄民主理性的檢討，而是以開放寬容的態度來討論事情，盡可能地提供提醒和建議，並稱讚對手的優點。

政治人物不要害怕如果不罵對方，就會丟失選票，臺灣人民是具有高智慧的選民，他們的眼睛是雪亮的，你們如果展現高素質的政治風範，將會得到選民的支持。

媒體方面也不要擔心沒有負面報導就沒有收視率，臺灣人民已經厭倦了誇大重複的負面新聞，他們現在需要清新的正面報導。

舉例來說，當我們在檢討別人過去所犯的錯誤時，不要一直批評謾罵，就算是對方一時不願認錯，看起來不可理喻，也不要得理不饒人，要盡量寬容體諒對方，這樣才能感化對方。不要一看到對方，就覺得他冥頑不靈，令人生氣。依照生命真理，當你在厭惡對方時，你也同時在污染了自己的命運。

另一方面，任何政治人物也要時時用心靈定律來檢討自己，看自己是否有做得不好之處，若心中有愧，也不要試圖遮掩，要坦然面對改進，這樣才能得到真正的快樂。

再舉例來說，請媒體不要重複報導所謂的爆料、悲慘的新聞，這樣的新聞對人心會有不良影響，大家好像都在努力競爭，看誰的爆料最腥臭，誰的境遇最悲慘。媒體工作者的影響力非常大，應該具有導正人心的職業道德。難道只有腥臭或悲慘的報導，才能帶來收視率嗎？像「海角七號」這樣

振奮人心的影片也是可以帶來賣座票房的，這個道理正如同我們不一定要做黑心生意才能賺錢的道理一樣。我們可以發揮創意，來製作出有益人心又有高收視率的新聞節目。

如果你只是一般大眾，不是政治人物也不是媒體工作者，也可以從自己的內心淨化做起，首先要做到的就是不批評不抱怨，要能做到不抱怨任何政治人物和媒體工作者，當你在大聲埋怨政治和媒體污染了臺灣的同時，你也踏進了同樣的陷阱，同樣地在製造心靈污染，你只要把精神放在值得感謝讚美的地方，對於你認為需要改進之處，你就盡力去建議別人，而不是去批評別人。

要盡力提醒，但是不要批評抱怨。

以心靈第四定律的寬恕寬容定律來看，如果我們把焦點放在批評負面情況上，並不會消滅負面情況，反而會加強負面情況，我們必須把重點放在寬恕寬容的正面情緒上。

寬恕寬容很難做到嗎？一點也不難，因為那才是我們真實的本性，我們只不過是被一些錯誤觀念所誤導了。例如，我們會誤以為只要攻擊邪惡，就可以消滅邪惡並帶來和平。其實，攻擊別人就等於是攻擊自己，厭惡別人，就等於是厭惡自己，這才是宇宙最高真理。

21世紀的臺灣人民具有勤奮純樸的高心靈素質，只要能回歸寬恕寬容的真實本性，必能再創奇蹟，為世界樹立珍貴的典範。

快活林（1）

幸運心靈學180課

建議售價‧380元

作　　者‧銀河七號

發 行 人‧劉艷

出　　版‧本心文化

　　　　　地址：台北市松山區南京東路四段171號12F之4

　　　　　電話：02-66066969　傳真：02-66066901

代理經銷‧白象文化事業有限公司

　　　　　台中市402南區福新街96號

　　　　　電話：04-22652939　傳真：04-22651171

印　　刷‧基盛印刷工場

版　　次‧2009年（民98）八月初版一刷

設計編印

印書小舖

www.PressStore.com.tw

press.store@msa.hinet.net

總 編 輯‧張輝潭　美術編輯‧張禮南

主　　編‧楊宜蓁　經銷業務‧黃麗穎

校　　對‧王福賜　倉儲管理‧焦正偉

國家圖書館出版品預行編目資料

幸運心靈學180課／銀河七號著.　─初版.─台北
市：本心文化，民98.8
　　面：　公分.（快活林；1）
ISBN 978-986-85420-0-6（平裝）

1.心靈學 2.靈修
175.9　　　　　　　　　　　　　　98010980